Klartext für Männer

Nina Deißler

Klartext für Männer

Was Frauen wirklich wollen – In 10 Schritten zum Erfolg
Der ultimative Ratgeber für das starke Geschlecht

Schwarzkopf & Schwarzkopf

INHALT

VORNEWEG: Wie alles anfing 7

1. SCHRITT: Verstehen
Wo wir gerade stehen – und warum 15

2. SCHRITT: Ziele definieren
Was »Erfolg« bei Frauen ist 25

3. SCHRITT: Mit Missverständnissen aufräumen
Zehn Denkfehler über Frauen 33

4. SCHRITT: Selbstverbesserung Teil 1 – »Verpackungsdesign«
Wie Mann gut bei Frauen ankommt 51

5. SCHRITT: Selbstverbesserung Teil 2 – Interessieren Sie sich fürs Leben – Stil in allen Lebenslagen 69

6. SCHRITT: Selbstverbesserung Teil 3 – Sein Leben auf Vordermann bringen – Wie Mann ein König wird 95

7. SCHRITT: Das Handwerkszeug
Die Schlüssel zur Frau und wie Mann sie nutzt 133

8. SCHRITT: Gelegenheiten schaffen und nutzen
Wie Mann Frauen kennenlernt 189

9. SCHRITT: Sich näherkommen
Wie Mann eine Frau erobert 235

10. SCHRITT: Wenn es Liebe ist
Wie Mann eine Frau (dauerhaft) glücklich macht 261

BONUSTRACK: Frauenstimmen 277

Für Alexander, Andreas, Arne, Bernd, Carsten, Christian, Cornelius, Daniel, David, Dirk, Hannes, Jochen, Johnny, Jürgen, Lars, Mario, Markus, Martin, Michael, Oliver, Philip, Rainer, Ralf, Ralph, René, Sebastian, Stefan, Thorsten, Thomas, Tilmann, Timo, Torsten, Uli und all die anderen klasse Jungs, die es eigentlich nicht nötig haben sollten und so oft doch nicht kriegen, was sie wollen.

*

Für Bettina, Britta, Christine, Claudia, Daniela, Erika, Gisela, Hannah, Iris, Julika, Karola, Romy, Tine, Ulla, Ute und all die anderen Frauen, die sich immer noch wundern, warum die Jungs sie einfach nicht verstehen wollen.

*

Für Eva und Hans, die es auch ohne Ratgeber bisher gut hinbekommen haben.

*

Für Claudius, weil Mann nie auslernt.

VORNEWEG:

Wie alles anfing ...

Ich kann gar nicht mehr so ganz genau sagen, wie es anfing – doch seit ich begann, mich für Jungs zu interessieren (zum Leidwesen meiner Eltern schon sehr früh), war ich ständig auf der Suche nach Antworten hinter den Geheimnissen zwischen Männern und Frauen: Ich beriet mich mit Freundinnen, interviewte männliche Freunde, las Bücher und schonte mich nicht in Selbstversuchen. Schon sehr bald avancierte ich damit zu einer Art »Hobby-Expertin« in Sachen Liebe und Mann-Frau-Kommunikation.

Wenn Jungs aus meiner Clique ein Mädchen für sich gewinnen wollten: Ich hatte immer einen guten Tipp parat. Ich war in der Lage, Beziehungsstreitigkeiten zu klären, gab Stylingtipps für Partynächte und wusste, was gegen Liebeskummer half. Als ich Anfang zwanzig war, meinte ein Freund zu mir: »Das solltest du echt beruflich machen!« Ich lachte.

Das Ganze ist heute etwa 15 Jahre her und ich lache immer noch – und mache es tatsächlich beruflich: Die Neugier war so groß und das Thema »intergeschlechtliche Kommunikation« so interessant, dass ich immer wieder ein Puzzleteilchen für mein Mosaik fand: Sei es im Nebenjob als Barkeeperin, im Marketingstudium, in meinen ersten Jobs im Vertrieb, in der Ausbildung zur Kommunikationstrainerin, in den diversen Weiterbildungen zum Coach oder in meinem manchmal ungewollt abwechslungsreichen Privatleben: Jedes Modell, das ich kennenlernte, jede Philosophie, die mir begegnete, jeden Leitsatz und jede Erfahrung nahm ich auf und setzte sie immer wieder in den Kontext »Mann und Frau« beziehungsweise »Flirt und Partnersuche«.

Bereits 1997 begann ich, Männer gegen Honorar zu beraten, wie sie bei Frauen gut ankommen und wie sie sich bei einem ersten Date verhalten sollten. Mein allererster zahlender Kunde jedoch machte auf mich überhaupt nicht den Eindruck, dass er das nicht wüsste. Wir waren in einem sehr guten und stilvollen Restaurant verabredet, das er vorgeschlagen hatte, und er wirkte durch und durch kontaktfreudig, freundlich und ansprechend. Er war gut zwanzig Jahre älter als ich und beherrschte die Kunst des Small Talks meisterlich. Nach gut zehn Minuten rückte er mit der Sprache heraus: Er hatte mich gebucht, weil es ihn interessierte, was man in so einem Beruf erlebt – schon das wäre ihm das Honorar wert. »Na Mahlzeit!«, dachte ich. Nach einer zehntel Schrecksekunde dann war ich zum ersten Mal so richtig dankbar, dass ich vorher bereits jahrelang all meinen Freunden bei ihren Frauengeschichten zur Seite gestanden hatte – und an diesem Abend wurde ich nachträglich dafür bezahlt. Das motivierte mich ungemein und ich machte weiter.

Inzwischen bin ich schon seit 2002 hauptberuflich ein »Date Doctor«, eine »Flirtexpertin«, ein »Persönlichkeits-Coach«, eine »Spezialistin in Herzensangelegenheiten« … Die Presse findet immer wieder neue Bezeichnungen – doch im Grunde mache ich immer noch dasselbe wie mit 16: Ich erkläre den Männern die Frauen – und umgekehrt. Ich helfe Menschen, das Beste aus sich zu machen und bei anderen gut anzukommen. Nur mein Erfahrungsschatz ist wesentlich größer und meine Methoden sind heute deutlich effektiver als vor zwanzig Jahren.

Meine beiden ersten Bücher über Flirten und Partnersuche sind viele tausend Mal verkauft worden und ich habe als Expertin in Sachen Liebe und Flirt schon für alle namhaften TV-Sender und Radiostationen gearbeitet.

Meine privaten Erfahrungen wuchsen und wurden inzwischen gekrönt von der Liebe meines Lebens – dem Mann, der wirklich zu mir passt und mit dem ich eine verrückte, aber unglaublich liebevolle und tiefe Verbindung lebe. Ich habe viele spannende berufliche und private Erfahrungen sammeln dürfen und zahlreiche Lehrer und Lehren kennengelernt. Doch am meisten habe ich wohl inzwischen von meinen Klienten und Kursteilnehmern gelernt.

Über tausend Männer und Frauen haben meine Kurse bisher besucht. Viele von ihnen kommen zu mir, weil sie unsicher sind, wie sie sich dem anderen Geschlecht gegenüber »richtig« verhalten sollen, welche Signale es gibt und was »erlaubt« ist. Aus der Angst heraus, etwas falsch zu machen, machen sie häufig gar nichts und gehen in der »Liebeslotterie« dann leider leer aus. So geht es sehr vielen Menschen, die wenigsten jedoch sind bereits so mutig oder vielleicht auch schon so verzweifelt, dass sie sich trauen, ein Training zu belegen, um das zu ändern – und selbst die Männer, die Trainings machen, können in einem solchen Training immer nur einen Teil des Wissens und der Erfahrung erlangen, die sie brauchen, um bei Frauen so erfolgreich zu sein, wie sie es sich wünschen. Denn auch wenn die Erfahrung in einem Training sehr intensiv ist, kann sie immer nur ein Anfang sein und den richtigen Weg zeigen.

Es kommen auch in meinem Bekanntenkreis immer wieder Fragen und Kommentare von »ganz normalen« Männern, die wirklich glauben, einfach »Pech« zu haben mit den Frauen (und die sich trotzdem nicht in meine Kurse trauen würden, denn sie haben ja »eigentlich kein richtiges Problem«). Dabei geht es in meinen Kursen auch um ganz grundsätzliche Fragen, die sich ganz viele Männer immer wieder stellen: Wie soll ich mit Frauen umgehen? Was erwarten Frauen von einem Mann im Allgemeinen und von mir im Speziellen? Was wollen Frauen wirklich? Was ist noch charmant und was schon Weichei? Wann ist ein

Mann noch männlich und wann ist er schon ein Macho? Wie schaffe ich es, eine Frau von mir zu begeistern, ohne mich zu verbiegen?

Wenn Sie einfache Rezepte für den schnellen Erfolg suchen, haben Sie mittlerweile die Qual der Wahl: Jede Menge Bücher, Foren, Blogs und Trainings selbsternannter »Verführungskünstler« zeigen Ihnen, was sie tun müssen, um reihenweise attraktive Frauen rumzukriegen. Die Welle der sogenannten »Pickup Artists« aus den USA ist schon längst nach Europa und vor allem nach Deutschland geschwappt und bedient ein großes Bedürfnis vieler deutscher Männer: den brennenden Wunsch nach Antworten.

Durchaus halten die Rezepte der amerikanischen Gralshüter und ihrer deutschen Nachahmer einiges bereit, mit dem ein Suchender etwas anfangen kann. Häufig jedoch sind die meistdiskutierten Elemente dieser Methoden Anleitungen für den schnellen Aufriss – so plump und so kompliziert, dass kaum ein normaler Mann sich traut, diese Rezepte auszuprobieren.

Die erste Hürde ist bereits, die Sprache und die Codes zu entschlüsseln, in denen die vermeintlichen Erfolgsformeln verpackt sind: Wie funktioniert der perfekte »Approach« bei einem »Set« – einer Gruppe von Frauen? Wie schafft man es, ein »HB« (ein »Hot Babe«!), eine 8 oder 9 oder gar eine 10 (Frauen werden nach Schönheit von 1 bis 10 bewertet) zu beeindrucken? Wie testet man die Frau auf ihre »Fügsamkeit«? Wie wird man vom AFLG (Average Frustrated Loser Guy) zum PUA (Pickup Artist) – einem Verführungsprofi?

Die Techniken und Praktiken funktionieren zwar teilweise tatsächlich, doch das Ganze klingt nicht nur wie Krieg – es fühlt sich auch so an: Es wird taktiert, getrickst, getäuscht und überrumpelt, um am Ende den »Sieg« davonzutragen: die Nacht mit der optisch heißen Frau oder wenigstens die Telefonnummer und die Aussicht auf mehr.

Mir scheint es eher so, als diene dieser ganze Stuss eher dem Beeindrucken anderer Männer als dem Beeindrucken von Frauen. Persönlichkeit, Authentizität, Gefühle oder gar Liebe bleiben auf der Strecke und der Erfolg währt nicht lange: Katerstimmung macht sich breit, denn nach und nach merken die Verführungsschüler, dass irgendwas nicht stimmt:

Viele Männer wollen nicht nur schnellen Sex und schon gar nicht wollen sie sich verbiegen oder lügen müssen dafür. Jeder Mensch trägt auch von Natur aus den Wunsch in sich, anerkannt und geliebt zu werden, so wie er ist. Liebe jedoch bedarf Respekt voreinander. Es ist recht schwer, jemanden zu respektieren, der sich manipulieren lässt. Wenn ein Mann eine Frau mit Verführungstechniken manipuliert, liegt es nahe, zu glauben, dass die Frau ihn nur toll findet, weil er sie beispielsweise per NLP (Neurolinguistische Programmierung), per Hypnose oder mit irgendwelchen Zaubertricks besonders beeindruckt hat und nicht mit seiner Persönlichkeit. Ich habe Männer getroffen, die Frauen sogar dafür verachten, dass sie sich von ihnen manipulieren lassen, und sie daher auch nicht aufrichtig und gleichberechtigt lieben können.

Diese Situation frustriert nicht nur die Männer selbst, sondern mehr und mehr auch die Frauen: Längst hat es sich unter Frauen herumgesprochen, was da läuft, und das Misstrauen der Frauen gegenüber Männern wird dadurch noch größer, als es ohnehin schon ist. Wie soll man jemanden vorbehaltlos kennenlernen, sich einlassen, sich vielleicht sogar verlieben unter solchen Bedingungen? Wenn ein Mann nun besonders charmant und humorvoll ist, meint er dann wirklich die Frau oder probiert er nur gerade eine neue »Masche« aus?

Viele Frauen haben das Gefühl, dass sie sich heute bei den Männern entscheiden müssen zwischen Weicheiern und Arschlöchern – dazwischen scheint es nicht viel zu geben. Egal ob fürs Bett oder in der Partnerschaft – es geht darum, ob ein Mann einer Frau gegenübertritt mit dem, was sie seit Anbeginn der Menschheit und auch heute noch von ihm erwartet: Respekt und Aufrichtigkeit.

Frauen sind regelrecht auf der Jagd nach einer raren Spezies: dem modernen Mann, wie er ihnen in den Medien und ganz besonders in Frauenzeitschriften immer wieder vorgegaukelt wird. Der Mann, der aufmerksam ist, ohne ein Arschkriecher zu sein, und männlich ohne Macho-Attitüde – dem es egal ist, wer in einer Beziehung mehr verdient, und der überhaupt eine Beziehung haben möchte. Ich habe mit Hunderten von Frauen diese Themen erläutert und auch ihnen gezeigt, was sie tun können, um den Mann zu finden, den sie sich wünschen.

Für Männer scheint das Thema noch schwieriger zu sein: Viele Männer wünschen sich einfache Lösungen – doch die »Aufgabe Frau« ist nun mal eine anspruchsvolle. Tatsächlich sind manche Lösungen, die ich Ihnen anbieten werde, sehr einfach, doch die Zusammenhänge sind komplexer, als viele Männer glauben. Aber wer diese Zusammenhänge einmal verstanden hat, bewegt sich traumwandlerisch sicher auf dem Parkett der gegenseitigen Anziehung.

 Dieses Buch wurde geschrieben für alle Männer, die bei Frauen erfolgreicher sein möchten, ohne sich selbst zu verbiegen oder lügen zu müssen.

Ich werde Ihnen in diesem Buch deshalb keine billigen Tricks oder Manipulationstechniken beibringen, denn Sie sollen nicht zum Arschloch mutieren müssen, um bei Frauen erfolgreich zu sein. Ich werde Sie langfristig und nachhaltig erfolgreich machen – wenn Sie möchten. Ich werde Ihnen helfen, zu verstehen, was Frauen wirklich wollen. Ich verrate Ihnen, was Frauen nicht zu sagen wagen, worauf sie Wert legen, was sie wirklich antörnt und warum.

Aufgeteilt in zehn Schritte können Sie aus diesem Buch lernen, wie Mann wirklich Erfolg bei Frauen hat: Der erste Schritt besteht darin, zu verstehen, wie Frauen heute ticken und warum das so ist. Wenn Sie Erfolg bei Frauen haben möchten, ist es außerdem nötig, diesen »Erfolg« zu definieren – das ist der zweite Schritt, bevor die zehn häufigsten Denkfehler über Frauen zur Sprache kommen, die immer wieder für Missverständnisse und Misserfolg sorgen. Mit diesen drei Schritten werden Sie bereits Fehler entlarven können, die Sie in der Vergangenheit gemacht haben, und Sie werden Frauen besser verstehen und künftig souveräner auf sie reagieren können.

Lernen Sie anschließend in drei weiteren Schritten der »Selbstverbesserung«, worauf Frauen bei Männern achten und was sie wirklich wollen. Beginnen Sie Ihren eigenen, attraktiven Stil zu entwickeln und Ihr Leben so zu bereichern, dass es nicht nur auf Frauen anziehend wirkt, sondern auch Ihnen selbst Spaß macht.

Im siebten und wichtigsten Schritt lernen Sie die fünf Schlüssel kennen, mit denen Sie eine Frau jenseits von Tricks, Sprüchen und Techniken erobern. Es ist wie eine Reise durch das Gehirn und die Gefühle einer Frau – inklusive des Wissens, wie Sie einer Frau wirklich guten Sex schenken können (und damit auch selbst häufig Sex haben werden).

Im achten Schritt zeige ich Ihnen, wo und wie Sie Frauen kennenlernen und mit Ihnen flirten können, und im neunten Schritt erfahren Sie, wie Ihre Verabredungen interessant und erfolgreich sein werden. Schritt zehn zeigt Ihnen die wichtigsten Unterschiede in der Kommunikation zwischen Männern und Frauen und wird Sie in Gesprächen und Konflikten mit jeder Frau erfolgreicher sein lassen.

So ergänzen sich alle zehn Schritte zu einem Gesamtkonzept, mit dem Sie nicht nur eine bestimme Frau zeitweise für sich gewinnen, sondern Ihr ganzes Leben und den Umgang mit allen Frauen in Ihrem Umfeld grundlegend verbessern können.

Die zehn Schritte bauen logisch aufeinander auf und versorgen Sie immer zum richtigen Zeitpunkt mit dem richtigen Wissen, so dass Sie bereits nach kurzer Zeit schon Erfolgserlebnisse haben können.

Es geht dabei nicht um Rezepte zum »so tun als ob«, sondern darum, der Mann zu werden, der Sie sein können und wollen. Auch wenn Ihnen das jetzt vielleicht noch utopisch vorkommt: Erfolg bei Frauen ist nur ein sehr wünschenswerter und angenehmer Nebeneffekt eines erfolgreichen Lebens.

Lernen Sie, was eine Frau wirklich interessiert und wie Sie sie und sich selbst glücklich machen können, jeden Tag und jede Nacht – meinetwegen jeden Tag eine neue oder eine einzige Ihr Leben lang.

Werden Sie zu einem Mann, der Frauen glücklich macht, ohne sich selbst zum Idioten zu machen – oder uns. Sie haben es verdient. Sie und all diese Frauen, die Ihnen in Ihrem neuen Leben noch begegnen werden.

Sicherlich werden Sie in diesem Buch auch das eine oder andere finden, was Sie bereits wissen – freuen Sie sich darüber! Ich gehe nicht davon aus, dass Männer gar nichts von alldem wissen, wovon ich schreibe – ich weiß jedoch aus Erfahrung, dass es manchmal Kleinigkeiten sind, die den Unterschied machen. In diesem Buch geht es darum, Ihnen einen vollständigen Überblick darüber zu geben, wie Frauen denken und worauf sie achten: Ich hoffe daher inständig, dass jeder Leser in diesem Buch etwas findet, das er schon wusste.

Und jetzt: Lassen Sie uns loslegen!

1. SCHRITT: VERSTEHEN

Wo wir gerade stehen – und warum

In meiner Praxis bekomme ich täglich aufs Neue einen Eindruck davon, wie schwer sich Männer und Frauen miteinander tun können. Männer scheinen mir besonders häufig überfordert zu sein mit den vielen – und zum Teil scheinbar unlogischen – Ansprüchen der Frauen. Viele Männer glauben daher, sie könnten es den Frauen ohnehin nicht recht machen, und das führt zu Frust, Ärger und bei nicht wenigen auch zu Angst vor Frauen und zu einer regelrechten Wut auf sie.

Angst und Wut allerdings sind die denkbar schlechtesten Berater, wenn es darum geht, eine Frau für sich zu begeistern oder sich sogar zu verlieben.

Es ist einfach, zu glauben, die Frauen seien heutzutage viel zu anspruchsvoll oder sie würden Männer sogar absichtlich ärgern, demütigen oder erniedrigen. Dummerweise bleibt man damit allein – und man macht sich zum Opfer: Die Schuld bei anderen zu suchen hat noch nie zu einer Lösung geführt und das tut es auch in diesem Fall nicht.

Erst kürzlich habe ich wieder ein sehr eindrückliches Beispiel erlebt, wie lähmend und schmerzvoll eine solche Einstellung für einen Mann sein kann:

In meinem Blog zum Thema Liebe und Flirten (www.flirtblog.kontaktvoll.de) habe ich einen Artikel veröffentlicht, in dem es darum ging, ob es denn ein Patentrezept zum Thema Liebe und Flirten gibt, da mir diese Frage sehr häufig gestellt wird.

Zwar gibt es leider kein universelles Patentrezept, aber es gibt ein paar einfache Dinge, die jeder im täglichen Miteinander beachten kann. In meinem Artikel habe ich einige davon erläutert und meine Leser dazu ermuntert, diesen Satz zu beherzigen:

»100 Prozent ich sein und dabei sich und alle anderen Menschen so akzeptieren und mögen, wie sie sind: sie loben für das, was sie tun und können, und ihnen mit Respekt, Interesse und einem Lächeln begegnen.«

Ich bekam daraufhin einige sehr positive Kommentare und Zuschriften. Jedoch kam auch folgender Kommentar von einem Mann:

»Ja – toll. 100 Prozent man selbst sein. Das bin ich mein ganzes Leben lang. Und das, was ich bin, so erfahre ich immer wieder, ist das, was Frauen wollen. Immer wieder höre ich: ›Warum bist du Single?‹ oder ›Du bist so ein toller Mann!‹.

Ich höre aber auch immer wieder: ›Ich habe keine Gefühle für dich.‹

Stattdessen werfen sich genau diese Frauen, die mich als so toll bezeichnen, dem krassen Gegenteil von mir an den Hals. Und dann flennen sie in der Gegend rum, wenn sie nur als Sexobjekt gebraucht und nach Strich und Faden verarscht wurden.

Was soll ich da noch ich selbst sein? Dass ich stolz auf mich bin, mich nicht zu verbiegen? Stolz und einsam? Danke für den tollen Tipp.«

Der Absender dieser Zeilen scheint inzwischen wirklich sehr wütend auf Frauen zu sein. Die E-Mail, die er mir außerdem noch schickte, möchte ich gar nicht erst zitieren. Er war voller Verzweiflung und Anschuldigungen und glaubte, dass Frauen im Allgemeinen verachtenswert seien. Nichtsdestotrotz sehnte auch er sich nach wie vor nach Liebe und nach einer Partnerschaft – mit einer Frau.

Dieser Mann ist ein gutes Beispiel dafür, wohin die Denkweise »Frauen sind eben scheiße« führen kann: Er fühlt sich hilflos und ungerecht behandelt und er ist wütend. So wütend, dass er lieber den Frauen die Schuld gibt, als sich selbst ernsthaft zu fragen: Was mache ich falsch, dass ich einerseits offenbar beliebt bin, aber Frauen keine Gefühle für mich entwickeln?

Um ehrlich zu sein, kann ich den Ärger dieses Mannes zum Teil sogar verstehen: Tausende von Jahren war es genug, ein »guter Beschützer und Versorger« zu sein – doch spätestens seit den 80er Jahren kommen fast monatlich neue Anforderungen und »Trends« auf die Männer zu: der Softie, der Macho, der neue Macho, der Davidoff-Cool-Water-Mann und nicht zuletzt der Metrosexuelle. Nein, ich beneide die Männer nicht.

Den meisten Frauen jedoch geht es nicht besser.

Vielleicht sagen Sie jetzt: »Was? Frauen haben es doch inzwischen fast überall leichter?«

Einerseits stimmt das: Eine westeuropäische Frau des 21. Jahrhunderts hat alle Möglichkeiten. Sie kann tun und lassen, was sie will. Sie kann studieren, was sie möchte, oder auch einen handwerklichen Beruf wählen, wenn ihr das gefällt. Sie ist in allen Bereichen gleichberechtigt. Sie kann gehen, wohin sie will, und leben, wo und wie sie will. Sie kann Kinder bekommen und braucht noch nicht mal einen Mann dafür.

Andererseits jedoch steckt in jeder noch so starken, freien, selbstbewussten Frau auch ein Mädchen, das geliebt werden möchte. Nicht umsonst treibt diese Szene aus dem Film »Notting Hill« regelmäßig den Frauen die Tränen in die Augen: Als eine berühmte Schauspielerin, verkörpert von Julia Roberts, von Hugh Grant in der Rolle eines einfachen Buchhändlers abserviert wird, weil er fürchtet, sie würde ihm sonst endgültig das Herz brechen, sagt sie zu ihm: »Ich bin nur ein Mädchen, das vor einem Jungen steht und ihn bittet, es zu lieben.« Und durch jedes Kino und jedes Wohnzimmer geht ein tiefes weibliches Seufzen, weil Julia Roberts damit offenbar vielen Frauen aus der Seele spricht.

Frauen haben heute – genauso wie Männer – eine schwierige Rolle und viele haben deshalb ebenfalls Angst, Fehler zu machen: Die Gesellschaft zeigt der Frau die Freiheit, die Eigenständigkeit und verspricht ihr die Gleichberechtigung als Ideal. Von ihrer Mutter hat sie jedoch auch gehört, wie sich ein anständiges Mädchen zu benehmen hat, dass man sich rar machen solle (vor allem bei Männern), dass man sich nicht wie ein Flittchen benehmen solle (also auf keinen Fall den ersten Schritt machen), und im schlimmsten Fall sogar, dass Männer Schweine seien. Dieselbe Mutter sagte dem Mädchen auch: »Mach es mal besser als ich« oder »Sei frei und lebe dein Leben«. Dabei hat sie übersehen, dass es für ihre Tochter schwierig ist, zu studieren, frei zu sein, zu reisen, Karriere zu machen und gleichzeitig einen tollen Mann zu finden, zu heiraten und Kinder zu kriegen. Weshalb sie ihr ab deren sechsundzwanzigstem Lebensjahr wöchentlich unterschwellig die Frage stellt, warum sie denn immer noch Single sei. Jeder Mann wird sorgfältig unter die Lupe genommen – manchmal aber auch allzu leichtfertig abserviert. Schließlich ist auch die moderne Frau von heute auf der Suche nach sich selbst. So schwankt sie beständig zwischen der guten Hausfrau, der modernen Karrierefrau und der eigenen Selbstverwirklichung.

Spätestens mit 34 beginnt dann die biologische Uhr vieler Frauen zu ticken – und zwar laut. Dabei entspannt zu bleiben und einfach offen und verführerisch zu sein ist alles andere als leicht. Der Druck, den »Richtigen« finden zu müssen, ist unbeschreiblich hoch und macht sie häufig überkritisch in der Partnerwahl und so anspruchsvoll, dass kaum ein Mann dem gerecht werden kann.

Dazu kommt: Viele Frauen haben einen hohen Anspruch an ihre berufliche Zukunft und ihren Lebensstandard. Einen Mann zu finden, der davor nicht zurückschreckt oder nicht fürchtet, konkurrieren zu müssen, ist gar nicht so leicht. Vor allem, weil die gleichaltrigen Männer es sich offenbar häufig gern »einfacher« machen: Ich kenne zum Beispiel eine nette Ärztin, die wirklich wahnsinnig gern einen Mann kennenlernen würde. Dummerweise haben viele Männer aus anderen Berufszweigen unglaublichen Respekt vor einer Ärztin – so großen, dass keine romantische oder gar erotische Stimmung aufkommen mag. Und die Ärzte ihres Krankenhauses bändeln viel lieber mit den Krankenschwestern an, die sind »einfacher zu handeln« – genau das sagte ihr mal ein Kollege. Und diese Ärztin ist leider kein Einzelfall.

Überall im Land machen großartige Frauen Karriere – und schlafen trotzdem (oder gerade deswegen) allein. Das Thema wird regelmäßig in den Medien und ganz besonders in Frauenzeitschriften diskutiert: »Erfolgreich, selbstbewusst – und Single«, doch ein Patentrezept gibt es wohl nicht.

Die Idealvorstellung der meisten Frauen ist nach wie vor ein Mann, der sie beschützen könnte, auch wenn sie das gar nicht mehr brauchen. Ein Mann, der ihnen in gewisser Weise überlegen ist und der ihnen eine starke Schulter bieten könnte, auch wenn sie inzwischen selbst eine hat. Sie suchen nach wie vor in gewisser Weise nach dem Prinzen auf dem weißen Pferd – das lassen sie sich nach außen jedoch nicht anmerken und zahlen beim ersten Date selbst.

In den hochklassigen Partnervermittlungsagenturen stehen attraktive, hochgebildete und beruflich erfolgreiche Frauen Schlange in der Hoffnung auf einen »Partner auf Augenhöhe« und fühlen sich wie Ladenhüter, denn auch die Verkupplungsprofis haben ihnen nur wenig anzubieten.

Während Frauen bei ihrer Partnerwahl sehr umfassende Ansprüche haben, sind Männer offenbar deutlich leichter glücklich zu machen. »Nett anzuschauen und nicht ganz auf den Kopf gefallen« ist häufig die Quintessenz, die zum Beispiel die bekannte

Partnervermittlerin Maria Klein von ihren männlichen Kunden hört, wie sie mir in einem Gespräch erzählte. Die Ansprüche vieler Frauen dagegen steigen proportional zu ihrem Bildungsgrad und Karriereniveau, und das ist vielen Männern schlicht zu anstrengend.

Das ist aus der Perspektive der Männer sehr verständlich: Auch Männer haben seit Jahrtausenden ein Ideal, das nach wie vor dasselbe ist: Attraktiv ist eine Frau, wenn sie weiblich, gesund und jugendlich wirkt – schöne Haut, glänzendes Haar und Rundungen an den richtigen Stellen. Auch wenn die meisten Männer durchaus gewisse Anforderungen an die Intelligenz und Eloquenz einer Frau als Partnerin stellen: Die Praxis zeigt, dass intelligente, aber äußerlich eher unattraktive Frauen deutlich häufiger allein bleiben als »dumme«, aber sehr hübsche Frauen. Ist eine Frau jedoch attraktiv und dabei überdurchschnittlich intelligent, ist sie beruflich erfolgreich und steht mitten im Leben – eine »richtig tolle Frau« also –, hat sie ebenfalls schlechte Karten, denn die meisten Männer fühlen sich von ihr eingeschüchtert oder haben Angst, mit ihr konkurrieren zu müssen.

Männer werden sehr gern bewundert – geben Sie es ruhig zu: Es wäre wunderbar, von Ihrer Partnerin aufrichtig bewundert zu werden und oft die Worte »Du bist toll!« aus ihrem Mund zu hören. Das ist einfacher, wenn man der Frau zum Beispiel in Sachen Bildung und Karriere voraus ist.

Wir haben uns das nicht ausgesucht – weder die Männer noch die Frauen. Es ist ein ganz natürlicher Instinkt, dass Frauen nach Männern suchen, die ihnen »etwas bieten können«. Genauso wie es ein Instinkt von Männern ist, die jeweils schönste Frau am attraktivsten zu finden, nicht die klügste. Beides war Tausende von Jahren sinnvoll – das legt man nicht innerhalb einer Generation einfach ab.

Frauen sehen sich oft damit konfrontiert, dass ihre hart erarbeitete Bildung, ihre Selbstständigkeit und ihre Intelligenz ihnen in Sachen Liebe und Partnerschaft keinen Vorteil, sondern häufig einen Nachteil verschaffen. Ist eine Frau vielleicht schon an dem Punkt, wo sie dies zu erkennen glaubt, kann sie in einen regelrechten Teufelskreis geraten:

Eine Bekannte von mir beispielsweise ist nicht nur beruflich erfolgreich, welterfahren und klug, sondern auch ungemein hübsch und normalerweise nicht auf den Mund gefallen ... und sie ist seit Jahren Single. Ein Grund dafür ist sicher auch der, den sie selbst nennt: Viele Männer haben regelrecht Angst vor ihr, weil sie hübsch und intelligent ist und ein sehr selbstsicheres Auftreten hat. Der andere Grund ist jedoch, dass sie die Männer inzwischen schon regelrecht verachtet. Sie hat einen typischen Denkfehler gemacht: Wie die meisten Frauen unterschätzt auch sie ihre erotische Wirkung auf Männer und spielt häufig »in der falschen Liga«. Zu oft traut sie sich nicht, einem Mann, den sie wirklich toll findet, die entsprechenden Signale zu senden. Zwar weiß sie durchaus, dass sie attraktiv ist – in dem Moment jedoch, wo ein Mann sie wirklich mal beeindruckt, fühlt sie sich klein und unsicher. Also versucht sie es zum Beispiel lieber mit dem netten Kellner aus dem Café nebenan – der natürlich zunächst äußerst geschmeichelt ist, doch irgendwann nicht mehr mithalten kann, weil er keine Ahnung hat, wovon sie spricht. Er beginnt, sich unwohl zu fühlen. Sie wird misstrauisch. Er zieht sich zurück. Sie beginnt, sich wegen Kleinigkeiten zu streiten, um seine Aufmerksamkeit zurückzugewinnen. Er denkt, sie sei unzufrieden mit ihm. Sie denkt, er wolle nicht mit ihr zusammen sein, und wird unfair oder unerträglich. Er haut ab. Sie verachtet ihn und ist ein weiteres Mal in ihren Grundannahmen bestätigt: »Ich bin zu viel für einen Mann. Männer haben Angst vor mir. Männer sind doch alle Schlappschwänze!« Damit fühlt sie sich beim nächsten Mann selbst noch unzulänglicher und sie legt die Latte lieber noch ein Stück höher für den nächsten, der ein so kompliziert verpacktes Überraschungsei lieber gar nicht erst auspackt ...

Damit hat sie fast dasselbe Problem wie der Mann, der mir den wütenden Kommentar schrieb, und aus meiner Erfahrung weiß ich, dass die beiden keine Einzelfälle sind.

Die Emanzipation und die Gleichberechtigung brachten ohne Zweifel viel Gutes mit sich. Unsere vielfältigen Möglichkeiten der Kommunikation per E-Mail, Chat, SMS und Webcam sind ebenfalls grundsätzlich großartig. Doch wie bei jeder neuen Entwicklung gibt es auch hier Nebenwirkungen. Diese Nebenwirkungen bestehen zum Beispiel darin, dass »Regeln«, die sich über Jahrhunderte oder gar Jahrtausende entwickelt haben, nun ihre Gültigkeit verlieren oder sich zumindest stark verändern.

Hinzu kommt, dass auch das Verhältnis zu sich selbst, das Selbstbewusstsein vieler Menschen nicht ganz stimmt. Durch die in den Medien vermittelten Ideale und die hohen Anforderungen von außen vergleichen sie sich ständig mit anderen. Daraus entsteht eine große Unsicherheit, vor allem was Flirten, Sex und Partnersuche angeht.

Viele Männer lehnen dabei sogar ihre eigene Männlichkeit ab: Sie finden es peinlich, wenn Freunde oder Arbeitskollegen mit Frauen flirten, sich in ihren Augen »affig« benehmen, oder schämen sich sogar dafür, dass sie Frauen insgeheim begehren und sexuelle Wünsche haben. Manche von ihnen hatten dominante und gefühllose Väter, denen sie auf keinen Fall ähnlich werden möchten. Manche von ihnen hatten gar keine Väter oder sie verachten ihre Väter als »Weicheier«. Es scheint in vielen Fällen an ausreichend guten Vorbildern zu fehlen, wenn es darum geht, ein Mann im 21. Jahrhundert zu sein. Erst recht, wenn es darum geht, ein Mann zu sein in einer Welt, in der Frauen Männer eigentlich gar nicht mehr zu brauchen scheinen.

Den Frauen jedoch fehlt es offenbar ebenfalls an guten Vorbildern. Wie ist man selbstständig und emanzipiert und dennoch weiblich und verführerisch? In den Köpfen vieler Frauen spielt sich das Dilemma des Geschlechterkampfes auf skurrilste Weise ab. Auf der einen Seite denken sie: »Männer! Pah! Ich finde dieses Dominanzgehabe so affig! Aggressivität ist was für Steinzeitmenschen oder Tiere. Was du kannst, lieber Mann, das kann ich schon lange – nur auf hohen Schuhen! Bätsch!«, und im nächsten Augenblick seufzen sie: »Ach, es gibt keine richtigen Männer mehr ... alles nur noch Waschlappen, was soll ich nur tun?«

Nun könnte man allzu leicht zu dem Schluss kommen, Frauen seien eben von Natur aus ambivalent und wüssten nicht, was sie wollen. Man(n) könnte die Schultern zucken und sich einfach umdrehen und weggehen. Natürlich. Kein Problem. Verständlich. Wäre da nicht eine winzig kleine Sache: Jeder Mann sehnt sich früher oder später nach einer Frau. Völlig egal, ob diese Sehnsucht überwiegend sexuell motiviert ist oder ob es um Liebe, Zuneigung, Wertschätzung, Zweisamkeit oder Familiengründung geht: Wenn ein Mann sich Intimität und Sex mit einem anderen Mann nicht vorstellen kann (oder nicht will), »braucht« er also früher oder später eine Frau. Genau deshalb lesen Sie ja vermutlich gerade dieses Buch.

Und damit kommen Sie an einen Punkt, wo Sie sich eingestehen müssen, dass diese nervigen, ambivalenten, unentschlossenen Wesen eben doch äußerst interessant und begehrenswert sind. Doch werden Sie so lange nicht erfolgreich sein, wie Sie

- Angst vor Frauen haben
- Frauen verachten oder
- Frauen für dumm halten

Über kurz oder lang merken das die Frauen nämlich! Die meisten Bücher zum Thema »Verführung« oder »Fraueneroberung« zeigen Ihnen, wie Sie Angst oder Verachtung überdecken und kaschieren können und wie Sie es schaffen, Frauen nachhaltig für dumm zu verkaufen. Sie lernen dort, sich daran zu gewöhnen, dass Sie jeden Tag »dem Feind ins Auge sehen« müssen.

Das werde ich nicht tun. Ich werde Ihnen aus der Sicht der Frau und aus meiner langjährigen Erfahrung als Partnerschaftscoach einen Einblick in die Wünsche und die Denkweise von Frauen geben. Ich werde Ihnen viele gute Gründe nennen, Frauen zu lieben und ebenso viele, die dazu führen werden, dass Frauen Sie lieben!

Als Allererstes gebe ich Ihnen einen ganz wichtigen Tipp:

 Nehmen Sie Frauen nicht so ernst.

Damit meine ich nicht, dass Sie Frauen nicht respektieren sollten – ganz im Gegenteil! Aber haben Sie keine Angst! Das sind zwei völlig unterschiedliche Haltungen. Respekt hat nichts mit Furcht zu tun, sondern mit Anerkennung. Erkennen Sie gern an, dass Frauen anders und manchmal mysteriös sind. Erkennen Sie an, dass Frauen für Sie häufig völlig unlogisch sind. Aber nehmen Sie Frauen nicht so ernst!

Entdecken Sie mit mir in den nächsten Kapiteln, wie Frauen denken, und Sie werden hoffentlich merken, wie ich das meine. Verlieren Sie Ihre Scheu vor diesen mysteriösen Wesen und entspannen Sie sich. Folgen Sie mir und lernen Sie, über Frauen zu schmunzeln und sie zu lieben, anstatt sich zu ärgern und zu rechtfertigen. Und nehmen Sie vor allem auch sich selbst nicht so ernst!

2. SCHRITT: ZIELE DEFINIEREN

Was »Erfolg« bei Frauen ist

Ich kenne keinen Mann, der sich nicht wünscht, mehr Erfolg bei Frauen zu haben. Doch was es für den Einzelnen bedeutet, kann sehr unterschiedlich sein.

Warum genau lesen Sie dieses Buch?
Die Antwort dürfte auch bei Ihnen lauten: »Ich möchte mehr Erfolg bei Frauen haben.«
Aber warum?
Und was heißt das genau für Sie?
Was genau wollen Sie?
Welche Ziele haben Sie?
Was ist Ihre Absicht?

Immer wieder kommen Männer zu mir ins Coaching, um ihre Schüchternheit zu überwinden. Wenn ich frage »Wofür?«, bekomme ich Antworten wie:

- Um eine Familie zu gründen.
- Um mehr Frauen kennenzulernen.
- Um eine Partnerin zu finden.
- Um nicht mehr so schüchtern zu sein.
- Um mehr Leute kennenzulernen.

Wenn ich frage »Wofür das?«, kommen die meisten Männer ins Schleudern. Natürlich ist das eine Fangfrage, um zum Nachdenken anzuregen, denn eine Veränderung kostet Kraft. Diese Kraft kann man nur entwickeln, wenn man sein Ziel kennt und dieses Ziel so motivierend ist, dass man bereit ist, diese Anstrengung überhaupt in Kauf zu nehmen.

Die ersten Antworten auf diese Fangfrage sehen meistens erst mal so aus:

- Na ... ähm ... weil das ... weil man das so macht.
- Weil das schöner ist.
- Weil meine Mutter Enkelkinder will.
- Weil ich so einsam bin.
- Weil ich nicht mehr allein sein möchte.
- Weil ich nicht jünger werde.
- Weil das zum Leben dazugehört.
- Weil ich Sex haben möchte.

Was sind Ihre persönlichen Absichten? Kommen Sie, Sie sind ein Mann – also lassen Sie mich ein Klischee anwenden: Männer sind in der Regel zielstrebig und lösungsorientiert. Wenn Sie also ein »richtiger Mann« sein wollen, müssen Sie Ihr Ziel kennen, um es zu erreichen. Ganz im Ernst:

 Egal, was Sie vorhaben – definieren Sie ein Ziel, haben Sie eine Absicht. Jetzt.

Das Gute an einer klaren Absicht ist, dass man mit dieser Absicht alles im Leben in einen Bezug setzen kann:

Wenn Sie nur definieren, dass Sie »mehr Erfolg bei Frauen« haben möchten, wird jeder Korb, den Sie kassieren, ein Rückschlag sein. Definieren Sie jedoch ein klares Ziel, dann wird jeder Rückschlag nur ein Stück Weg, eine Lektion oder sogar ein Erfolg sein.

Ein klar definiertes Ziel könnte zum Beispiel sein: »Ich möchte eine Frau kennenlernen, die zu mir passt, um mit ihr eine Familie zu gründen.«

Nicht jede Frau, die Sie kennenlernen, wird eine Familie mit Ihnen gründen wollen. Nicht jede Frau, die bereit wäre, eine Familie mit Ihnen zu gründen, wird Ihnen gefallen. Sie werden also einige Frauen kennenlernen müssen, bis eine dabei ist, die Ihnen gefällt und die dieselben Ziele und Wünsche hat wie Sie. Alle anderen sind nur Etappen auf dem Weg zu Ihrem Ziel, Lektionen – vielleicht auch kleine »Umwege« –, aber sonst auch nichts.

Definieren Sie zum Beispiel, dass Sie mehr Sex mit aufregenden Frauen haben möchten: Ganz egal wie mutig Sie sind, wie ausgefeilt Ihre Ansprache, wie interessant Ihre Unterhaltung ist – nicht jede aufregende Frau wird Sex mit Ihnen haben wollen. Bekommen Sie von einer Frau einen Korb, ist sie eben nicht die, die Sie suchen. Sie können sich fragen, was Sie besser machen können, um weniger Körbe zu bekommen, und dann geht's auf zur nächsten. Lernen Sie die Lektion und dann lernen Sie die nächste Frau kennen.

Sie können von jeder Frau, die Ihnen auf Ihrem Weg begegnet, etwas lernen: Sie können lernen, was Ihnen gefällt und was nicht. Sie können neues Wissen erlangen und neue Fähigkeiten. Sie können sexuelle Erfahrungen machen und vieles mehr. Sie befinden sich immer und mit allem auf dem Weg zu Ihrem Ziel – wenn Sie eines haben.

 **Es gibt keine verlorene Zeit, wenn Sie bereit sind, Erfahrungen zu sammeln.**

Doch Vorsicht: Ich habe auch Männer kennengelernt, deren einziges Ziel im Leben es war, eine Frau kennenzulernen. Diese Männer haben zwar Frauen kennengelernt, doch sie sind regelmäßig daran gescheitert, dass sie der jeweiligen Frau nicht gerade viel zu bieten hatten. Stellen Sie sich mal folgende Unterhaltung mit einer Frau vor:

Sie: »Was machst du so?«
Er: »Och, so dies und das ...«
Sie: »Mh ... was hast du bisher mit deinem Leben gemacht?«
Er: »'ne Frau gesucht!«
Sie: »Nein, ich meine: Was sind deine Ziele? Was wünschst du dir?«
Er: »'ne Frau finden.«
Sie: »Aha, na gut: Ich bin eine Frau!«
Er: »Stimmt!«
Sie: »Und jetzt?«
Er: »Weiß nicht!«
Sie: »Was willst du jetzt mit mir?«
Er: »Mh, was willst du denn?«

Natürlich wird diese Unterhaltung so nie stattfinden. Dennoch ist sie das Abbild einer meist recht kurzen Beziehung zwischen einer Frau und einem Mann, der bisher kein anderes Ziel im Leben hatte, als »einfach eine Frau zu finden«.

Kein anderes Ziel zu haben, als eine Frau zu finden oder eine Familie zu gründen, hat noch einen anderen sehr großen Nachteil: Der Grad Ihres Selbstvertrauens und Ihr Selbstwertgefühl hängen davon ab, ob Sie es schaffen, eine Frau für sich zu begeistern und eine Partnerschaft zu haben oder nicht. Wenn eine Partnerschaft Ihr oberstes und einziges Ziel ist, werden Sie sich nicht besonders toll fühlen, wenn Sie gerade keine haben.

Markus war genau so ein Fall: Er kam zu mir, weil er inzwischen über vierzig war und schon lange eine Familie gründen wollte. Er hatte bereits einige Partnerschaften gehabt, aber keine hatte länger als ein Jahr gehalten. Er war verzweifelt. Sein größter Wunsch war es, endlich eine Frau zu finden, sie zu heiraten und

Kinder mit ihr zu haben. Beim Coaching stellte sich heraus, dass dieser Wunsch im Grunde sein einziges Ziel im Leben war. Er hatte keinerlei Leidenschaft in seinem Leben. Es gab nichts, was ihm irgendwie besonders wichtig war oder wofür er schwärmte. Es gab außer der Familiengründung nichts, was er plante, was er sich wünschte oder was ihn begeisterte.

Als ich ihn in der Vorbereitung für das erste Coaching nach dem bisherigen Höhepunkt seines Lebens fragte, gab es nichts, was er nennen konnte. Gar nichts. In über vierzig Jahren gab es keinen »glücklichsten Moment«, keinen Sieg, keinen Triumph, kein »Wow!«, weil er nie irgendein Ziel gehabt hatte, außer ein »ganz normales Leben zu führen« – wie er es nannte. Dazu gehörte eine Frau und mindestens ein eigenes Kind – aber offenbar nichts weiter.

Dabei war Markus im Grunde ein echt guter Typ: Er war durchaus nicht dumm. Er war ehrlich, treu und zuverlässig, er sah sogar ziemlich gut aus – aber er langweilte jede Frau innerhalb kürzester Zeit zu Tode, und Schritt für Schritt kam etwas noch Schlimmeres dazu: Seine Unfähigkeit, eine Frau zu halten, minderte Stück für Stück sein Selbstwertgefühl. Er fühlte sich immer schlechter, wurde immer verzweifelter, stellte sich beständig infrage und hatte meist schlechte Laune. Mit anderen Worten: Er wurde immer unattraktiver für Frauen. Keine Frau möchte einen ängstlichen, verzweifelten, verkrampften, schlechtgelaunten Mann ohne Selbstwertgefühl kennenlernen. Steckt ein Mann erst einmal in so einer Situation wie Markus, ist es sehr schwer, wieder herauszukommen.

Viele Männer sind von ihrem Endziel »eine Partnerin finden« so besessen, dass sie alle Zwischenschritte, die auf diesem Weg hilfreich sein könnten, komplett ignorieren: Ich habe unzählige Männer kennengelernt, die jahrelang einfach nur wie vor einer hohen Mauer aus Angst standen, wenn es darum ging, eine Frau für sich zu begeistern. Die Mauer schien so hoch, dass sie diese nicht überwinden zu können glaubten. Und sie blieben einfach stehen und schauten die Mauer an. Sie wurden verzweifelt. Sie wurden müde. Sie wurden wütend. Aber sie taten nichts weiter. Sie blieben einfach stehen – gequält von dem brennenden Wunsch, diese Mauer der Angst – sich selbst – überwinden zu können, und unfähig zu erkennen, dass es viele kleine Zwischenschritte gibt, die man machen könnte, um diese Mauer stufenweise zu erklimmen oder nach und nach abzureißen ...

Für jeden Mann, der erfolgreich sein möchte, gilt es, zwei Aufgaben zu meistern. Die erste Aufgabe besteht darin, sich darüber klar zu werden:

 Wie definieren Sie für sich »Erfolg bei Frauen«?
Was wollen Sie in Sachen Frauen?

Wollen Sie einfach nur mehr Sex? Wollen Sie mehr Frauen in Ihrem Leben? Mehr Abenteuer? Oder wollen Sie eine feste Freundin? Wollen Sie heiraten? Wollen Sie die Frau Ihres Lebens kennenlernen? Die Frau für die nächsten Monate oder Jahre? Die Mutter Ihrer Kinder?

Beantworten Sie sich unbedingt klar und konkret diese Frage. Definieren Sie Ihr Ziel klar. Jetzt. Wenn Sie das gemacht haben, ist der Schlüssel zum Erfolg die Antwort auf folgende Frage:

 »Wenn ich eine Frau wäre, was würde ich wohl erwarten?
Was würde ich brauchen oder wie müsste ich drauf sein,
um das zu wollen, was ich jetzt als Mann will?«

Wenn Sie zum Beispiel Sex mit einer Frau wollen – dann muss die Frau Sex mit Ihnen haben wollen. Fragen Sie sich also: »Was könnte eine Frau generell dazu bringen, Sex haben zu wollen?«

Und danach fragen Sie sich, was eine Frau dazu bringen könnte, Sex *mit Ihnen* haben zu wollen. Und was können Sie dafür tun?

Das sind also die wichtigsten Aufgaben vor allen anderen:

 Definieren Sie Ihr Ziel und versetzen Sie sich in die Lage des anderen – auch wenn dieser andere eine Frau ist.

Es mag sich banal anhören, aber es wird vieles verändern und der Grundstein für Ihren Erfolg bei Frauen sein.

Erfolg bei Frauen, ganz gleich, wie Sie ihn definiert haben, hängt von vielen Faktoren ab. Einige mögen in Ihren Augen nur unwichtige Kleinigkeiten sein, die jedoch einen großen Unterschied machen. Viele davon werden Sie auch von Ihrer Mutter, Ihrer besten Freundin oder Ihrer Exfreundin nicht erfahren, weil Frauen selbst gar nicht bewusst ist, dass sie darauf achten, oder weil es für uns Frauen selbstverständlich ist. Ich habe viele Jahre gebraucht, Hunderte von Gesprächen geführt und ebenso viele Workshops mit Männern und Frauen geleitet, bis ich all diese Dinge verstanden hatte. Manches davon wirkt nahezu lächerlich für einen Mann, ich weiß das – die meisten Frauen sehen es dennoch anders.

Wenn Sie Erfolg bei Frauen haben möchten, sollten Sie all diese Dinge wissen. Wenn Sie einmal verstanden haben, wie Frauen Männer sehen und was ihnen wichtig ist, werden Sie nie mehr Probleme mit Frauen haben. Um Ihnen das schnell und nachdrücklich zu demonstrieren, habe ich im nächsten Kapitel die zehn häufigsten Missverständnisse von Männern in Bezug auf Frauen zusammengestellt.

3. SCHRITT: MIT MISSVERSTÄNDNISSEN AUFRÄUMEN

Zehn Denkfehler über Frauen

Im Laufe der letzten Jahre habe ich festgestellt, dass sich bestimmte Denkweisen oder Glaubenssätze bei vielen Männern wiederholen, die häufig Ursache für den Misserfolg bei Frauen sind. Ich nenne diese Glaubenssätze daher »Denkfehler«.

Diese Denkfehler bieten oberflächlich gesehen einfache Erklärungen dafür, warum Frauen so sind, wie sie sind, oder warum Sie keinen Erfolg bei Frauen haben (können). Vielleicht erkennen Sie den einen oder anderen davon ja wieder?

Natürlich kann man nicht alle Frauen über einen Kamm scheren, genauso wenig wie alle Männer. Manche Unterschiede zwischen den Geschlechtern – in der Denkweise, in der Kommunikation und im Handeln – treten jedoch so häufig auf und sind so eindeutig, dass man es kaum glauben mag und sich fragt: »Wie kann es sein, dass darüber nie gesprochen wird? Warum weiß oder kapiert das kaum einer?«

Mein Freund Daniel zum Bespiel: Er ist Musiker und Theaterschauspieler, er ist intelligent, höflich, freundlich und wirklich gut aussehend. Seit ich ihn kenne, wundere ich mich, dass er bei den Frauen so wenig Erfolg hat: Er hat selten Beziehungen und sie halten nie lange. Als er mich dann doch mal um Rat fragte, wurde mir einiges klar. Er machte gleich mehrere Denkfehler auf einmal, die ihm trotz all seiner positiven Attribute immer wieder dasselbe Ergebnis bescherten: Entweder merkte die Frau, die er mochte, gar nicht, dass er sie mochte, oder er verlor sie nach kurzer Zeit wieder, weil er die falschen Botschaften kommunizierte, zu zögerlich oder zu unbeholfen agierte. Diese typischen Denkfehler sind zum Teil sogar durchaus nachvollziehbar, aber eben grundlegend falsch.

Schon allein die Erkenntnis, dass Sie einen Denkfehler machen, kann bereits sehr viel für Sie verbessern.

💣 Denkfehler Nummer 1:
Frauen möchten gleichberechtigt behandelt werden

Dass dies ein Denkfehler sein soll, klingt für viele Männer wahrscheinlich wie ein schlechter Spruch aus einem Macho-Buch und dennoch ist er wahr, wenn es um Liebe und Sex geht: Gesellschaftlich haben Frauen sich seit den 60er Jahren vehement für die Gleichberechtigung eingesetzt. In der Partnerwahl spielen jedoch unsere Instinkte, unsere Triebe und unser Unterbewusstsein eine große Rolle – und die haben noch nie etwas von Gleichberechtigung gehört. Eine 2006 von der Indiana University in Bloomington durchgeführte Studie zeigte, dass sich Frauen zwar auf Nachfrage anders äußern, bei einem Test jedoch eindeutig auf Männer reagieren, zu denen sie »aufschauen können« und die »die Initiative übernehmen«. In einer weiteren Untersuchung von Axel Franzen und Josef Hartmann gaben weit über 80 Prozent der Frauen an, nicht mit einem Mann zusammenleben zu wollen, der weniger intelligent ist als sie, und dass sie sich einen Partner wünschen, der ihnen überlegen ist.

Auch wenn es um Dinge wie etwa das erste Date geht, gibt es nur wenig Wunsch nach Gleichberechtigung:

Mein weiblicher Freundeskreis besteht fast ausschließlich aus gut aussehenden, beruflich erfolgreichen und emanzipierten Frauen und alle – ob Single oder nicht – sind sich einig:

→ Beim ersten Date zahlt der Mann, alles andere wäre unhöflich oder geizig.
→ Ein Mann, der einer Frau die Tür nicht aufhält oder nicht seine Hilfe anbietet, ist ein »Stoffel« – selbst wenn die meisten Frauen dazu neigen, das erste Angebot der »Hilfe«, egal wobei, abzulehnen.
→ Ein Mann, der nicht spätestens beim zweiten Date »etwas versucht« wie zum Beispiel Körperkontakt, Händchen halten, Abschiedskuss oder Ähnliches, ist entweder nur an Freundschaft interessiert, dumm oder schwul.

Interessant ist dazu, dass all diese Frauen wie gesagt durchaus als emanzipiert gelten und die meisten davon sehr selbstbewusst wirken. Keine von ihnen jedoch käme auf die Idee, selbst das Ruder zu übernehmen oder ihre Erwartungen auszusprechen. Alle gehen einfach davon aus, dass die Männer schon wissen, dass in Sachen Dating und Flirten nach wie vor Emanzipation nicht stattfindet.

Ein Teilnehmer meiner Seminare brachte meine Ausführungen zu diesem Thema kürzlich sehr schön auf den Punkt: »Bedeutet das, dass in der Partnerwahl Evolution vor Emanzipation geht?«

Nun, in vielen Büchern der Pickup-Szene taucht der Begriff »Alpha-Mann« in diesem Zusammenhang auf – das halte ich für Quatsch.

Viele Frauen mögen auch zurückhaltende oder eher ruhige Männer sehr gern. Viele Frauen gehen sehr gern voran und sie lieben ihre Partner nicht weniger, weil diese nicht die Alpha-Stellung für sich beanspruchen. Viele Partnerschaften sind komplett gleichberechtigt oder die beiden Partner spielen mit Rollenklischees und fühlen sich sehr wohl damit. Ein Mann muss nicht zum dominanten Super-Alphatier werden, um bei Frauen Erfolg zu haben. Er sollte nur Folgendes wissen:

3. SCHRITT: MIT MISSVERSTÄNDNISSEN AUFRÄUMEN

 Wie emanzipiert, selbstständig und selbstbewusst eine Frau wirken mag, auch in ihr ist irgendwo ein Mädchen, das ein bisschen Prinzessin sein möchte und wenigstens hin und wieder auch beschützt und vor allem erobert werden will.

Viele Männer glauben, dass der »Kavalier der alten Schule« bei der Frau von heute ausgedient hat – das ist ein folgenschwerer Irrtum. Viele Frauen verhalten sich selbstbewusst, selbstständig und bisweilen sogar zickig, weil sie glauben, dass sie das müssen.

Fragen Sie eine Frau, die sich am Bahnhof mit einem schweren Koffer abmüht: »Kann ich Ihnen helfen?«, wird sie mit großer Wahrscheinlichkeit so was wie »Danke, es geht schon!« entgegnen. Probieren Sie doch mal aus, was geschieht, wenn Sie der Dame daraufhin mit einem beherzten Lächeln den Koffer aus der Hand nehmen und ihr etwas über männliche Emanzipation, gute Erziehung, Ihr Bedürfnis nach Ritterlichkeit oder Ähnliches erzählen!

Viele, gerade besonders selbstbewusste und attraktive, Frauen scheuen sich, weibliche Reize zu zeigen, ihre Weiblichkeit zu betonen oder gar zu flirten und dem Mann Signale zu senden. Dahinter steckt häufig die Angst, billig zu wirken, oder sogar schlicht Unvermögen, da sie mehr auf das gesellschaftliche Diktat der Gleichberechtigung als auf ihre Intuition hören.

Es ergibt sich also eine Art Paradoxon: Frauen tun so, als wollten sie gleichberechtigt behandelt werden, wollen es aber eigentlich in vielen Bereichen gar nicht. Sie wollen außerdem aber auch begehrt werden, irgendwie aber auch nicht – zumindest nicht wegen der Attribute, die Männer besonders begehrenswert finden.

Das erscheint Ihnen als Mann sicher töricht und unlogisch. Ich weiß das. Ich weiß, dass Männer auf weibliche Reize mit Aufmerksamkeit und Interesse reagieren und danach durchaus gern auch wissen wollen, ob die Frau noch mehr zu bieten hat – ob in der hübschen Verpackung auch noch Inhalt steckt. Ich weiß aber auch genauso gut, dass Männer sich von der Schönheit einer Frau oft einschüchtern lassen und regelrecht Angst vor besonders attraktiven Frauen haben. Für viele Männer ist es überhaupt kein Problem, mit einer Frau zu flirten, die nicht ins eigene Beuteschema passt. Bei einer Frau jedoch, die sie wirklich attraktiv und begehrenswert finden, steigen der Puls und die Adrenalinausschüttung so stark, dass ihnen nur noch die Überlebensinstinkte »Flucht« oder »Totstellen« einfallen wollen – oder das führt zu einem missglückten Flirtversuch, der wiederum einen weiteren Denkfehler auslösen kann:

Denkfehler Nummer 2:
Schöne Frauen sind arrogant – und gemein!

Auch mein Freund Daniel machte immer wieder diesen Denkfehler: Obwohl er selbst überdurchschnittlich attraktiv ist, unterstellte er attraktiven Frauen, dass sie sich für etwas Besseres hielten. Er war nicht in der Lage, ganz normal und freundlich auf eine schöne Frau zuzugehen, weil er damit rechnete, dass sie ihn kühl abservieren würde – da die meisten schönen Frauen eben arrogant seien.

Zunächst einmal ist dies ein Denkfehler, weil die meisten Frauen sich selbst nicht annähernd so attraktiv finden, wie ein Mann es tut. Doch auch wenn Frauen Weltmeisterinnen in Sachen Selbstkritik sind, wissen sie natürlich durchaus, ob sie grundsätzlich attraktiv sind. Das wissen sie vor allem, weil viele Männer sie nur und ausschließlich genau deswegen ansprechen. Frauen sind es im Allgemeinen gewohnt, von Männern angesprochen zu werden – doch gerade die überdurchschnittlich attraktiven Frauen sind genervt davon, dass Männer sie wegen ihrer Attraktivität entweder gar nicht oder nervös und ängstlich oder sogar plump und anmaßend ansprechen.

Eine Frau kann recht wenig dafür, wenn sie dem Schönheitsideal vieler Männer entspricht, und sie kann schon gar nicht verstehen, dass ihre Schönheit ein Hindernis für einen Mann darstellen sollte, sie »ganz normal« anzusprechen. Eine Frau denkt im Allgemeinen von sich eher so was wie »Was soll das? Ich bin's doch bloß?«.

Spürt sie bei einem Mann sogar Angst oder übermäßige Nervosität, kann das – je nach Erfahrungswerten der Frau – zu unterschiedlichen, aber grundsätzlich für Männer unerwünschten Reaktionen führen:

1. Sie ist irritiert von der Nervosität und versteht nicht, worum es geht – da sie den Mann und seine Beweggründe nicht kennt, möchte sie sich nicht mit ihm beschäftigen und lehnt ihn ab.
2. Die Tatsache, dass der Mann offensichtlich ängstlich oder nervös ist, macht sie ängstlich und nervös. Sie möchte raus aus der Situation und lehnt ihn ab.
3. Sie findet es lächerlich, dass ein Mann so nervös sein kann, nur weil er ein paar Worte mit ihr wechselt, und glaubt, dass er ein totaler Idiot sein muss, also behandelt sie ihn auch so und lehnt ihn ab.

Gerade für die überdurchschnittlich attraktiven Frauen ist die Rechnung ganz einfach: Sie haben schon als Mädchen gemerkt, dass sie sich einiges leisten können, weil sie hübsch sind. Wenn man Erfolg bei Männern haben möchte, muss man sich Mühe geben, möglichst gut auszusehen. Völlig unverständlich also, warum ein netter Mann vor Angst keinen Ton rausbekommt, wenn er sie kennenlernen möchte. Einzig logische Erklärung für die Frau: Ein Mann, der sich von ihr eingeschüchtert fühlt, hat ihr nichts zu bieten, kommt als Partner nicht infrage und ist daher reine Zeitverschwendung.

Aus diesem Erklärungsansatz heraus kommt es dann zu einer Situation, die wiederum zu einem weiteren Denkfehler der Männer führt, nämlich:

Denkfehler Nummer 3:
Frauen stehen nur auf Arschlöcher

und dazu passend auch gleich

Denkfehler Nummer 4:
Frauen stehen nur auf Männer mit Geld

Beides ist mitnichten richtig – allerdings: Frauen stehen auf Männer, die sich an sie herantrauen und sich in ihrer Gegenwart *normal* benehmen – und nicht vor Angst und Scham im Erdboden versinken oder sich sonst wie seltsam verhalten, nur weil sie eine Frau ist. Es gibt nämlich einen Unterschied zwischen »nett« und »ängstlich«.

Es sind vor allem dominante Männer, die als »Arschloch« erkannt und bezeichnet werden. Es sind häufig auch Angeber, vielleicht untreue oder im schlimmsten Fall sogar gewalttätige Männer. Aber es sind immer aktive und handelnde Männer. In der Regel sind es Männer, die wissen, was sie wollen, und nicht vor einer Frau »kuschen«. Frauen fühlen sich angezogen von Männern, die entspannt bleiben, wenn sie ihre kleinen (meist sogar unbewussten) Psychospielchen spielen, und die ihr den Eindruck vermitteln, zu wissen, was sie wollen. Das ist es, was ein sogenanntes Arschloch auf jeden Fall anbieten kann. So ein Mann hat Ihnen gegenüber auch einen großen Vorteil: Er gibt der Frau nicht das Gefühl, dass er alles tun würde, nur damit sie ihn mag – und genau das imponiert ihr …

Natürlich haben wir Frauen nichts dagegen, wenn ein Mann auch über »finanzielle Potenz« verfügt. Das bedeutet häufig auch, dass ein Mann einen angenehmen Lebensstil hat und die Mittel, (s)eine Frau zu verwöhnen. Und welche Frau lässt sich nicht gern verwöhnen?

Finanziell gut gestellte Männer oder Männer mit einem gewissen Karriereanspruch zeigen damit, dass sie zielstrebig sind und vermutlich wissen, was sie wollen. Es ist für eine Frau beruhigend zu wissen, dass der Mann für sich und im Falle eines Falles (zum Beispiel bei der Familiengründung) auch für sie sorgen könnte.

Doch noch wichtiger als das ist: Männer mit Geld haben oft ein gewisses Selbstvertrauen, das sie nach außen tragen, und gerade bei selbst erworbenem Reichtum gehen damit auch Zielstrebigkeit, Durchsetzungsfähigkeit und / oder eine entsprechende Portion Mut einher. All das sind Eigenschaften, die Frauen an Männern nicht nur zu schätzen wissen, sondern die auch dazu führen, dass der Mann sich in Anwesenheit einer Frau normal, selbstsicher und damit attraktiv verhält.

Es ist also nicht unbedingt das Geld oder das schlechte Benehmen, das Frauen anzieht, sondern die dazugehörigen »Begleitumstände«.

💣 Denkfehler Nummer 5:
Frauen sind nicht so auf Sex aus

Stünde ich jetzt persönlich vor Ihnen, würde ich in lautes Gelächter ausbrechen. Tatsächlich gibt es sehr, sehr viele Männer, die das glauben. Zahlreiche Fakten bieten sich an, die diesen Gedanken stützen: Schließlich sind es überwiegend Frauen, die über zweideutige Witze die Nase rümpfen, wegen sexueller Belästigung klagen, Sex mit »Kopfschmerzen« zu vermeiden versuchen und so weiter. Die Liste ließe sich beliebig fortführen mit Indizien, die darauf hinweisen, dass Frauen nicht auf Sex aus sind. Dass Frauen Sex vielleicht nicht einmal wirklich mögen oder nur ganz bestimmte Aspekte davon. Ehrlich gesagt ist vermutlich genau das Gegenteil der Fall. Sex bedeutet jedoch für die meisten Frauen etwas ganz anderes als für die meisten Männer.

Für einen Mann bedeutet Sex überwiegend Folgendes: Erregung, Stimulation, Orgasmus. Das kann er sogar mit sich selbst ganz schnell und einfach in die Tat umsetzen und wird auch dabei zu einem wortwörtlich befriedigenden Ergebnis kommen.

Für Frauen ist Sex weit mehr und auch wesentlich komplizierter: Frauen kommen normalerweise nicht durch die alleinige Stimulation bestimmter Körperstellen zum Orgasmus. Sie brauchen weit mehr Fantasie und »geistige Stimulation« als Männer.

Sex bedeutet darüber hinaus weit mehr für eine Frau – es kann zum Beispiel bedeuten: Verbundenheit, Nähe, sich hingeben, sich fallen lassen, begehrenswert sein, begehren und begehrt werden –, es ist mit viel mehr und vor allem viel komplexeren Gefühlen verbunden als bei Männern.

Hinzu kommt:

1. Die biologische Komponente oder auch das »Steinzeitgehirn«: In unserem Gehirn ist nach wie vor gespeichert, dass wir Frauen von Sex schwanger werden können und uns deshalb ganz genau überlegen sollen, mit wem wir Sex haben.
2. Die erzieherische Komponente – Leitsätze, die wir zum Beispiel von unseren Müttern gelernt haben, wie »Ein anständiges Mädchen tut so was nicht«.
3. Die gesellschaftliche Komponente: Um Sex geht es zwar heute an jeder Straßenecke, in jeder Werbung und jeder Talkshow – doch mit einem selbst hat es kaum noch etwas zu tun. Jeder redet über Sex – keiner scheint welchen zu haben.

Dazu kommt die jahrhundertelange Prägung unserer Kultur, dass Sex nur zum Spaß »Unzucht« sei. Was einstmals ein kluger Schachzug von (männlichen) Kirchenführern war, nämlich Sexualität an sich zu verdammen, sodass die Menschen sich schuldig fühlen, wenn sie ihrer Lust nachgeben, und damit – um ihre Sünden loszuwerden – noch enger an die Kirche gebunden wurden, hat auch nach vielen Jahrzehnten der Aufklärung immer noch Spuren in unserer Grundhaltung hinterlassen. Auch wenn dies heute nicht mehr so offensichtlich ist: Diese und ähnliche Schuldzuweisungen und Verdammungen von Sexualität haben jahrhundertelang unsere Gesellschaft geprägt, und ihre Schatten sind bis heute spürbar.

4. Der Erfahrungsschatz: Viele Frauen haben im Laufe ihres Lebens festgestellt, dass Männer Frauen nicht zu schätzen wissen, die allzu leicht zu haben sind. Männer, die Erfolg bei Frauen haben, nennt man Schürzenjäger, Casanova, Aufreißer oder Frauenheld. Eine Frau, die sich bei Männern ebenso bedient, ist ein Flittchen, eine Schlampe, eine Dorfmatratze, und wird meist nicht gerade respektiert. Wer will schon eine, die es mit jedem macht? 90 Prozent aller Singlefrauen wünschen sich einen festen Partner – sie sind also gut damit beraten, nicht allzu leicht zu haben zu sein, denn der Mann, den sie gerade kennenlernen, könnte ja eventuell als Partner infrage kommen.

Das sind längst nicht alle, aber zumindest die wichtigsten Gründe dafür, dass Frauen oberflächlich so tun, als ob sie mit Sex nicht viel am Hut hätten. Jede Frau wünscht sich einen Mann, der ihr Sex geben kann, bei dem ihr Hören und Sehen vergeht, der ihre Fantasie anregt und sie öffnet. Sie wollen nur nicht von irgendeinem dahergelaufenen Typen für seine Befriedigung benutzt werden.

💣 Denkfehler 6:
Frauen wissen, wie schwer es Männern fällt, sie anzusprechen

Machen wir es kurz: Nein, das wissen sie nicht. Wirklich nicht. Frauen sehen es trotz Emanzipation nach wie vor überwiegend als die Aufgabe des Mannes an, sie anzusprechen. Wie soll man sich denn sonst kennenlernen? Viele Frauen, die probiert haben, der Gleichberechtigung Genüge zu tun und Männer anzusprechen, haben es bald darauf wieder aufgegeben, weil es nicht die gewünschten Ergebnisse erzielte – sorry, guys!

Die meisten Männer behaupten, sie würden es sehr schätzen, wenn die Frauen auch mal »den ersten Schritt« machen würden. Nur können sie dabei oft nicht so genau sagen, was sie damit meinen. In einem Experiment für ein TV-Magazin habe ich mit Journalisten einmal ausprobiert, wie es auf Männer wirkt, wenn eine Frau zielstrebig auf sie zugeht und sie anspricht: Zwar war die Reaktion der Männer zunächst überwiegend positiv, aber neun von zehn Männern sagten auch, dass ihnen das irgendwie komisch vorgekommen sei und sie sich gefragt hätten, wo der Haken bei der Sache sei, oder dass es ihnen einfach zu direkt gewesen sei.

Auf die Frage, ob sie die Frau attraktiv fänden, antworteten die meisten Männer zwar ebenfalls eher positiv, und doch wollte keiner (!) von ihnen ein Date mit der engagierten Dame. Die Herren hätten sich den Flirt etwas subtiler vorgestellt. Wie lustig – wo gerade diese Subtilität ja eigentlich eine Spezialität von Frauen ist und von den meisten Männern nicht verstanden wird.

Die Wahrheit ist, dass in den meisten Fällen eines Flirts die Frau den ersten Schritt macht, nur dass die meisten Männer das nicht merken – oder die Frau (wenn sie schlau ist) es den Mann nicht merken lässt. Das kann Blickkontakt sein, den der Mann bemerkt und dadurch überhaupt erst auf die Flirtchance aufmerksam wird, das kann aber auch ein von der Frau hergestellter »Zufall« sein, der es dem Mann erlaubt, die Frau anzusprechen.

💣 Denkfehler 7:
Da Frauen sich einen starken Mann wünschen, darf man keine Schwäche(n) zeigen

Genau das Gegenteil ist der Fall ... während es in männlichen Kreisen immer eine Art Hackordnung gibt, sind weibliche Kreise auf Gemeinsamkeiten und Verbindung aufgebaut. Für Männer ist der Vergleich miteinander, ein Konkurrieren um den ersten Platz eine rein sportliche und ganz normale Verhaltensweise. Egal ob im Job oder im Privatleben, es ist extrem wichtig, alles im Griff zu haben, keine Schwäche zu zeigen (ein Indianer kennt keinen Schmerz) und das männliche Imponiergehabe bestmöglich darbieten zu können. Beim verbalen Schwanzvergleich gilt: Wer die größte Klappe hat, gewinnt.

Das kommt bei Frauen leider gar nicht gut an – im Gegenteil. Bitte stellen Sie sich nur mal die Situation vor: Treffen sich zwei Freundinnen. Sagt die eine zur anderen: »Ich hab ein neues Auto«, fragt die andere »Wie viel PS?« oder »Ich hab mir einen neuen Föhn gekauft, 3000 Watt!«, sagt die andere: »Geil, zeig mal!«

Nein. Eher nicht.

Zwei Freundinnen treffen sich und die eine sagt: »Ich bin zu einer Hochzeit eingeladen.« Da fragt die andere entweder: »Von wem?« oder »Was ziehst du an?«

Oder sie sagt: »Ich werde einfach die zwei Kilo aus dem Urlaub nicht los!« Und die andere sagt mitfühlend (!): »Och Mensch, du Arme!«

Das ist jetzt vielleicht etwas klischeehaft, aber doch sehr nah an der Realität: Frauen reden sehr gern über Beziehungen und sie setzen sich fortwährend zueinander in Relation – nicht um herauszufinden, wer die Bessere ist, sondern um einander zu zeigen, wo Übereinstimmungen bestehen. Sie lieben es, ihre Gefühle mitzuteilen, miteinander zu leiden, sich gegenseitig zu bestätigen, sich Mut zu machen, zu beraten oder gegebenenfalls zu trösten. Eine gute Freundin kennt die Schwächen ihrer Freundin ganz genau, denn sie haben schon hundertmal darüber geredet. Das sind die Grundpfeiler einer guten Frauenfreundschaft.

Frauen empfinden Männer, die Schwächen zugeben oder zeigen können, sogar als besonders stark: Er ist selbstbewusst und stark genug, seine Schwächen zu zeigen, heißt es dann.

Doch Vorsicht! Schwäche zeigen können heißt nicht:

- → sich bei einer Frau auszuheulen, wie gemein die Ex oder Frauen im Allgemeinen sind
- → ihr zu erzählen, was man für ein Loser ist und dass man im Leben überhaupt nichts auf die Reihe kriegt
- → alle negativen Eigenschaften, Macken und Unzulänglichkeiten, die man hat, beim ersten Date gleich auf den Tisch zu packen

Eine Schwäche zugeben können könnte zum Beispiel sein, mit einer Eigenschaft, die Sie als eher abträglich für den Erfolg bei Frauen empfinden, zu kokettieren. Eine echte Jokerkarte im Umgang mit Frauen. Mein Freund Daniel zum Beispiel hielt sich oft für nicht gut genug, weil er als Künstler kein besonders hohes und vor allem kein regelmäßiges Einkommen hatte. Er hatte viel mehr Erfolg bei Frauen, als er begann, mit dieser Tatsache zu kokettieren, und sie bewusst beim Flirten einsetzte, indem er der Frau sagte: »Pass auf, worauf du dich einlässt, ich bin ein armer Künstler und werde dir den Rest deines Lebens auf der Tasche liegen, wenn du dich in mich verliebst.« Die Frauen fanden das ungemein bezaubernd, denn es beinhaltete die Aussage, dass sie sich verlieben könnten, und war gleichzeitig eine sehr charmante und auch humorvolle Art, mit einer Schwäche umzugehen. Sie fanden es auch mutig von ihm, so etwas gleich zu Beginn zu sagen – so mutig, dass er umso attraktiver wirkte und sie den Inhalt der Aussage gar nicht mehr ernst nahmen.

💣 Denkfehler 8:
Wenn eine Frau Nein sagt, heißt das Nein

Nein. Ja. Doch. Vielleicht. Nein. Sie merken schon, es ist nicht ganz so einfach. Der Schlüssel dieses verheerenden Denkfehlers liegt wohl in dem Wörtchen »sagt«: Frauen sagen nicht sehr gern Nein zu Menschen, zu denen sie bereits eine Beziehung aufgebaut haben.

Kommt also ein fremder Mann daher und sagt: »Darf ich mich vielleicht zu Ihnen setzen?«, fragt sie sich automatisch, warum er das möchte, wer er ist und was er von ihr will. Sie hat immerhin schon die eine oder andere schlechte Erfahrung mit fremden Männern gemacht, die sie irgendwo angequatscht haben. Und während sie das denkt, bemerkt sie, dass sie darauf keine Antworten hat, und vermutet, dass der Mann sie wahrscheinlich nur »anmachen« will. Da der Mann aber nun gerade vor ihr steht und eine Antwort erwartet, ohne ihr weitere Infos zu geben, und ihr Leben zu kurz ist, um sich zu langweilen oder vollgesabbert zu werden, sagt sie einfach kurz und bündig Nein oder macht eine ablehnende Geste oder zumindest ein ablehnendes Gesicht in der Hoffnung, dass der »seltsame Typ« dann verschwindet.

Denn: Noch ist nichts passiert, noch ist der Mann einfach »irgend so ein Typ« und zu einem fremden Typen Nein zu sagen, ist noch recht leicht. Wenn er sich erst mal gesetzt hat und ein Gespräch mit ihr begonnen hat, ist es zu spät. Wenn sie dann merkt, dass er sie anmachen will oder langweilt, ist es viel schwerer, ihm zu sagen, dass er bitte wieder gehen möge. Und genau deshalb sagt sie lieber direkt am Anfang: »Nein!«

Einfach nur um sich späteren Ärger zu ersparen.

Es kann aber genauso gut sein, dass eine Frau zwar Ja sagt, aber eigentlich Nein meint, weil sie sich mit dem klaren Nein wie gesagt sehr schwer tut.

Ein »Nein, ich glaube nicht« kann auch einfach bedeuten: »Was willst du von mir? Gib mir etwas, womit ich etwas anfangen kann! Gib mir einen guten Grund, warum ich mich mit dir unterhalten soll, oder sag mir, was du von mir willst und warum!«

Ein zögerliches »Ja, irgendwie schon« oder »Mh, ja ...« kann auch bedeuten: »Eigentlich will ich das nicht, aber ich will dich nicht verärgern – ich denke mir etwas aus, wie ich aus der Situation herauskomme.«

Also merken Sie sich bitte: Es geht nicht darum, was eine Frau sagt, sondern wie sie es sagt und wie sie sich verhält.

Denkfehler 9:
Frauen legen Wert darauf, dass ein Mann als Partner zuverlässig und treu ist und gut zuhören kann

Was, das soll ein Denkfehler sein? Ja, in der Tat – der Denkfehler bei den meisten Männern besteht darin, dass sie glauben, diese drei Eigenschaften besonders kommunizieren zu müssen, und sie deshalb als »Hauptverkaufsmerkmale« herausstellen. Das wäre ungefähr dasselbe, wie zu behaupten:

Männer legen bei einem Auto Wert darauf, dass es eine Bremse, Reifen und Scheibenwischer hat.

Dass ein Mann zuverlässig, treu und aufmerksam ist – das ist für eine Frau selbstverständlich. Frauen gehen nämlich aus irgendeinem (selbst mir) völlig unerklärlichen Grund davon aus, dass ein Mann – egal was für ein Aufreißer er vorher war – quasi automatisch zuverlässig, treu und aufmerksam wird, wenn er sich in sie verliebt. Mehr noch: Für viele Frauen scheint es so eine Art sportlichen Ehrgeiz zu wecken, gerade die größten »Streuner« durch ihre Liebe zu treuen und zuverlässigen Partnern zu machen. Deshalb ist ja auch der Jammer groß, wenn sich herausstellen sollte, dass es nicht so ist – aber es ist kein Argument, das besonders für Sie spricht. Und schon gar nicht sollten es Ihre einzigen Argumente sein.

Vielleicht mag Ihnen das albern erscheinen, aber offenbar haben wir Frauen häufig eine etwas verklärte Sicht von dem, was Liebe erreichen kann – Hollywood sei Dank. Wir verlieben uns nicht in einen Mann, weil er treu, zuverlässig und aufmerksam ist oder besonders gut zuhören kann. Wir verlieben uns, weil er aufregend ist, weil er geheimnisvoll ist, weil er uns wie kein anderer zum Lachen bringt oder weil er irgendwie interessant und anders ist als die anderen Männer und soooo gut riecht ... Sollte sich herausstellen, dass er untreu und / oder unzuverlässig ist, dann heulen wir uns bei treuen, zuverlässigen Männern aus, die gut zuhören können, aber keinerlei sexuelles Verlangen bei uns wecken – vielleicht kennen Sie das.

Dann hoffe ich, dass die letzten neun Punkte dazu beigetragen haben, dass sich das bald ändern wird, und bis dahin machen Sie bitte nicht den letzten, ebenfalls sehr weit verbreiteten Denkfehler:

💣 Denkfehler 10:
Frauen sind unehrlich und wollen immer nur Spielchen spielen

Leider höre ich auch das ab und zu von männlichen Klienten oder Seminarteilnehmern, die mir sagen: »Das ist mir zu blöd! Da spiele ich nicht mit! Die Frauen schießen sich mit solchen Verhaltensweisen doch nur selbst ins Knie ... ohne mich!«

Wissen Sie, ich kann das sogar verstehen – doch glauben Sie mir, dieser Denkfehler ist wirklich der fatalste von allen, denn wer die Regeln beim Skat, beim Fußball oder beim Roulette blöd findet – der wird wohl nicht mitspielen dürfen.

Bitte vergessen Sie nie, dass Frauen die meisten dieser Verhaltensweisen nicht bewusst und schon gar nicht deshalb an den Tag legen, um Männer zu ärgern. Und vergessen Sie darüber hinaus auch nicht, dass auch Männer zahlreiche Spielchen für Frauen bereithalten, mit denen sie sich herumärgern müssen. Und sagen Sie jetzt nicht, Frauen seien kompliziert: Oder glauben Sie allen Ernstes, eine attraktive Frau würde tatsächlich annehmen, dass Sie die Uhrzeit von ihr wissen wollen, wenn Sie sie mit »Entschuldigung, wissen Sie vielleicht, wie spät es ist?« anquatschen, nur weil Ihnen nichts Besseres einfällt? Oder was ist mit »Bist du öfter hier?« oder »Entschuldigung, kennen wir uns nicht?«

Sie weiß ganz genau, dass Sie sie nur deshalb ansprechen, weil Sie sie attraktiv finden – mit anderen Worten: weil Sie gern mit ihr schlafen würden. Im Grunde sagen Sie also mit dieser Frage: »Entschuldigung, ich finde Sie sehr attraktiv und mir fällt gerade nichts Besseres ein – also frage ich Sie jetzt nach der Uhrzeit in der Hoffnung, dass sich daraus vielleicht ein Dialog ergibt, in dessen Verlauf ich mehr Mut fasse und vielleicht mit Ihnen flirte – in der Hoffnung auf eine Verabredung mit Ihnen, in deren Verlauf wir uns näherkommen und Sie mir bei gegenseitigem Gefallen erlauben, mit Ihnen zu schlafen.«

Echt jetzt ... das ist doch wohl auch völlig bescheuert!

Nehmen Sie also Abschied von all diesen irrigen Gedanken und Denkfehlern und gewöhnen Sie sich an die Realität – ich verrate Ihnen auf den nächsten Seiten, worauf Frauen wirklich achten, was sie wirklich wollen und wie Sie Frauen richtig verstehen können, um bei ihnen langfristig und in allen Bereichen erfolgreich zu sein.

4. SCHRITT: SELBSTVERBESSERUNG TEIL 1: »VERPACKUNGSDESIGN«

Wie Mann gut bei Frauen ankommt

Jeder Mann kann direkt und sehr schnell etwas tun, um sympathischer zu wirken, besser rüberzukommen, männlicher zu sein. Nichts von dem, was Sie tun können, gibt Ihnen eine Garantie. Nichts wird direkt dafür sorgen, dass Frauen Ihnen hinterherlaufen – aber jedes kleine Detail, das Sie verbessern, ist ein Grund weniger, Sie abzulehnen. Ob Sie es glauben oder nicht: Ohne es zu wissen, tun Sie vermutlich momentan einige Dinge, die dafür sorgen, dass Frauen Sie ablehnen.

Verstehen Sie alle Punkte dieses Kapitels als Vorschläge – nicht als Regeln. Es geht nicht darum, sich zu verbiegen. Es geht nicht darum, sich zum Affen zu machen. Es geht nicht darum, sich selbst zu verleugnen, nur um einer Frau zu gefallen. Ich mache Ihnen Vorschläge, wie Sie Ihre Chancen bei Frauen verbessern, aber sich auch gleichzeitig wohler und zufriedener mit sich selbst fühlen können. Sie müssen keinem dieser Vorschläge folgen – aber beschweren Sie sich hinterher nicht, dass sich Ihr Leben nicht verbessert hat. All diese Vorschläge beziehen sich nicht auf meinen persönlichen Geschmack, sondern sind das Ergebnis meiner Arbeit mit circa 600 Singlefrauen zwischen 19 und 59. Es sind Vorschläge und Tipps, die dazu dienen, das Beste aus sich zu machen.

In unzähligen Coachings und bei vielen Workshops zum Thema »Partnerwunsch« habe ich mit Frauen immer wieder für die männlichen Teilnehmer zusammengetragen, was sich Frauen wünschen, worauf Sie achten und worauf Sie bei einem Mann Wert legen. Sehr häufig waren die Männer in den Workshops von einigen dieser Punkte sehr überrascht – sie hätten nicht gedacht, dass solche vermeintlichen Kleinigkeiten bei Frauen so viel auslösen (oder verhindern).

Liebe überwindet alles, heißt es immer so schön. Ja – aber so weit muss es erst mal kommen! Bis eine Frau sich in Sie verliebt oder sogar Liebe entwickelt, muss sie Sie zunächst attraktiv und interessant finden. Der erste Eindruck, den eine Frau von Ihnen bekommt, entscheidet, ob sie überhaupt mit Ihnen sprechen möchte, und innerhalb kürzester Zeit trifft eine Frau unbewusst die Entscheidung, ob Sie ein potenzieller Liebhaber, ein Partner oder ein Freund sein könnten – oder ob sie Ihnen lieber aus dem Weg geht.

Das Bild, das eine Frau sich von Ihnen macht, besteht aus vielen kleinen Puzzleteilchen. Vielleicht haben Sie ja schon sehr viel verstanden. Vielleicht sind Sie aufmerksam und können Frauen charmant begegnen – doch irgendetwas sorgt immer wieder dafür, dass Sie nicht an Ihr Ziel kommen. Manchmal ist es in Ihren Augen ein winziges Detail, das jedoch in der Bewertung einer Frau so wichtig ist, dass Sie nicht über das »nett« oder »sympathisch« hinauskommen – dass Sie eben nicht »attraktiv« und »begehrenswert« oder gar »sexy« sind und damit allenfalls »ein netter Bekannter« oder »ein guter Freund« werden.

KÖRPERPFLEGE

Vielleicht glauben Sie, dieses Kapitel könnten Sie getrost überspringen? Ein guter Bekannter von mir war ein typischer Fall eines Mannes, der dieses Kapitel sicher übersprungen hätte, er ist gebildet und kultiviert und hat als Unternehmensberater in einer renommierten Firma gearbeitet. Er war nun wirklich nicht der Mann, der sich mangelnde Körperhygiene unterstellen würde – und dennoch waren es die kleinen Details, die den großen Unterschied machten, und die immer wieder dafür sorgten, dass Frauen sich einfach nicht zu ihm hingezogen fühlten. Besonders heikel war, dass er oft Mundgeruch hatte – ein Makel, den niemand bei anderen ansprechen möchte. Seine Körperbehaarung wucherte an Stellen, an denen sie nichts zu suchen hatte, und es war ihm anscheinend nicht bewusst, dass die kleinen schwarzen Punkte an seiner Nase Mitesser waren. Da er vom Typ her eher etwas zurückhaltend war, wäre es für ihn sehr wichtig, dass er sich den Frauen ansprechend und – nennen wir es »lecker« – präsentiert.

Welche Frau möchte einen Mann entdecken, bei dem schon die »Verpackung« so schlampig ist, der so offensichtlich zeigt, dass er sich nicht gut pflegt, und mit dem man keine vertrauten Gespräche führen möchte, weil man seinen Atem nicht riechen kann?

Wie gesagt: Manchmal sind es Kleinigkeiten – gehen Sie also am besten alle Punkte durch – und bitte glauben Sie nicht, ich sei einfach sehr pingelig ... Wie gesagt: Die Anmerkungen geben nicht nur meine eigene Meinung wieder, sondern sind das Ergebnis einer Recherche unter einigen hundert Frauen. Wenn Ihnen auf den folgenden Seiten etwas neu ist oder übertrieben scheint, ist das sehr wahrscheinlich einer der Gründe, warum Sie bisher nicht nachhaltig erfolgreich waren bei Frauen!

Starten wir also mit den wichtigsten Aspekten der Körperpflege – worauf Frauen besonders achten:

👄 Mund

Frischer Atem, einladende Lippen und gepflegte Zähne sind beim ersten Eindruck wirklich absolut entscheidend. Wenn alles andere stimmt, aber das nicht – haben Sie verloren! Achten Sie deshalb immer ganz besonders auf Mundhygiene und Frische, kontrollieren Sie beim Händewaschen im Spiegel Ihre Zähne und sorgen Sie dafür, dass Ihre Lippen weich und glatt sind! Wenn eine Frau mit Ihnen spricht, wird sie auf Ihren Mund schauen, wäre doch schade, wenn dieser keine Lust auf Küssen macht, oder?

Hände

Alle (!) Frauen, die ich kenne, schauen bei einem Mann auf die Hände und finden gepflegte Hände attraktiv. Wenn eine Frau Ihnen die Hand gibt, malt sie sich bereits unbewusst aus, wie diese sich anfühlt, wenn Sie sie berühren. Welche Frau wünscht sich schon das Gefühl, ein Reibeisen fahre über ihre Haut? Sorgen Sie dafür, dass Ihre Nägel stets kurz geschnitten, gefeilt (ohne Kanten, Ecken etc.) und vor allem sauber sind und cremen Sie Ihre Hände regelmäßig ein, um spröde und raue Haut an den Händen zu vermeiden.

Haut

Mitesser im Gesicht sind für Frauen ein deutliches Zeichen mangelnder Pflege: Sie müssen sorgfältig und schnellstmöglich entfernt werden, da sie sich sonst entzünden und zu schmerzhaften (und riesigen!) Pickeln entwickeln können. Viele Kosmetikstudios bieten reinigende Gesichtsbehandlungen für Männer schon für etwa 25 Euro an. Das lohnt sich und muss nur alle paar Monate gemacht werden. Sorgen Sie dafür, dass Ihre Haut bestmöglich gepflegt ist und Frauen Sie gerne anfassen mögen: Benutzen Sie für Ihr Gesicht und Ihren Körper keine Seife, sie trocknet die Haut aus. Reinigen Sie Ihr Gesicht mit Waschlotion und benutzen Sie zum Duschen ein Duschgel mit hautneutralem pH-Wert, das nicht zu stark parfümiert ist.

Geruch

Parfüm, Deo und Aftershave sollten zu Ihnen passen und grundsätzlich sparsam und wohl akzentuiert eingesetzt werden: Frauen haben einen deutlich feineren Geruchssinn als Männer. Was für Sie noch »total okay« oder »ganz normal« ist, kann für eine Frau schon aufdringlich oder abstoßend sein. Ich kenne selbst ein paar Männer, die sehr charmant und äußerst gepflegt sind – nur ihr Aftershave ist schlimmer als die Duftmarke eines Hundes. Es klebt an ihnen, es klebt in der Luft jedes Raums, den sie betreten, und es klebt an mir, wenn wir uns zur Begrüßung umarmen, und ich werde es den ganzen Tag nicht mehr los. Frauen hassen so etwas – aber die wenigsten werden es Ihnen sagen.

Dasselbe gilt für »unbeabsichtigte« Gerüche: Männerschweiß ist nur sexy, wenn er ganz, ganz, ganz frisch auf vorher jungfräulich sauberer Haut auftritt. Sonst nicht. Wenn Sie in der Nacht, bei der Arbeit oder beim Sport intensiv geschwitzt haben, seifen Sie Ihre Achselhöhlen während des Duschens zweimal ein. Wenn Sie am Vorabend Alkohol getrunken oder Knoblauch gegessen haben, seifen Sie sich überall mindestens zweimal ein.

Körperbehaarung

Die Vorlieben von Frauen sind da ganz unterschiedlich: Gerade die jüngere Generation scheint auf die Ganzkörper*ent*haarung abzufahren und es gibt viele Meinungen und Vorlieben. Doch in einer Sache sind sich alle – ich wiederhole: ALLE – Frauen absolut einig: Haare gehören nicht in die Nase, in die Ohren oder auf den Rücken. Glauben Sie es oder nicht: Aber ganz gleich, wie charmant Sie sind: Wächst Ihnen ein Haar aus der Nase, gehen Ihre Chancen gegen null. Für Haare auf dem Rücken konsultieren Sie vielleicht eine freundliche Kosmetikerin (auch wenn Sie sie hinterher hassen werden). Für Brusthaar gilt grundsätzlich:

Es hat nicht aus dem Kragen herauszuwachsen. Ein Rasierer mit Langhaarschneider kann Ihnen gute Dienste leisten, wenn die Natur allzu üppig wuchert.

Füße

Die wenigsten Männer nutzen die wunderbaren Dienste einer Fußpflege – gehören Sie ebenfalls dazu? Was ist mit Hornhaut, eingewachsenen Zehennägeln, Rissen? Ist das für Sie normal oder gar ein Zeichen von Männlichkeit? Haben Sie vielleicht sogar Schweißfüße? Das alles ist nicht männlich, allenfalls menschlich – aber auf keinen Fall sexy.

Bei einer professionellen Fußpflege werden Ihre Füße zunächst gebadet – Sie müssen also keine Angst haben, jemanden zu überfordern.

Dann werden überschüssige Hornhaut, Schwielen und Zehennägel behandelt. Glauben Sie mir: Sie werden sich hinterher fühlen wie neugeboren! Eine solche Behandlung kostet in der Regel weniger als 30 Euro und ist alle sechs bis neun Wochen nicht nur eine Investition in Ihren Sexappeal, sondern auch in Ihr persönliches Wohlgefühl.

Rasur und Aftershave

Es gibt Frauen, die stehen auf glatt rasierte Männer, andere stehen auf Dreitagebart, andere auch auf Bärte. Letztlich ist das eine Typfrage – wenn Sie unsicher sind, fragen Sie ein paar weibliche Kolleginnen, Bekannte oder auch Damen in der Parfümerie, beim Friseur oder in einer Drogerie nach ihrer Meinung. Probieren Sie ruhig mal verschiedene Varianten der Gesichtsbehaarung aus (vielleicht im Urlaub?) und lassen Sie sich von Freunden fotografieren. Entscheiden Sie dann hinterher, was Ihnen am besten steht.

Kopfhaar

Daraus könnte man fast ein eigenes Kapitel machen – oder auch zwei: Was Sie mit den Haaren auf Ihrem Kopf machen, gehört nicht nur zur Körperpflege, sondern auch zum Stil: Sollten Sie noch genug Haare für eine Frisur haben, so nutzen Sie das. Ein Haarschnitt nach dem Motto »Hauptsache kurz« ist zwar praktisch, macht Sie aber nicht gerade interessanter und ist auch nicht sexy.

Auch das mehr oder weniger geschickte Hin-und-her-Kämmen von Reststrähnen bei Glatzenbildung ist nicht sinnvoll – das sieht nicht nur bescheuert aus, es ist auch ein Ausdruck von mangelndem Selbstbewusstsein. Der absolute Killer jeglichen Interesses bei einer Frau. Machen Sie etwas aus Ihren Haaren, wenn noch welche da sind – ansonsten: weg damit! Eventuell kann ein Dreitagebart oder ein gepflegter, in Form geschnittener Bart Ihnen zu einem neuen, vorteilhaften Look verhelfen.

Fragen Sie ruhig mal Freunde oder weibliche Bekannte und Kolleginnen nach Tipps oder trauen Sie sich mal zu einem angesagten, teuren Friseur und testen Sie die Beratung dort. Sie werden staunen, wie viel mehr Sie aus sich machen können, wenn jemand Ihnen hilft, Ihr Haar besser aussehen zu lassen.

Intimpflege

Selbst wenn Sie vielleicht mal keine Zeit mehr für eine Dusche haben, nehmen Sie sich die paar Sekunden, um Ihren besten Freund mit einem feuchten Waschlappen und Waschlotion zu säubern. Es bleibt zwar in 99,8 Prozent aller Fälle eine Fantasie, beim Ausgehen eine Frau kennenzulernen, die nach ein paar Minuten zwangloser Gespräche Oralsex auf der Toilette mit Ihnen haben möchte – aber was, wenn es doch mal passiert? Und selbst wenn nicht, es ist grundsätzlich kein tolles Gefühl, sich mit einer Frau zu unterhalten in dem Wissen, dass der eigene Freudenspender gerade riecht wie ein totes Frettchen.

KLEIDUNG ALS AUSDRUCK IHRER PERSÖNLICHKEIT

»Es gibt ja Menschen, die glauben, Stil ist das mit dem Besen dran«, sagte neulich ein guter Freund von mir. Er selbst ist alles andere als ein Modefreak und dennoch hat er Stil – seinen ganz eigenen: Er trägt zum Beispiel grundsätzlich zwei verschiedene Socken – das ist bei ihm tatsächlich keine Nachlässigkeit, es ist sein Stil. Er macht das nicht, um Frauen zu beeindrucken, sondern mit voller Absicht und aus Überzeugung: Das Leben an sich sei schon ernst genug, da könne man doch mal mit unterschiedlichen Socken herumlaufen.

Stil ist nicht nur eine Frage von Mode, sondern vor allem eine Frage von Geschmack – welchen Geschmack Sie haben, ist dabei sogar eher zweitrangig, solange Sie überhaupt einen haben.

Stil ist eine Mischung aus dem Wissen und Beherzigen von Regeln, dem bewussten und selbstbewussten Brechen einiger dieser Regeln und einer gewissen Souveränität dabei. Das klingt im ersten Moment sehr kompliziert – doch es lässt sich recht einfach lernen: Lernen Sie zunächst die Regeln, damit Sie sie auch bewusst brechen können, wenn es so weit ist.

Ein Mann, der genau das tut, ist zum Beispiel Thomas Gottschalk – seine Outfits sind sicherlich Geschmackssache, doch sein Stil ist dabei unverkennbar und einzigartig. Egal, ob Ihnen diese teilweise schon faschingsartigen Anzüge zusagen oder nicht: Die wichtigen Details stimmen einfach. Von den Schuhen über die Socken bis hin zur Krawattennadel: Alles passt zusammen und ist unverwechselbar er. Auf Kritik an seinem Stil reagiert er mit Humor – kann er auch: Seine Frau teilt nämlich seinen Tick für extravagante Schnitte und schräge Muster und inzwischen ist es sein Markenzeichen geworden.

Ein anderes Beispiel für einen sehr eigenen Stil ist der Blogger, Autor und Berater Sascha Lobo: In der Regel sieht man ihn in dunklen Anzügen mit einfachen Hemden – eine ganz schlichte und im Grunde alltägliche, klassische Kombination. Wäre da nicht die knallrote Irokesen-Frisur. Die feuerwehrrote Haarbürste ist sicher weit entfernt von jeder Mode – doch sie ist überaus mutig und macht den Herrn unverwechselbar. Vor allem, weil eine solche Frisur normalerweise niemals in Kombination mit einem Anzug getragen wird. Ihre Kleidung ist Kommunikation. Was Sie anziehen, spricht, noch bevor Sie auch nur ein Wort gesagt haben. Viele Männer machen sich wenig bis gar keine Gedanken über die Wirkung ihrer Kleidung – gehören Sie auch dazu? Kleidung ist *immer* ein Statement. Wenn Sie einfach nur irgendwas tragen, ist Ihr Statement: Es ist mir egal, wie ich aussehe. Es ist mir egal, ob Frauen mich attraktiv finden. Es ist mir egal, wie mein erster Eindruck auf andere Menschen ist.

Und wenn Ihre ausgebeulte Cordhose noch so komfortabel ist: Sie sehen damit aus wie ein Kandidat aus »Bauer sucht Frau«! Auch Frauen schließen bei Männern von der Verpackung auf den Inhalt. Und wer glaubt schon bei einer minderwertigen Verpackung an ein hochwertiges Produkt? Frauen schließen von Ihrer Kleidung und Ihrem Stil auf Ihren Charakter. Ihre Kleidung ist daher immer ein Statement über Sie selbst.

Das bedeutet nicht, dass Sie aussehen sollen, als würden Sie sich morgens mit Klarlack überziehen – im Gegenteil. Aber machen Sie sich klar, dass auch Männer, die besonders lässig wirken, sehr stark darauf achten, dass diese Lässigkeit keine Nachlässigkeit ist. Ich habe tatsächlich schon Männer erlebt, die trotzig behaupten, es käme auf innere Werte an und nicht darauf, modisch zu sein. Frauen, die auf solche Äußerlichkeiten abfahren würden, seien doch allesamt oberflächliche Puten. Nun, dumm nur dass man diese wunderbaren inneren Werte erst mal gar nicht sehen kann – auch nicht die großartigen Eigenschaften, die eine derartige Arroganz wieder aufwiegen.

Kleidung ist im Grunde so etwas wie das Verpackungsdesign im erfolgreichen Selbstmarketing. Sie soll Lust machen auf das,

4. SCHRITT: SELBSTVERBESSERUNG TEIL 1 – »VERPACKUNGSDESIGN«

was »drin« ist. Hier also die zehn Grundregeln für ein besseres »Verpackungsdesign«:

Kleidung allgemein

Grundsätzlich muss Kleidung gut sitzen und gut riechen: Schlabbrige Hosen, ausgebeulte Jacken, zu enge Hemden, nicht schließende Sakkos – nichts davon macht einen guten Eindruck. Achten Sie darauf, dass Ihre Kleidung und Sie stets dieselbe Größe haben – ganz gleich, welche das sein mag. Außerdem muss Kleidung sauber, frisch und knitterfrei sein. Manche Männer haben drei Wäscheberge in ihrer Wohnung: einen Berg schmutzige Wäsche, einen Berg saubere Wäsche (den man irgendwann mal wegräumen wollte, aber dann doch liegen lässt und sich daraus bedient) und meist auch noch einen Haufen mit der internen Bezeichnung »getragen, geht aber noch mal«. Wissen Sie, wie Frauen das finden? Ich gebe Ihnen einen Buchstaben als Hinweis: Es ist ein »i«…

Hemden

Hemden sehen grundsätzlich erwachsener und eleganter aus als Shirts oder Pullover und sie kaschieren auch leichter kleine »Schwachstellen«. Allerdings sollte das Hemd zu Ihnen passen. Wenn Sie ein Hemd zur Jeans tragen, sieht es lässiger aus, wenn Sie es nicht reinstecken – das macht man fast nur noch bei Anzügen. Es soll sogar Menschen geben, die Pullover in die Hose stecken … ich gehe davon aus, dass Sie das nicht tun.

Socken

Socken haben grundsätzlich nur ein Loch, und zwar da wo man den Fuß reinsteckt. Tragen Sie außerdem niemals Tennis- oder Sportsocken – außer zum Tennis oder Sport.

Hosen

Tragen Sie gute Hosen: Bundfaltenhosen sind seit circa 1994 genauso out wie alles andere aus »Miami Vice«. Egal ob Sie lieber Stoffhosen oder Jeans tragen – der richtige Schnitt ist das A und O. Betrachten Sie sich in Hosen vor allem von hinten – die Frauen tun es auch ... Kurze Hosen sollten Sie wirklich nur am Strand tragen. Die wenigstens Männer können es sich tatsächlich leisten, kurze Hosen zu tragen, ohne wie kleine Jungen zu wirken. In fast allen südlichen Ländern ist es bei erwachsenen Männern verpönt, kurze Hosen zu tragen – kaufen Sie sich für heiße Tage lieber ein paar sehr dünne, lange Baumwoll- oder Leinenhosen.

Hauptsache praktisch

Es mag ja sein, dass die Gürtelhalterung für das Handy praktisch ist – aber das sind Gummistiefel auch. Männer mit »Gürtelclip« oder Bauchtasche gelten bei Frauen als uncool. Dasselbe gilt für Westen mit vielen Taschen, Windjacken mit ausrollbarer Kapuze und allem, was sonst normalerweise für Bergsteiger, Fernfahrer oder Extremsportler angeboten wird.

Taschen

Tragen Sie Ihr Hab und Gut nicht in den Hosentaschen oder in einem Kinderrucksack herum: Besorgen Sie sich eine geschmackvolle männliche Tasche und stecken Sie in diese Tasche Ihr Handy, Ihren Schlüssel, Ihr Portemonnaie, Taschentücher, einen Lippenpflegestift, einen Kugelschreiber, ein wirklich schönes Feuerzeug und ein Päckchen Kaugummi oder Minzbonbons. Am besten wählen Sie eine schlichte Umhängetasche, in der Sie auch mal Dokumente unterbringen können. Es gibt wunderschöne Modelle aus Leder, aber auch die üblichen Männermodemarken wie Tom Tailor, Diesel, Anson's und andere bringen jede Saison ein paar schöne, schlichte Männertaschen aus Stoff, Canvas oder Nylon auf den Markt. Einige Firmen wie zum Beispiel Freitag stellen Taschen aus Lkw-Planen und anderen ungewöhnlichen Materialien her. Bis Sie ein passendes Modell gefunden haben: Entrümpeln Sie Ihr Portemonnaie, Ihren Schlüsselbund, Ihre Hosentaschen – Frauen stehen nicht auf ausgebeulte Männer.

Krawatten

Krawatten sind das auffälligste Detail an einem Mann im Anzug – es lohnt sich daher, sich besonders gute und geschmackvolle Krawatten zuzulegen, wenn Sie Anzüge tragen (müssen). Ein paar gut geschnittene Hemden und Sakkos oder Anzüge können Sie unter Umständen über viele Jahre tragen – wenn Sie Ihre Krawatten regelmäßig erneuern, sind Sie immer »im Trend«. Sollten Sie noch eine Lederkrawatte besitzen: Spenden Sie diese großzügig dem Roten Kreuz oder bewahren Sie sie bis zur nächsten »Bad-Taste-Party« auf. Ebenso waren Krawatten mit Comicmotiven noch nie in Mode und werden es auch nie sein, selbst wenn Ihre Mutter vielleicht etwas anderes behauptet.

Brillen

Wenn Sie Brillenträger sind, ist es oberstes Gebot, eine vorteilhafte, saubere und heile Brille zu tragen. Dasselbe gilt für Sonnenbrillen. Zerkratzte, angeknackste, mit Tape geflickte Gestelle gehören in den Müll, nicht in die Mitte Ihres Gesichts. Gerade für Menschen mit starker Sehschwäche ist die Brille etwas, worauf sie angewiesen sind, ein täglicher Begleiter, eines der wichtigsten Utensilien ihres Lebens – so wie eine Frau Ihre tägliche Begleiterin werden soll, die wichtigste Person in Ihrem Leben: Was glauben Sie, was eine Frau für Rückschlüsse zieht, wenn sie sieht, wie Sie mit Ihrer Brille umgehen? Ab einer gewissen Dicke der Gläser lohnt es sich vielleicht auch, über Kontaktlinsen nachzudenken: Michael, einer meiner Seminarteilnehmer, erzählte mir später einmal, dass seine »Erfolgsquote« beim Flirten stark davon abhinge, ob er seine Brille trage oder nicht. Mit Brille wurde er von den Frauen eher als harmlos und damit nicht so interessant eingestuft – ohne Brille bemerkten die Frauen plötzlich seine Muskeln und sein freches Lächeln. Später bemerkte er, dass es nicht nur mit der Wirkung der Brille auf die Frauen zu tun hatte, sondern auch mit der Wirkung auf ihn selbst. Er fühlte sich mit Brille auch eher »brav« und stärker in seiner »seriösen« Arbeitswelt verhaftet. Nahm er die Brille ab, fühlte er sich freier, privater und unabhängiger – und so benahm er sich auch. Es war ein bisschen wie bei Clark Kent und Superman – aber es funktionierte.

Gürtel

Ein kleines Detail wie ein Gürtel kann ein Highlight sein – es lohnt sich in jedem Fall, Geld für einen guten, geschmackvollen Gürtel auszugeben (oder mehrere). Ganz wichtig dabei: Wenn Ihre Hose deutlich weiter ist als Ihr Bauchumfang – lösen Sie das nicht mit einem Gürtel, sondern mit einer neuen Hose. Alles andere sieht einfach bescheuert aus.

Schuhe

Schuhe sind das A und O des Stils. Ein Mensch kann noch so gut gekleidet sein – am Ende entscheiden die Schuhe über »Top« oder »Flop«. Schuhe können ein ganzes Outfit aufwerten oder völlig versauen. Legen Sie also Wert auf gute, schicke Schuhe. Die Schuhe müssen dabei nicht zwangsläufig besonders teuer sein – es geht darum, dass sie zu einem Outfit passen. Das fängt bei der Farbe an und geht über die Form zur Art der Schuhe. Manche

4. SCHRITT: SELBSTVERBESSERUNG TEIL 1 – »VERPACKUNGSDESIGN«

Männer besitzen nur zwei Paar Schuhe: ein Paar Turnschuhe und ein Paar »Herrenschuhe« – meist sind das unförmige Schnürschuhe aus schwarzem Leder, die auch der eigene Vater seit 1962 genauso im Schrank hat. Traurig. Und langweilig. Und äußerst unattraktiv. Gehen Sie Schuhe kaufen! Sie sollten mindestens ein Paar halbwegs elegante Herrenschuhe, ein Paar sportliche Sneaker und für den Sommer leichte Sommerschuhe aus Leinen oder Canvas besitzen. Tragen Sie Sandalen? Schmeißen Sie sie weg. Es gibt kaum ein Modell, das sich tatsächlich auch nur ansatzweise als tragfähig erwiesen hat, wenn ein Mann älter als zwölf ist. Ich wette, auch Ihres gehört nicht dazu.

Wenn Sie sich allgemein unsicher sind, was Teile Ihrer Bekleidung angeht, stellen Sie sich damit vor den Spiegel und fragen Sie sich doch mal selbst: »Sehe ich damit attraktiv aus?«
Wenn Sie sich die Frage nicht beantworten können, fragen Sie eine Verkäuferin in einem Klamotten- oder Schuhladen. Nur zu! Bitten Sie um eine ehrliche Antwort – es ist der Job dieser Damen, Männer zu beraten, was ihnen steht. Schon das kann Ihr ganzes Leben verändern.
Wenn Sie Ihren Stil verbessern wollen, gibt es zwei einfache Möglichkeiten:
Vereinbaren Sie einen Termin bei einer Typberatung – Sie finden ortsansässige Firmen in den Gelben Seiten oder im Internet. Mein Tipp: Rufen Sie mindestens zwei Firmen an und lassen Sie sich zunächst telefonisch beraten: Schildern Sie Ihr Anliegen und fragen Sie nach den Methoden, den Leistungen und Preisen. Diese können sich zum Teil gewaltig unterscheiden. Wählen Sie die, die Ihnen sympathischer erscheint – Typberatung ist etwas sehr Persönliches, deshalb ist Sympathie sehr wichtig. Wenn ich einen Kunden berate, frage ich ihn zunächst, ob er Kleidung für bestimmte Anlässe braucht, wo er arbeitet, ob er Lieblingskleidungsstücke hat, ob er bestimmte Marken bevorzugt, wie viel

er üblicherweise für ein Hemd, eine Hose oder ein paar Schuhe ausgibt und wo seine »Schmerzgrenze« liegt.

Es geht nicht darum, von Kopf bis Fuß in die edelsten Marken gehüllt zu sein: Ein Bekannter von mir trug stets nur teure Markenkleidung und war trotzdem einer der am schlechtesten gekleideten Männer, die ich je kennengelernt habe. Seine Kleidung passte einfach nicht zu ihm, sie passte nicht zusammen und häufig genug war sie sogar geschmacklos, weil die Markennamen dick und fett im Vordergrund prangten, damit auch ja jeder sehen konnte, dass es Gucci, Boss oder Ralph Lauren war. Ihm kam es nur auf das Label an, es musste teuer aussehen – alles andere war unwichtig ... ein fataler Fehler. Eine gute Typberatung mischt günstige Basisteile mit ein paar edlen Markenteilen als Highlights und stellt in den Vordergrund, dass Sie sich in der Kleidung gut und nicht verkleidet fühlen. Rechnen Sie bei einer Typberatung mit einer Investition von 200 bis 400 Euro für die Beratungsleistung. Das mag im ersten Moment viel erscheinen, doch ist es lächerlich im Vergleich zu den Summen, die Sie bereits für unpassende, hässliche oder nichtssagende Kleidung zum Fenster hinausgeworfen haben. Ganz zu schweigen von der vielen Zeit, die Sie ohne Date, ohne zweites Date oder ohne Sex mit einer tollen Frau verbracht haben!

Die andere Möglichkeit, Ihren Stil zu verbessern, ist eine Kombination aus Eigeninitiative und Beobachtung: Schauen Sie sich in Ihrem Umfeld um – gibt es dort Männer, die selbst Ihnen als gut gekleidet auffallen? Haben Sie vielleicht eine nette Kollegin, die gut gekleidet ist? Eine Kollegin, die verheiratet ist, wird nicht denken, es sei ein Annährungsversuch, wenn Sie sie um Rat fragen! Frauen helfen bei solchen Fragen wirklich gern: Wenn sie mitbekommen, dass ein Mann mehr aus sich machen möchte und sie um Hilfe bittet, wird kaum eine Frau widerstehen können, an Ihrem »Selbstverbesserungsprogramm« mitzuwirken. Dann besuchen Sie ein paar Markengeschäfte, in denen Männer Ihres

Alters und Schlages einkaufen gehen. Schauen Sie sich in Ruhe um – kaufen Sie nichts! Schauen Sie sich einfach um, erkundigen Sie sich bei einer Verkäuferin oder einem Verkäufer nach den »aktuellen Trends« und fragen Sie, ob das auch was für Sie wäre. Ich wiederhole: Kaufen Sie nichts! Bedanken Sie sich freundlich und wiederholen Sie das im nächsten Geschäft. Das bringt Ihnen gleich mehrere Vorteile: Zum einen werden Sie lernen, die Kompetenz von Verkäufern einzuschätzen, und zum anderen verbessern Sie Ihre Fähigkeiten, Menschen einfach so anzusprechen und, wenn es sein muss, auch Nein zu sagen. Besuchen Sie ein paar größere Geschäfte wie H&M, P&C oder Anson's und auch einige kleine Boutiquen und Markenläden. Danach sollten Sie einen guten Überblick haben und sich entscheiden können, was Ihnen gefällt und geeignet sein könnte. Fragen Sie bei der Anprobe nicht nur das Verkaufspersonal – nutzen Sie auch die Chance, um unverfänglich mit eventuell anwesenden Frauen ins Gespräch zu kommen. Auch wenn diese meist einen Mann begleiten – Sie suchen nur nach der unabhängigen Meinung einer Frau, also fragen Sie ruhig: »Entschuldigen Sie, darf ich Sie mal nach Ihrer Meinung fragen? Steht mir das?« Sie werden überrascht sein, wie hilfsbereit und freundlich die meisten Frauen darauf reagieren. Vielleicht kombinieren Sie auch beide Methoden – doch in jedem Fall: Lernen Sie, sich dafür zu interessieren, was Sie tragen und wie Sie darin wirken. Das wird Ihnen nicht nur bessere Chancen bei Frauen verschaffen, sondern auch dafür sorgen, dass Sie sich selbst besser fühlen und mehr zutrauen – in allen Lebensbereichen.

Erst wenn Sie die Regeln beherrschen, wenn Sie also ganz allgemein »stilsicher« sind, können Sie auch beginnen, Regeln bewusst zu brechen, um Ihren eigenen Stil zu entwickeln und zu betonen:

Ich kenne einen Mann, der zum Beispiel grundsätzlich nur knallrote Socken trägt – ein Statement.

Mein Mann trug zu unserer Hochzeit einen maßgeschneiderten Brokatgehrock und dazu eine (zugegebenermaßen sehr edle)

Jeans und ein paar schwarze Converse-Chucks-Turnschuhe – ein Statement.

Mein Freund Christian trägt selbst zum Anzug bei Feierlichkeiten stets kein Hemd, sondern ein T-Shirt, auf dem eine seiner liebsten Muppets-Figuren, »The Animal«, aufgedruckt ist. Er hat sich diese Shirts, weil er sie so liebt, sogar eines Tages teuer und aufwendig produzieren lassen, um für besondere Gelegenheiten immer ein nagelneues zur Hand zu haben. In seinem Schrank liegen einige Exemplare in Folie eingeschweißt und warten auf ihren Auftritt – auch das: ein Statement.

Alle drei Männer kommunizieren damit etwas nach außen. Sie sagen durch Kleidung bewusst etwas über sich. Das ist Stil.

5. SCHRITT: SELBSTVERBESSERUNG TEIL 2:
INTERESSIEREN SIE SICH FÜRS LEBEN

Stil in allen Lebenslagen

Stil ist nicht nur eine Frage der Kleidung. Es ist im Grunde eine Frage der Haltung – der Haltung zum Leben. Es geht nicht darum, der Mode zu folgen und jede Mode mitzumachen. Es geht darum, einen eigenen Geschmack zu entwickeln und nicht wahllos zu konsumieren, was der Markt Ihnen gerade durch die Medien und die Werbung vor die Füße wirft.

Ein wichtiger Aspekt guten Stils ist zum Beispiel auch Ihre Ernährung. Was essen Sie und warum? Essen Sie, um Ihren Hunger zu stillen? Essen Sie, was die Tiefkühltruhe hergibt? Sind Sie ein Fan von Fastfood? Oder haben Sie Stil?

Ich hatte kürzlich das Vergnügen, einen Mann kennenzulernen, der mir erzählte, dass er alle großen Lehrer der Verführungskünste studiert und sogar selbst Coaching und Kurse gegeben habe, wie man Frauen erobert. Er war ausgebildet in den verschiedensten Techniken der Kommunikation, der Hypnose und des Kampfsports. Fast wäre ich beeindruckt gewesen – bis er mich zum Essen einlud: Er bestellte eine Cola light und eine Pizza mit Schinken, Salami und Champignons mit dem Kommentar: »Die war gestern schon so lecker hier!« »Dieses Vitello tonnato«, das ich bestellt hatte, kannte er nicht und probieren wollte er es auch nicht. Was ich damit sagen möchte, ist: Stil kann auch bedeuten, sich mit gutem Essen auszukennen. Gutes Essen bedeutet in diesem Fall nicht Lachs, Kaviar und Rinderfilet – sondern qualitativ gute Lebensmittel zu schätzen und sie von Dreck unterscheiden zu können. Ein Schritt dorthin ist auch, offen für neue kulinarische Erfahrungen zu sein.

Woher wollen Sie wissen, ob Sushi schmeckt, wenn Sie noch nie welches probiert haben? Schmecken Austernpilze nach Austern? Und was ist Shiitake? Kann man Erdbeeren wirklich mit Pfeffer oder Basilikum kombinieren? Isst man Feigensenf zur Wurst und wenn nicht, wozu dann? Was ist eine Merguez? Wie schmeckt eigentlich Trüffel? Was ist der Unterschied zwischen chinesischer und koreanischer Küche?

Sie müssen all das nicht wissen – ich möchte Ihnen nur zeigen, dass die Welt eine unfassbare Vielfalt von Aromen und Genüssen für Sie bereithält, die Sie entdecken können. Wenn Sie beginnen, sich für gutes Essen zu interessieren, werden Sie sich vermutlich auch bald für Lebensmittel interessieren und Sie werden lernen, gute von schlechten Lebensmitteln zu unterscheiden. Kennen Sie nicht den Spruch: »Du bist, was du isst«? Nehmen Sie ihn ruhig wörtlich! Die meisten meiner weiblichen Bekannten finden sportliche Männer mit tollen Bodys und strammen Hintern toll. Na klar – die meisten meiner männlichen Bekannten stehen ja auch auf langhaarige, langbeinige, großbusige Frauen. In der echten Welt muss jeder Mensch erkennen, dass er das, was er am liebsten hätte, auch mit dem vergleichen muss, was er selbst anzubieten hat. Sie müssen nicht aussehen wie der Mann aus der Davidoff-Cool-Water-Werbung, um Erfolg bei Frauen zu haben – aber man sieht und riecht, ob ein Mensch sich gut und gesund ernährt und auf seinen Körper achtet. Ich kenne einen Mann, der gut und gern 20 Kilo Übergewicht hat – aber er ist stets sehr gepflegt, er ist immer gut gekleidet, er ist ungemein charmant und ein großartiger Tänzer. Sein Übergewicht stammt nicht vom übermäßigen Verzehr von Fast Food und Süßigkeiten – sondern vom ausgiebigen Schwelgen in kulinarischen Genüssen. Er weiß fast alles über Essen und Kochen und es ist eine Freude, sich mit ihm darüber zu unterhalten. Er steht zu seinem Gewicht und irgendwie steht ihm sein Gewicht sogar – er ist eine echte Erscheinung ... Viele Frauen, die ich kenne, finden ihn attraktiv, obwohl oder vielleicht gerade weil er so deutlich von der Norm abweicht, aber eben Stil hat.

Mein Mann erzählt mir immer von einem Jugendfreund, der sein ganzes Leben jeden Morgen weißen Toast mit Margarine und dem billigsten Honig aus einem Discounter gegessen hat. Tagein, tagaus immer nur Honigtoast. Keine Freundin. Keine Frau. Keine Abwechslung. Und Honigtoast. Wenn Sie sich mehr Abwechslung in Ihrem Leben vorstellen können, dann fangen Sie doch mal mit dem Essen an!

Es ist ein Schritt, (Ihren ganz persönlichen) Stil zu entwickeln, und kann auch Ihre Lebensqualität verbessern – und auf dem Weg dahin können Sie weitere interessante Menschen kennenlernen:

Besuchen Sie zum Beispiel Weinproben, Tee- und Kaffeeverkostungen, machen Sie Kochkurse oder suchen Sie per Annonce oder im Bekanntenkreis Menschen, mit denen Sie regelmäßig neue Restaurants und Gerichte ausprobieren oder mit denen Sie gemeinsam kochen. Erweitern Sie Ihren Horizont und entwickeln Sie Ihren Stil – auch kulinarisch.

Finden Sie auch in anderen Bereichen Ihren eigenen Stil:

→ Welche Musik hören Sie? Hören Sie alles, was im Radio läuft und sonst nichts oder haben Sie einen eigenen Geschmack?

→ Welche Filme sehen Sie? Immer die Blockbuster in den großen Multiplex-Kinos, das Eventmovie eines großen Privatsenders oder auch mal etwas Ungewöhnliches? Etwas zum Mitdenken oder eine Dokumentation?

→ Welche Bücher lesen Sie? Immer das, was John Grisham gerade fertig hat, oder auch mal den Geheimtipp des kleinen Buchladens in Ihrer Nachbarschaft?

Sie müssen nicht anfangen, sich für Musik zu interessieren, wenn Ihnen das bisher nie wichtig war. Sie müssen auch nicht anfangen, plötzlich Programmkinos zu besuchen, wenn Sie wirklich am liebsten amerikanische Actionkomödien sehen. Das ist völlig in Ordnung. Ich möchte Sie nur ermuntern, nicht immer nur das zu konsumieren, was Ihnen gerade vorgesetzt wird – nicht nur den vorgekauten Einheitsbrei zu sehen, zu hören, zu essen, zu lesen.

> Gehen Sie Ihren eigenen Weg –
> finden Sie Ihren eigenen Stil.

Entwickeln Sie Ihren eigenen Geschmack. Tun Sie nicht immer nur das, was alle anderen tun, weil alle anderen es tun. Finden Sie etwas, das Ihnen gehört, das Sie ausmacht, das Ihnen Spaß macht. Etwas, das andere von Ihnen lernen können. Etwas, das Ihr Stil ist. Wenn eine Frau sich für Sie – genau Sie – entscheiden soll, dann sollten Sie sich doch in irgendeiner Weise möglichst positiv von anderen Männern unterscheiden. Ihren Stil zu finden und sich für die Reichhaltigkeit des Lebens zu interessieren ist dabei überaus hilfreich.

IHRE WOHNUNG

Nun kommen wir zu einem weiteren wichtigen Punkt der Selbstverbesserung, die von den meisten Männern sehr unterschätzt wird: Ihre Wohnung. Sie ist der Spiegel Ihrer Seele, das Abbild Ihrer Gedanken, die Plattform der Verführung – oder eben nicht.

Das ist kein esoterisches Gequatsche, sondern tatsächlich die Meinung der meisten Frauen. Lernt eine Frau einen Mann kennen, den sie nach einer oder zwei netten Verabredungen ernsthaft als Partner in Betracht zieht, möchte sie möglichst bald seine Wohnung sehen – es sei denn, sie hat bereits so viele schlechte Erfahrungen gemacht, dass sie es vorzieht, sich einige Wochen der Illusion hinzugeben, um das unvermeidliche Übel noch etwas hinauszuzögern.

Schauen Sie sich mal in Ihrem Zuhause um – würde sich eine Frau hier wohlfühlen? Wenn Sie jetzt direkt nicken und Ja sagen können, dürfen Sie ein paar Zeilen überspringen ... oder möchten Sie es zur Sicherheit doch lesen?

Ich habe in den zwanzig Jahren meiner »aktiven Laufbahn« als Frau, Freundin, »Kumpeline«, Geliebte und Beraterin zahlreiche Männerwohnungen gesehen – gute und schlechte Beispiele und einige, für die mir nach wie vor die Worte fehlen. Manchmal glaube ich wirklich, gäbe es keine Frauen, würden Männer heute noch in Höhlen hausen – nur dass die inzwischen Satellitenfernsehen und Spielekonsolen hätten ...

Wenn Sie Erfolg bei Frauen haben möchten – wie auch immer Sie das jetzt für sich definiert haben –, bitte lassen Sie mich Ihnen einige Vorschläge für Ihre Wohnung machen.

Beginnen wir mit dem Schlafzimmer

Ich habe mir bei meinen Coachings eine Frage angewöhnt, die ich jedem Klienten stelle, der mich konsultiert, weil er seine Chancen auf eine Partnerschaft erhöhen möchte. Sie lautet: »Wie breit ist Ihr Bett?«

Ihr Bett sollte unbedingt mindestens 140 Zentimeter breit sein. Sollten Sie nach wie vor in einem 90 oder 100 Zentimeter breiten Single- oder gar Jugendbett schlafen, gestatten Sie mir die Frage: Was soll das?

Stellen Sie sich vor, Sie haben ein wundervolles Rendezvous mit einer Frau und es passiert wirklich: Sie möchte noch »auf einen Kaffee« mit zu Ihnen kommen – wo bitte schön soll sie schlafen? Denken Sie, das würde sowieso nicht passieren? Sie glauben vielleicht gar nicht daran, dass Sie jemals eine Frau verführen könnten – oder eine Frau Sie verführen wollen würde. Und Ihr Unterbewusstsein wird bei einem schmalen Bett täglich mit der Information gefüttert, dass das auch so bleiben wird: »Hier ist nur Platz für einen!«

Also los: Schaffen Sie Platz für zwei. Seien Sie bereit für den Fall der Fälle. Ihr neues Bett muss nicht allzu teuer sein – sicher kann Ihnen auch eine schwedische Möbelhauskette schnell und günstig weiterhelfen. Schöner geht es natürlich immer ... vielleicht möchten Sie ja bereits bei der Auswahl Ihres neuen Bettes Stil beweisen. Doch bevor Sie sich in Unkosten stürzen oder monatelange Lieferzeiten in Kauf nehmen: Entscheiden Sie sich für ein schönes, breites, stabiles (!) Bett und investieren Sie den Rest des Budgets lieber in schöne, kuschelige Bettwäsche und eine gute Matratze.

Genau wie Ihre Kleidung muss das Schlafzimmer sauber sein und frei von Gerüchen irgendwelcher Dinge, die schon vor Tagen oder gar Wochen den Weg zum Mülleimer oder in die Waschmaschine hätten finden sollen.

Viele Frauen werden einem Singlemann eine gewisse Unordnung nachsehen – Dreck, Schmutz, Unrat, Schimmel, Müll und alles Artverwandte dagegen niemals!

Wenn es räumlich möglich ist, sollte sich ein Wäschekorb im Badezimmer oder irgendwo außerhalb des Schlafzimmers befinden. Ist das nicht möglich, ist es wichtig, überhaupt einen oder mehrere Wäschekörbe zu haben und sie auch zu benutzen. Praktisch ist zum Beispiel die Trennung in weiße und farbige Wäsche. Das macht auch gleich das Waschen einfacher ... Wäscheberge sind und bleiben unsexy.

Auch wenn Sie vielleicht gern vom Bett aus PlayStation oder Ähnliches spielen – das sollte für Frauenbesuch unsichtbar werden können. Eine Actionfilm- oder Porno-Sammlung sollte ebenfalls unauffällig verschwinden können. Überhaupt empfehle ich die Abschaffung des Fernsehers zumindest aus dem Schlafzimmer – wenn Sie beim Fernsehen so gut einschlafen können, dann denken Sie daran, dass Sie in Ihrem Schlafzimmer in Zukunft vielleicht lieber beischlafen als einschlafen möchten ... Gehen Sie lieber aus und lernen Sie neue Leute kennen!

Frauen lieben gute Bettwäsche und falls Sie es bisher noch nicht probiert haben, gönnen Sie sich etwas! Besorgen Sie sich einen leichten, fein gewebten Baumwollbezug für den Sommer und kuschelige Jersey- oder Biber-Bettwäsche für den Winter. Vermeiden Sie allzu Klischeehaftes wie Satinbettwäsche und intensives Rot oder Schwarz – das könnte leicht den falschen Eindruck erwecken. Fußballbettwäsche ist in Ordnung ... wenn Sie jünger als 16 sind.

Und vor allem: Wechseln Sie Ihre Bettwäsche regelmäßig – sorgen Sie immer dafür, dass Sie auf einem sauberen Laken schlafen, und beziehen Sie Ihr Bett immer frisch, wenn Sie Damenbesuch erwarten.

Ihr Schlafzimmer muss sich verdunkeln lassen und vor Blicken von außen geschützt sein. Ein flauschiger Teppich vor dem Bett macht beim Aufstehen mehr Spaß – auch wenn Sie allein sind. Sie brauchen mindestens eine Lampe im Raum, die nur wenig und warmes Licht abgibt. Frauen mögen helles Licht nur zum Schminken und höchstens noch zum Kochen – für alles andere gilt: Schummerlicht ist schön und macht schön!

Brennpunkt Badezimmer

Das Bad inklusive Toilette ist der »sensibelste« Raum Ihrer Wohnung: Ihre Toilette muss stets absolut sauber sein – da sind alle Frauen wirklich, wirklich, wirklich pingelig, denn wir müssen uns zum Pinkeln setzen ... wir haben keine Wahl! Deshalb ist uns Sauberkeit im Bad so extrem wichtig.

Sorgen Sie dafür, dass Ihre Klobürste nicht allzu abgenutzt aussieht (so ein Teil kostet circa 3 Euro) und benutzen Sie regelmäßig speziellen WC-Reiniger. Wenn Sie besonders Eindruck schinden wollen, können Sie ein paar Einwegtücher mit Desinfektionsmittel in der Nähe der Toilette platzieren ... Aber das wäre wirklich nur die Kür.

Reinigen Sie Ihren Spiegel regelmäßig und lassen Sie Ihr Waschbecken nicht unter einer Mischung aus Seifenresten und Bartstoppeln verwesen. Ich sage nicht, dass alles im Badezimmer glänzen muss wie in der Badreinigerwerbung – aber zumindest sollten die Spuren des Alltags nicht so gravierend sein, dass es wirkt, als würden Sie nur ein Mal im Jahr saubermachen ...

Eine einladende Küche

Das mit der Sauberkeit sagte ich schon, oder? Hier ganz besonders wichtig: Spüle und Kühlschrank. Stellen Sie sich mal vor, Sie haben Damenbesuch und die Frau bekommt Durst, während Sie gerade im Badezimmer sind – also geht sie in die Küche und möchte sich ein Glas Wasser holen ... Was soll sie finden? Schmutziges Geschirr? Schimmel? Essensreste? Würde sie das antörnen? Auch wenn Sie sich vielleicht manchmal einsam fühlen, fremde Lebensformen im Kühlschrank werden das nicht ändern – im Gegenteil, sie werden eher noch dafür sorgen, dass Sie allein bleiben. Darüber hinaus ist es gut, immer ein paar Basics für besondere Situationen im Haus zu haben:

→ Kaffee und / oder Tee (edle Sorten wie zum Beispiel Tees der Marke Kusmi, Yogi Tea oder Hari Tee und guter Kaffee, der nicht vom Discounter kommt, sind bei vielen Frauen sehr beliebt und beweisen Stil)
→ Zucker – auch falls Sie selbst vielleicht keinen nehmen: Nehmen Sie ab und an in Cafés die abgepackten Tüt-

chen mit und sammeln Sie sie in einem Glas, das sieht nett aus und Sie haben auch gleich zusätzlichen Gesprächsstoff über die Herkunft der einzelnen Tütchen.
→ Es sollte immer eine Flasche Wein und / oder Sekt im Haus sein – genau wie die passenden Gläser dafür: absolute Mindestausstattung und ein Zeichen von Stil.
→ Auch falls Sie der totale Kochmuffel sein sollten – ein paar Grundzutaten für ein kleines Mahl sollten ebenfalls immer vorhanden sein. Zum Beispiel eine Packung gute Spaghetti und ein Glas Pesto. Das hält sich eine Weile, ist schnell bei der Hand und bewahrt Sie im Zweifelsfall davor, den Pizzadienst rufen zu müssen, wenn Sie eigentlich die Zweisamkeit mit einer Frau genießen wollen.

Sorgen Sie außerdem dafür, dass Sie wenigstens die Grundausstattung an Geschirr zweimal besitzen: Kleine und große Teller, tiefe Teller, Besteck, Wasser-, Wein- und Sektglas sollten zumindest vorhanden sein.

Wenn Ihre Küche groß genug dafür ist: Richten Sie einen Platz für zwei ein, an dem es sich bei einer Tasse Kaffee oder Tee unverfänglich plaudern lässt. Und richten Sie es so ein, dass es Spaß macht, dort zu sitzen.

Wohnzimmer und Wohnung an sich

Eine gemütliche und stilvolle Wohnung, in der sich auch eine Frau wohlfühlen kann, ist eine echte Herausforderung. Aber nicht unbedingt eine Frage des Geldes.

Rainer, der Freund eines Freundes, lud mich eines Tages zu sich nach Hause ein, weil wir eine Überraschung für unseren gemeinsamen Freund planten. Er bewohnte eine toll geschnittene, teure Wohnung in einem guten Hamburger Stadtteil. Alles war vom Feinsten, alles passte perfekt zusammen und hatte sicherlich viele tausend Euro gekostet – aber es war trotzdem ein absolutes Desaster: Die Wohnung war so glatt, so unpersönlich, so kalt – selbst in einer Möbelausstellung war es gemütlicher als in Rainers Wohnung. Ich fragte mich unwillkürlich, ob es in seinem Kopf und in seinem Herzen wohl genauso aussah und ob das der Grund war, warum er nie lange mit einer Frau zusammen sein konnte. Ich war fast froh, als ich wieder draußen war ...

Gunnar, ein anderer männlicher Bekannter, lieferte auch einen interessanten Beitrag zum Thema »Wie man es nicht macht«: Auch er bewohnte eine schicke, sicher teure Wohnung – die so schön hätte sein können ... Von seiner Familie hatte er einige alte Möbel geerbt: teure Teppiche, einen wertvollen Tisch aus Nussbaumholz und ein paar andere alte Stücke. Antiquitäten sind nicht jedermanns Sache und nicht alles, was alt ist, ist auch schön – doch das eine oder andere hübsche Stück war durchaus dabei. Das Zentrum der Wohnung allerdings war sein riesengroßer Flachbild-Fernseher. Zugegeben: Bei ihm Filme anzuschauen war durchaus ein Erlebnis – aber am besten nur bei absoluter Dunkelheit, denn offenbar hatte das Geld nach dieser Anschaffung nicht mehr für den Rest der Wohnung gereicht. In einer Ecke stand ein Stapel (voller) Umzugskartons, obwohl Gunnar schon lange dort wohnte – er wusste einfach nicht, wohin er deren Inhalt packen sollte. Alles, was nicht antike Erbstücke waren, war aus der allerbilligsten Kategorie eines Billigmöbelhauses: wackelige Deckenfluter, billigste Lampen, Blech und Pressspan überall. Der Kontrast war unerträglich geschmacklos, ungemütlich und wenn das eine persönliche Note sein sollte, dann wollte man die Persönlichkeit nicht näher kennenlernen. Auch Gunnar war Dauersingle.

Besonders spannend war die Wohnungsbesichtigung bei Steffen, einem Coachingklienten, den ich eigentlich »nur« zum Thema »Styling und Kleidung« beraten sollte: Es gab kaum etwas,

STIL IN ALLEN LEBENSLAGEN

das nicht aus Kiefernholz war – die Wohnung erinnerte mich eher an den Innenraum einer Sauna und in den Regalen standen eingestaubte Pokale (alle mindestens zehn Jahre alt) und Gläser, die sich Jugendliche in den 80er Jahren geschenkt hatten (bunt gemustert mit Flamingorührstäben). Zusätzlich gab es eine komplette Polstergarnitur: Zweisitzer, Dreisitzer und Sessel – in einem Raum, der maximal für ein Sofa gemacht war, und als sei das nicht genug: Über dem Bett hing ein riesiges Bild von einem einsamen Wolf, der den Vollmond anheult. Alles wirkte eng und kindlich und irgendwie, als wäre die Zeit 1989 stehen geblieben. Hilfe!

In Carstens Wohnung dagegen waren die Möbel einfach, aber geschmackvoll und durchaus passend. Schade nur, dass überall Schuhe und Socken lagen, mehr als die Hälfte seiner Zimmerpflanzen vertrocknet waren, der Mittelpunkt seiner Wohnung ein voller Wäscheständer und ein Bügelbrett waren und auf allen Regalen eine dicke Schicht Staub lag. Es wirkte, als würde er die Wohnung nur zum Schlafen und Wäschemachen benutzen. Kein Ort, an dem eine Frau sich wohlfühlen würde.

Nach diesen Negativbeispielen möchte ich Ihnen ein paar Tipps geben, was Sie tun können, damit nicht nur Frauen, sondern auch Sie selbst sich in Ihren eigenen vier Wänden gut und zu Hause fühlen können:

→ Weniger ist im Zweifel mehr: Müllen Sie sich nicht mit Zeitungen, Zeitschriften, Erinnerungsstücken, Mitbringseln oder was auch immer voll. Ich habe schon Männerwohnungen gesehen, in denen jede Kleinigkeit bis hin zu den Skipässen der letzten zwanzig Jahre wie Museumsstücke ausgestellt war. Wofür? Wenn Ihre Wohnung eher einer Mischung aus Gerümpelhaufen und Museum gleicht, lesen Sie das Buch »Simplify your life«. Sie werden sich besser fühlen.

- Möbel müssen nicht teuer sein – aber sie müssen zweckmäßig und bequem sein. Sie müssen ganz sein und einigermaßen zueinanderpassen. Leben Sie nicht mit kaputten Möbeln, die »irgendwie noch gehen«.
- Natürlich brauchen Sie Sitzgelegenheiten für mindestens zwei Personen – also ein Zweiersofa und zwei Stühle. Mindestens. Lachen Sie nicht, falls das jetzt gerade mal nicht Ihr Problem ist, ich habe all das schon gesehen.
- Es ist schön, wenn Sie Pflanzen haben. Es ist nicht schön, wenn diese schon vor Wochen jämmerlich verendet sind. Sorgen Sie dafür, dass Sie ein paar unempfindliche grüne Pflanzen in Ihrer Wohnung haben.
- Es ist schön, wenn Sie Bilder haben – es ist der absolute Abtörner, wenn es Poster von Playmates, Actionfilmen, Comicfiguren, Airbrushmotiven aus den frühen 90er Jahren oder Baumarkt-Kunstdrucke sind.

Für die Wohnung gilt dasselbe wie für die Kleidung: Stil ist das Kennen der Regeln und das bewusste Brechen. Ein Comicposter zum Beispiel an einer bestimmten Stelle kann ein witziger Eyecatcher sein. Eine geschmackvoll eingerichtete Wohnung darf auch »Schwächen« haben. Häufig aber leben wir mit vielen Dingen schon so lange, dass es uns gar nicht mehr auffällt. Schauen Sie sich deshalb doch einfach mal ganz bewusst und kritisch in Ihrer Wohnung um:

Stellen Sie sich vor, Sie hätten tatsächlich Besuch von einer Frau. Könnte diese Frau in Ihrer Wohnung romantische Gefühle entwickeln? Ist Ihre Wohnung ein Ort, an dem eine Frau sich wohl und sexy fühlen kann? Könnten Sie in jedem Raum Ihrer Wohnung Sex haben? Gäbe es die Möglichkeit, den Platz, die Atmosphäre für leidenschaftlichen Sex in Ihrer Wohnung? Könnten Sie Sex in der Küche haben oder würden die Stapel mit schmutzigen Tellern vielleicht ein kleines bisschen stören? Könnten Sie Sex im Badezimmer haben oder wären der Geruch, die Fußnagelschnipsel oder der Schimmel in den Fugen vielleicht ein klitzekleiner Abtörner? Könnten Sie Sex im Wohnzimmer haben oder ist Ihr Sofa so wackelig, dass man sich nicht zu sehr bewegen darf? Ist Ihr Schlafzimmer bereit für Sex oder riecht es nach getragenen Socken? Oder rutscht man leicht auf einem der leeren Pizzakartons aus?

Wenn Sie über all das nur schmunzeln können, muss das nicht bedeuten, dass Sie alles richtig machen: Es gibt Männerwohnungen, die so perfekt ausgestattet sind, dass es auf Frauen schon nahezu verdächtig wirkt. Vielleicht ist Ihre Wohnung ja zu bereit für Sex: Hängt über Ihrem Bett vielleicht ein Spiegel? Oder liegen wenigstens im Nachtschränkchen Kondome in sieben Farben und drei Geschmacksrichtungen? Haben Sie Gleitcreme und Handschellen mit und ohne Plüsch am Bett – nur für den Fall der Fälle? Liegt im Kühlschrank immer eine Flasche Schampus? Na, dann ist ja alles in Ordnung – es sei denn, Sie wünschen sich eine feste Partnerin, denn jede Frau wird auf den ersten Blick erkennen: Hier wohnt ein »Schneckenchecker«, das ist die Höhle eines Gigolos ... der macht das so professionell, dass er vermutlich sogar Geld dafür verlangt. Entspann dich, Mädchen, schlaf mit dem Typen – und danach: Nimm die Beine in die Hand, lauf nach Hause und vergiss ihn! Nun, manchmal ist weniger auch mehr ...

Ihr Auto

Welches Auto man fährt oder ob man überhaupt ein Auto hat, kann man sich ja zum Teil gar nicht aussuchen: Vielleicht haben Sie einen Geschäftswagen oder Sie haben Ihr Auto von den Eltern bekommen. Vielleicht haben Sie gar kein Auto, weil Sie keines brauchen – oder Sie würden natürlich gern einen Porsche oder einen Ford Mustang fahren ... aber leider gibt Ihr Geldbeutel das nicht her.

Keine Sorge – nichts davon verhindert aktiv Ihren Erfolg bei Frauen: Natürlich gibt es Autos, die durchaus Eindruck bei Frauen machen. Natürlich gibt es Frauen, die sich vor allem vom Auto eines Mannes beeindrucken lassen. Doch darum geht es hier gar nicht.

Falls Sie ein Auto besitzen, gilt dasselbe wie für Ihre Wohnung und Ihre Kleidung: Ihr Auto sagt etwas über Ihren Stil aus. Frauen werden es sehr zu schätzen wissen, wenn Ihr Auto sauber und bequem ist. Ich habe schon Autos gesehen, die wirkten, als würde eine vierköpfige Familie einzig und allein in diesem Auto leben – ohne die Möglichkeit der Müllentsorgung. In einigen dieser Autos roch es, als würde seit einigen Wochen ein Tier unter dem Rücksitz verwesen. Ich sage nicht, dass es nicht auch Frauen gibt, die ihren Wagen zumüllen – aber grundsätzlich ist es ein Zeichen von schlechtem Stil und mangelnder Aufmerksamkeit.

Entmüllen und entrümpeln Sie Ihr Auto deshalb regelmäßig und sorgen Sie dafür, dass es gut riecht und vor allem dass Sie immer gute Musik griffbereit haben. Entfernen Sie eventuelle Spuren von anderen Frauen wie Aufkleber, Anhänger und so weiter.

Sex im Auto kommt heutzutage nicht mehr so häufig vor wie noch vor dreißig Jahren – aber die Frau sollte sich nicht ekeln, sich nicht unwohl fühlen und nicht an Ihre Exfreundin erinnert werden, wenn sie in Ihrem Wagen sitzt.

Viele Frauen finden übrigens den Rummel, den viele Männer um ihre Autos machen, lächerlich, albern und langweilig. Wenn Sie ein schönes, ein seltenes, ein teures oder ein sonst wie besonderes Auto fahren – wunderbar. Fahren Sie es. Genießen Sie es. Halten Sie einer Frau die Tür auf und lassen Sie sie Platz nehmen und es ebenfalls genießen. Begeistern Sie sich – aber langweilen Sie sie nicht mit der Anzahl der PS, dem Zylinder, der Leistung, dem Anschaffungspreis oder sonstigen Details – das ist für 99,5 Prozent aller Frauen völlig uninteressant. Eine Frau weiß Stil, Klasse oder Bequemlichkeit zu genießen – technische oder finanzielle Details sind ihr aber in der Regel völlig egal.

Dasselbe gilt übrigens für alle Arten von technischen Spielereien: Fast alle Frauen interessieren sich nicht die Bohne für die Details und die Leistungen eines Computers, eines Autos, einer Stereoanlage oder ähnlicher technischer und elektronischer Errungenschaften. Die meisten Frauen werden zwar höflich lächeln und vielleicht sogar staunend und bewundernd nicken, aber insgeheim denken sie sich: »Was für ein Angeber!« Viel eher punkten Sie mit der Geschichte dahinter: warum es Ihnen so wichtig ist oder was Sie an einer solchen Sache so besonders begeistert und warum. Die Beziehung zu einer bestimmten Sache ist deutlich interessanter als die Leistung oder das Ergebnis: Für viele Männer ist das Vergleichen und Messen ein ganz normaler und wichtiger Bestandteil einer Konversation – egal ob es um Sport, Technik oder Beruf geht: Die Mehrzahl der Männer unterhält sich sehr gern über Ergebnisse, über Siege und Niederlagen, die besten, die schnellsten, die ersten, die größten, die kleinsten usw. Dinge, über persönliche Bestleistungen oder Errungenschaften. Für Frauen klingt das eher wie Angeberei – oder Einfallslosigkeit.

WORAUF FRAUEN SONST NOCH ACHTEN

Accessoires und Kleinigkeiten

Frauen achten häufig auf Kleinigkeiten und ziehen daraus Rückschlüsse auf Ihren Charakter, Ihre Werte, Ihre Qualitäten als Mann und Ihre Eignung als Partner.

Frauen haben beispielsweise ein Auge für Accessoires. Völlig egal, ob es sich dabei um Schmuck, ein Tattoo, Gegenstände in der Wohnung oder sonstige Kleinigkeiten handelt: Einer Frau fällt so etwas meist ins Auge – sie zieht Rückschlüsse oder möchte die Geschichte dahinter wissen. Das kann also auch unter Umständen schnell unangenehm werden – oder aber ein Pluspunkt für Sie sein, wenn Sie es geschickt einsetzen.

Eine winzige Kleinigkeit wie zum Beispiel ein schöner Ring oder eine ausgefallene Uhr, ein paar Buttons an Ihrer Tasche oder an einer Jacke kann eine Frau neugierig auf Sie machen und ein guter Gesprächseinstieg sein. Ich kann mich erinnern, dass mir einmal bei einem Konzert mit etwa dreihundert Gästen ein Mann besonders auffiel, weil er ein T-Shirt mit einem einfachen, aber witzigen Motiv in einer auffälligen Farbe trug – während die anderen in Hemden, Poloshirts oder einfarbigen, langweiligen Klamotten herumstanden. Er stach aus der Masse heraus und hatte schon damit gute Flirtchancen, weil das Outfit ins Auge fiel, ohne albern zu wirken.

Weniger förderlich für sein Image bei Frauen war das Accessoire eines ehemaligen Kollegen, der eine Computermaus in Form eines nackten Frauenoberkörpers benutzte. Es geht hier nicht darum, ob so ein Accessoire vielleicht frauenverachtend ist – sondern eher darum, dass es einfach kindisch und ziemlich albern ist.

Stellen Sie sich mal vor, Sie steigen in das Auto einer Frau und die hat einen Schaltknüppel in Form eines Penis ... Und bei jedem Schaltvorgang grinst sie süffisant, während sie beherzt zugreift – wäre doch auch irgendwie komisch, oder?

Frauen möchten einen erwachsenen, reifen Mann kennenlernen, der gern auch manchmal albern und jungenhaft sein kann. Aber sie möchte keinen geistig zwölfjährigen, infantilen und platten Tölpel kennenlernen, der jedes Mal dümmlich grinst, wenn jemand das Wort »Brüste« sagt.

 **Humor**

Eines der wichtigsten Attraktivitätsmerkmale, die Frauen mir immer wieder nennen, ist der Humor eines Mannes. Grundsätzlich hat jeder Mensch seine eigene Art von Humor und es geht nicht darum, welche Art von Humor Ihnen am meisten liegt. Es geht darum, wie Sie Humor einsetzen: Frauen lieben es, wenn Männer sie zum Lachen bringen, jedoch finden sie häufig den etwas derben, klischeehaften Männerhumor nicht besonders lustig, und selbst falls sie ihn lustig finden sollten, ruft er bei ihnen keine romantischen Gefühle hervor. Vermeiden Sie in Anwesenheit einer Frau, die Sie attraktiv finden soll, unbedingt Fäkalhumor und alles, was in irgendeiner Form Ekel hervorruft. Die Frau sollte Ihre Anwesenheit nicht mit dem Gefühl des Sich-Ekelns verbinden!

Machen Sie sich auch selbst nicht zu sehr zum Clown: Wer möchte schon unbedingt mit einem Clown schlafen?

Als eines Tages ein junger Mann namens Konrad in einem meiner Flirttrainings auftauchte, war mir anfangs völlig schleierhaft, warum: Er war smart und aufgeweckt und auf Frauen zuzugehen fiel ihm sehr leicht – deshalb hatte er inzwischen auch schon 13 »gute Freundinnen« … Nach und nach erkannte ich sein Problem: Er war locker, witzig und hatte für jede Situation einen albernen Kommentar parat. Das war zwar sehr erfrischend, aber ich glaube, die Frauen konnten sich nicht vorstellen, dass er auch mal ernst sein könnte, dass er romantisch sein könnte, dass er sexy und leidenschaftlich sein könnte. Er passte einfach nicht in die Rolle eines Liebhabers – er war ein Clown, ein Lachsack, ein Hofnarr für seine Freundinnen, aber kein ernstzunehmender Mann.

Kennen Sie die Sendung »Dittsche« von und mit Olli Dittrich? Jeden Sonntag beglückt er uns mit seinen Ansichten zur Lage der Nation und nervt Imbisswirt Ingo mit seinen seltsamen Missverständnissen und Erfindungen. Dittsche schenkte uns einige einzigartige Wortkreationen wie »muggelig«, »Schumiletten«

oder »ein reiner Titan«, und ich treffe immer wieder Männer, die – um witzig zu sein – dann tatsächlich ständig Begriffe aus dem Dittsche-Wortschatz aufgreifen. Natürlich schmunzeln auch viele Frauen darüber – aber denken Sie bitte einen Moment nach: Glauben Sie, es gibt in diesem Land oder auf diesem Kontinent irgendwo eine Frau, die scharf ist auf Dittsche, den tollpatschigen Loser mit Hartz-IV-Abo? Könnten Sie sich vorstellen, dass die Frau, die Sie toll finden, gern Sex mit Dittsche hätte? Ist es vorstellbar, dass diese oder überhaupt irgendeine Frau einen Mann in Jogginghose und Bademantel unwiderstehlich findet und mit ihm zusammen sein möchte? Glauben Sie, es wäre eine gute Idee, wenn Sie im Gespräch eine Frau durch Ihren Wortschatz und Ihre humoristischen Anleihen dann gerade an Dittsche erinnern? Oder an Otto Waalkes? Oder an Helge Schneider?

Entwickeln Sie lieber Ihren eigenen Humor! (Und bis dahin leihen Sie sich lieber Humor von Männern oder Figuren, die für Frauen attraktiv sind ... George Clooney zum Beispiel soll unglaublich witzig sein!)

Eine gute Möglichkeit, Frauen Humor zu zeigen und sie gleichzeitig zu erobern, ist, ihnen lustige und übertriebene Komplimente zu machen, Rollen zu vertauschen oder Situationen in Geschichten zu verwandeln:

Ich stellte eines Tages einer Gruppe Männer im Flirttraining die Aufgabe, am Abend eine Art Umfrage zu machen, wie Frauen gern flirten und angeflirtet werden möchten, was sie von Männern erwarten und so weiter. Das hatte den Vorteil, dass die Männer einen guten Grund hatten, Frauen anzusprechen, und ihnen gleichzeitig zeigte, dass die Frauen gar nicht so viel erwarten, wie Männer oft glauben. Einer der Männer hatte jedoch noch eine bessere Idee – er erzählte einer Frauengruppe, sie seien eine Abordnung Außerirdischer, die auf die Erde gekommen seien, um das Leben der Menschen zu erforschen. Sie hätten jedoch echte Schwierigkeiten mit den zwei Geschlechtern: Die Männer würden sie bisher ganz gut verstehen – aber die Frauen wären ein echtes Rätsel ... Und am allerwenigsten würden sie verstehen, wie sich Frauen und Männer zeigen, ob sie sich gut fänden. Die Frauen fanden das sehr lustig und begannen, sich mit dem Mann zu unterhalten – die anderen Männer stiegen in das Spiel mit ein und seltsamerweise waren die Frauen auf dieser Basis bereit, den Männern alles (!) zu erzählen, was sie wissen wollten. Sie lachten und kicherten und wurden immer ausgelassener – die Männer waren völlig baff, das hatten sie wirklich nicht erwartet. Und die Frauen haben sich wohl so gut amüsiert wie schon lange nicht mehr.

Humor bedeutet nicht, einen Witz erzählen zu können – sondern aus einer Situation etwas zu machen, was uns zum Lachen oder Schmunzeln bringt. Ein Coachingklient erzählte mir eines Tages, dass seine Tanzpartnerin ihn kürzlich als »reserviert« bezeichnet habe, weil er sehr zurückhaltend war. Ich schlug ihm vor, sich von einem Restaurant eines dieser Pappschildchen zu besorgen, die auf den vorbestellten Tischen stehen – »Reserviert für ...« – und es beim nächsten Treffen an seiner Hemdtasche zu tragen. Mit so einer kleinen Sache können Sie einen riesigen Effekt erzielen!

Bringen Sie eine Frau zum Lachen, indem Sie sie absichtlich missverstehen, indem Sie ihr unterstellen, sie sei hinter Ihnen her oder indem Sie eine Situation in einen anderen Kontext bringen. Achten Sie jedoch immer darauf, dass Ihre Anspielungen oder Geschichten niemals unter die Gürtellinie gehen und nicht verletzend für die Frau sind.

Sprache

Sprache ist wie Magie – sie erzeugt Bilder in den Köpfen anderer Menschen. Sie kann Wünsche und Sehnsüchte auslösen oder einen albernen Deppen aus Ihnen machen.

Frauen achten auf Ihre Ausdrucksweise – sie registrieren, was Ihr persönliches »Wörterbuch« ist, und schließen daraus auf Ihre Intelligenz, Ihr soziales Umfeld und das Niveau Ihres Humors. Was unter Männern vielleicht total lustig oder einfach normal ist, kann auf Frauen irritierend wirken oder sogar Abneigung auslösen.

Ich habe zwei Freunde, die mir beide sehr am Herzen liegen, aber es will mir nur schwer gelingen, ihnen nahezubringen, dass ihr Wortschatz einen Teil ihres Misserfolgs bei Frauen ausmacht. Welche Frau kann sich leidenschaftlichen Sex mit einem Mann vorstellen, der seine Freunde mit »Digger« oder »Diggi« anspricht? Welche Frau bekommt romantische Gefühle oder Interesse an einem Mann, der als Ausdruck von Begeisterung oder Verwunderung »Heidewitzka!« sagt? Bitte ersparen Sie den Frauen auch abgedroschene und pseudowitzige Wortverdreher wie »zum Bleistift« oder »Schittebön« und »Schankedön« – wenigstens solange die Frau einigermaßen nüchtern ist. Nennen Sie Ihr Notebook nicht »Schlepptop« und sagen Sie bitte nie, nie, niemals »Tschüssikowski« zum Abschied.

Wenn ein Paar sich besser kennenlernt, entwickelt es in der Regel eine eigene Sprache und einen gemeinsamen Humor mit bestimmten – durchaus auch sehr albernen – Worten, die wie eine Art Geheimcode für die beiden sind. Kennt man sich länger und entsprechend gut, ist klar, was gerade Spaß oder Rezitation und was wirklich ein Teil des anderen ist. Doch beim Kennenlernen und gerade im erotischen Kontext können solche verbalen Entgleisungen einen falschen Eindruck machen und das Interesse einer Frau vernichten.

Achten Sie auch darauf, ob Ihre Sprache Selbstvertrauen und Entschlossenheit ausdrückt: Frauen fragen nicht nach einem Macho – aber sie wollen auch keinen unterwürfigen Waschlappen, der es ihnen die ganze Zeit nur recht machen will und ihnen nach dem Mund redet.

Es gibt in der deutschen Sprache zahlreiche Möglichkeiten, unpersönlich und zurückhaltend zu kommunizieren. Der Zweck dieser Form von Kommunikation ist in der Regel, Ablehnung oder Konfrontation zu vermeiden. Der Nachteil daran ist, dass es sehr unsicher und schüchtern wirkt, wenn Sie die ganze Zeit nur von »man« sprechen, wenn Sie über sich selbst sprechen. Sagen Sie »ich« oder nennen Sie die Gruppe oder Person, die mit »man« gemeint ist. Beobachten Sie sich mal ein paar Tage im Hinblick auf die Verwendung des Wörtchens »man« – und sagen Sie ganz bewusst »ich« an den entsprechenden Stellen. Schon das macht einen großen Unterschied – in Ihrer Wirkung, aber auch in Ihrem Gefühl für sich selbst. Sagen Sie »man« wirklich nur dann, wenn es angebracht ist – nämlich wenn es um eine unspezifische Gruppe geht. Vermeiden Sie das Wort »eigentlich«, denn es heißt gleichzeitig auch »eigentlich nicht«, es heißt also gar nichts. Geht es Ihnen eigentlich ganz gut? Oder geht es Ihnen gut? Mögen Sie Ihren Job eigentlich gern? Was mögen Sie also nicht daran?

Auch das Wort »irgendwie« wird von vielen Menschen reichlich inflationär gebraucht. Wofür sind all diese Wörter gut? Um seine Meinung schnell dem anderen anpassen zu können, wenn dieser anderer Meinung zu sein scheint.

Stehen Sie zu Ihrer Meinung, aber versuchen Sie nicht, andere – schon gar nicht Frauen – auf Biegen und Brechen davon zu überzeugen. Das geht meistens nach hinten los. Jeder Mensch hat im Leben unterschiedlichste Erfahrungen gesammelt, aus denen er sich (s)eine Meinungen bildet. Das ist in Ordnung – keine Meinung muss verteidigt, aber auch nicht verändert werden.

Achten Sie verstärkt auf Ihre Kommunikation – sind Sie ein »Man«-Sager oder ein »Rechthaber«? Sagen Sie gern »Ja, aber« oder ist bei Ihnen nahezu alles »eigentlich«?

Ich kenne Männer, die sich für alles und jedes beständig entschuldigen. Das ist nicht nur äußerst unsexy – es nervt auch auf Dauer gewaltig. Es wirkt außerdem, als hätten Sie sehr wenig

Selbstvertrauen und als würden Sie sich und alles, was Sie sagen, als Belästigung gegenüber anderen Menschen beziehungsweise Frauen empfinden. Irgendwann fängt die Frau an, darüber nachzudenken, ob das vielleicht sogar gerechtfertigt ist. Ich meine damit nicht, dass Sie sich nicht entschuldigen sollen, wenn Sie zum Beispiel einer Frau auf den Fuß treten, oder dass es nicht nötig ist, um Verzeihung zu bitten, wenn Sie eine Frau verletzt haben. Ich spreche davon, sich für Dinge zu entschuldigen, für die Sie zum Beispiel nichts können: das Wetter, den Stau, eine unbedachte Äußerung, oder sich für sich selbst zu entschuldigen: »Tut mir leid, dass ich nicht tanzen kann« – »Entschuldige, dass ich keinen Rotwein im Haus habe« – »Bitte entschuldige, dass ich mich dauernd entschuldige« ... Wenn Ihnen das bekannt vorkommt: Entspannen Sie sich ein bisschen. Versuchen Sie mal eine Woche lang ohne das Wort »Entschuldigung« auszukommen. Das ist ein faszinierendes Experiment!

Macken und Ticks

Viele Menschen glauben, wenn sie über längere Zeit allein gelebt haben, hätten sie so viele Macken entwickelt, dass sie für andere im Grunde schon fast unzumutbar seien. Ich habe gänzlich andere Erfahrungen gemacht: Viele Dinge, die man sich angewöhnt, während oder weil man allein lebt, verschwinden auch ganz von selbst wieder, wenn man sich verliebt.

Viele kleine Macken oder Ticks sind generell meist weit weniger tragisch, als Sie glauben, wenn Sie sie erklären können (und sich danach nicht beständig dafür entschuldigen): »Bitte wundere dich nicht, ich habe da einen kleinen Tick – ich kann aus diesem oder jenem Grund dies oder das einfach nicht sein lassen ...« – für die meisten Frauen ist das kein Grund, Sie abzulehnen. Wenn Sie es kurz ansprechen und erklären können, ist es eher eine interessante Geschichte oder ein amüsantes Detail:

Ich hatte einmal ein Date mit einem Mann, der nach dem Essen den Teller hochhob, um auf die Unterseite zu schauen. Das hat mich zunächst doch sehr irritiert, aber er bemerkte zum Glück meinen verwirrten Blick und erklärte lachend: »Entschuldige, mir fällt das gar nicht mehr auf – aber meine Familie stammt aus einer Gegend, in der es viele Fabriken für Geschirr und Porzellan gibt, und es ist schon ein Automatismus, wissen zu wollen, woher ein Teller kommt – und das sieht man auf der Unterseite« – daraus ergab sich direkt ein weiteres interessantes Gesprächsthema.

Etwas anders stellte sich die Sache bei einem Date meiner Freundin Marita mit einem Mann dar, der einen imaginären Hund hatte. Als Marita merkte, dass der Mann sich wirklich einbildete, einen Hund dabeizuhaben, dem er während des Dates auch noch Befehle erteilte, fand sie das zwar amüsant, doch in erster Line seltsam und irgendwie auch unheimlich. Sie hatte nicht unbedingt das Bedürfnis, den Mann wiederzusehen – das war ihr dann doch ein wenig zu verrückt. Sie reagierte allerdings noch mit Humor und sagte dem Herrn beim nächsten Telefonat, dass ihre Kleider sehr nach Hund gerochen hätten – das sei einfach nicht ihr Ding.

Grundsätzlich gibt es dann doch noch einen großen Unterschied zwischen kleinen Macken und behandlungsbedürftigen Neurosen oder Zwangsstörungen.

Manieren

Mir hat mal ein Mann erzählt, dass er Frauen grundsätzlich nicht mehr die Tür aufhalte. Er hätte mal einer fremden Frau die Tür aufgehalten und sie hätte ihn naserümpfend angesehen und gesagt: »Das hätt' ich auch selbst gekonnt!«

Ich möchte mich an dieser Stelle im Namen aller Frauen für diese dumme Ziege entschuldigen. Wäre ich an der Stelle des

Mannes gewesen, hätte ich ihr wahrscheinlich ein Bein gestellt und sie dann liegen lassen ... doch hoffe ich, dass derlei Dummheit nur bei sehr wenigen Frauen vorkommt.

Allerdings erinnere ich Sie jetzt noch mal an das Kapitel über die Problematik der Frau im 21. Jahrhundert: Wir wünschen uns, dass ein Mann gute Manieren hat, aber wir zieren uns meist oder geben dem Mann gar nicht die Gelegenheit – schließlich sind wir doch starke, emanzipierte, selbstständige Frauen. Es hat mich Jahre an Training gekostet, zu warten, bis mein Mann zur Stelle ist, um mir in oder aus Jacken zu helfen. Ich bin selbstständig und praktisch veranlagt: Normalerweise ziehe ich meine Jacke aus und hänge sie auf, später schnappe ich sie mir, ziehe sie an, gehe zur Tür, öffne sie selbst und weg bin ich. Wo ist das Problem? Das Problem ist, dass mein Mann mir so nicht zeigen kann, wie charmant er sein kann ... und dass er mir im Zweifelsfall auch noch wie ein Lakai hinterherstiefeln muss, weil er mir zuvorkommen möchte. Seine Bitte jedoch, ihm den Wunsch zu gewähren, mir aus und in Jacken zu helfen und die Tür zu öffnen, hat mich tief beeindruckt. Und genau das ist der Trick dabei:

Wir Frauen lieben gute Manieren bei Männern – aber wir sind inzwischen zum Teil so »verblödet«, dass wir gar nicht mehr damit rechnen ... Und das ist der Joker jedes Mannes, der mit etwas charmantem Nachdruck seine guten Manieren zeigt und einsetzt.

Fragt ein Mann beispielsweise in irgendeiner Situation eine Frau: »Kann ich Ihnen behilflich sein?«, sagt die Frau in 90 Prozent aller Fälle genau diesen Satz: »Nein danke – es geht schon!«

Also will Sie keine Hilfe und der Mann zuckt die Schultern? Falsch! Mindestens die Hälfte der dankend ablehnenden Frauen schlägt sich 10 bis 300 Sekunden später mit der flachen Hand an die Stirn und merkt, wie dämlich das war. Dumm nur, dass der Mann dann schon weg ist ...

Was glauben Sie, passiert, wenn Sie in so einer Situation künftig Folgendes tun: Sie lächeln die Dame leicht süffisant, aber durchaus liebevoll an, sagen so etwas wie »Dass es ›geht‹ – das sehe ich auch«, und dann tun Sie einfach, was zu tun ist.

Jedes Mal, wenn ich diese Szene in meinem Flirttraining beschreibe, seufzen alle Frauen hörbar auf. Und die Männer fragen: »Was? Das soll ich machen? Aber wieso sagt ihr Frauen dann nicht einfach Ja?«

Männer, wenn wir Frauen das einfach so könnten – dann müsste ich dieses ganze Buch wahrscheinlich nicht schreiben.

Die Frau sagt zwar, dass sie das alles allein kann – aber eigentlich will sie in den meisten Fällen, dass ein Mann sie dazu »überredet«, dass sie sich von ihm helfen lässt. Das gilt für:

- in und aus Jacken helfen
- Türen aufmachen (auch am Auto zum Beispiel)
- schwere Gegenstände tragen
- handwerkliche Kleinigkeiten
- zahlen beim ersten Date – doch dazu später mehr

Gute Manieren und Großzügigkeit schätzen Frauen sehr – das muss nicht zwangsläufig finanzielle Großzügigkeit sein. Wenn eine Frau das Gefühl bekommt, dass ein Mann etwas zurückhält oder nur großzügig ist, weil er eine Gegenleistung erwartet, wird sie das instinktiv mit mindestens ebenso starker Zurückhaltung oder sogar Rückzug und Zurückweisung quittieren.

Sammeln Sie so viele Punkte wie möglich!

Wenn Sie in der Vergangenheit einige der genannten Aspekte missachtet haben, weil sie Ihnen vielleicht nicht bewusst oder nicht so wichtig waren, dann haben Sie damit wahrscheinlich dafür gesorgt, dass Frauen Sie nicht attraktiv fanden. Stellen Sie es sich vor wie ein Punktesystem: Wenn Sie zum Beispiel mindestens 90 von 100 Punkten bräuchten, um attraktiv für eine Frau zu sein, gibt es Aspekte, die für Sie sprechen, aber eben auch Punktabzug für das, was unsexy ist ...

Es geht zwischen Mann und Frau nicht nur darum, dass man sich nett unterhalten kann und einen guten Charakter hat: Es geht auch darum, dass die Frau einen Mann ebenfalls sexy und attraktiv finden muss, wenn mehr daraus werden soll als Freundschaft. Genau das ist der Unterschied zwischen »Lass uns Freunde sein« und »Küss mich, ich will dich«: Wenn Sie bisher immer wieder »ein guter Freund« einer Frau werden konnten, mit der Sie eigentlich viel lieber schlafen würden, dann liegt es einzig und allein daran, dass die Frau Sie nicht attraktiv und vor allem nicht sexy fand. Wobei es hier nicht nur um Äußerlichkeiten, sondern auch um Ihr Verhalten und Ihr Leben an sich geht.

Sehen Sie deshalb all diese Vorschläge, die ich Ihnen in diesem Kapitel gemacht habe, als Möglichkeiten zur deutlichen Erhöhung Ihrer Attraktivität und Ihres Lebensstandards ganz allgemein. Nehmen Sie sich ein paar Wochen Zeit und geben Sie sich ein Budget, das Sie als Investition in sich selbst sehen und die Verbesserung Ihres Lebens verstehen.

Sie werden schnell feststellen, dass Ihr Selbstwertgefühl und auch Ihre Attraktivität für Frauen innerhalb kurzer Zeit spürbar steigen.

Doch jetzt beginnt der Spaß erst! Machen Sie aus Ihrem Leben ein interessantes Dasein, an dem viele Menschen gern teilhaben möchten, und in dem Frauen nur noch ein angenehmer Nebeneffekt, eine würzende Zutat, ein schönes Extra, eine Komplettierung des Gesamtkunstwerks sind – und ein ganz natürliches Vorkommnis.

6. SCHRITT: SELBSTVERBESSERUNG TEIL 3:
SEIN LEBEN AUF VORDERMANN BRINGEN

Wie Mann ein König wird

Es gibt Männer, die sind ständig auf der Suche – wollen aber auf keinen Fall finden. Wie Bienen fliegen sie von Blüte zu Blüte und tun alles dafür, ja nicht »kleben« zu bleiben. Andere wiederum glauben, dass ihr Leben nur dann sinnvoll ist, wenn sie eine Partnerin an ihrer Seite haben. Wie wenig sinnvoll das ist, habe ich bereits erwähnt. Damit will ich nicht sagen, dass es egal ist, ob man einen Partner hat oder nicht – nein. Single zu sein hat zwar durchaus seine Vorteile, aber irgendwann trifft es die meisten: Das Leben ist einfacher und schöner, wenn man am Freitagabend bereits weiß, neben wem man am Sonntagmorgen aufwachen wird. Es ist schön, regelmäßig Sex zu haben, ohne dass man ständig unterwegs sein muss dafür. Es ist gut, jemanden zu haben, der für einen da ist, auch wenn man mal nicht der Partykönig ist. Natürlich.

Aber es macht einen gewaltigen Unterschied, ob eine Partnerschaft (oder auch nur ein One-Night-Stand) das »Tüpfelchen auf dem i« oder Ihr einziges Lebensziel ist. Immer wieder höre ich gerade von Männern Sätze wie: »Ich weiß ja im Grunde in meinem Kopf genau, was ich tun müsste oder was ich zu einer Frau sagen sollte. Aber ich schaffe es irgendwie nicht – ich habe einfach zu wenig Selbstbewusstsein!«

Interessant ist jedoch, dass auch nach einer so scheinbar klaren Analyse den meisten Männern nicht auffallen will, dass ihr Selbstbewusstsein vor allem deshalb so unterentwickelt ist, weil sie nichts dafür tun und es dann auch noch einzig und allein von ihrer Fähigkeit, Frauen zu begeistern, abhängig machen. Sie suchen allesamt an der falschen Stelle: Krampfhaft überlegen sie, wie sie es schaffen können, ihre Angst vor Frauen und vor Zurückweisung zu verlieren – anstatt ihr Leben so zu führen, dass sie Selbstvertrauen gewinnen, Spaß haben und eine einzelne Frau nicht mehr so wichtig ist, weil sie nicht mehr der rettende Strohhalm in der Ödnis des eigenen Daseins ist …

Stellen Sie sich doch bitte einfach mal folgendes Szenario vor: Sie sind im Vertrieb einer Firma beschäftigt. Ihr Job ist es, potenziellen Kunden das Produkt Ihrer Firma schmackhaft zu machen und es natürlich auch zu verkaufen. Sie sitzen viele Stunden am Tag an Ihrem Schreibtisch und träumen davon, wie schön es wäre, mal was zu verkaufen. Ihr Gehalt ist aber leider nur auf das schmale Fixum begrenzt, weil Sie bisher nicht gerade erfolgreich sind. Natürlich ärgert Sie das. Sie klagen darüber – auch bei anderen. Sie haben schlechte Laune … und Sie warten darauf, dass endlich das Telefon klingelt und ein Kunde Sie anruft. Irgendwann bekommen Sie den Tipp, dass es einen Interessenten für Ihr Produkt gibt. Sie machen einen Termin und fahren hin. Sie beherzigen die wichtigsten Regeln: Sie sind gut gekleidet, gepflegt und frisch und kennen alle Argumente. Und Sie sind nervös: Sie müssen diesen Kunden gewinnen. Sie brauchen diesen Abschluss. Wenn Sie diesen Abschluss nicht machen, ist wieder für Wochen Ebbe in der Pipeline. Es muss klappen! Sie wollen endlich etwas verkaufen. Doch der Kunde ist kritisch: Er fragt sich, warum Sie so nervös sind – und er beginnt, Fragen zu stellen … Immer genauer will er alles wissen und Sie werden langsam nicht nur nervös, sondern auch ungeduldig. Sie ziehen noch einen Trumpf aus dem Ärmel: Sie machen dem Kunden ein überaus attraktives Sonderangebot. Der Kunde fragt Sie, wo der Haken ist. Jetzt reicht es aber wirklich langsam! Wie kann man nur so dumm sein! Das muss dieser Idiot doch begreifen, dass es kein besseres

Angebot mehr geben wird als dieses … Warum machen Sie sich eigentlich diese ganze Mühe?! Sie fallen Ihrem Kunden ins Wort, um seine Bedenken zu zerstreuen. Sie sind langsam echt genervt, hier so viel Zeit zu verplempern mit jemandem, der überhaupt nicht zu schätzen weiß, was Sie ihm da anbieten. Der Kunde wird distanziert und erbittet Bedenkzeit. Keine gute Situation für Sie. Täglich sitzen Sie nun vor dem Telefon und warten darauf, dass der Kunde sich meldet. Irgendwann rufen Sie den Kunden an, ob er sich schon entschieden hat … Er ist nicht da. Sie rufen wieder an. Er lässt sich verleugnen … Wahrscheinlich hat er längst bei der Konkurrenz gekauft.

Schauen wir uns mal Ihren Mitbewerber an: Er steht früher auf als Sie, weil er zum Beispiel dreimal pro Woche morgens zum Sport geht, wo er bereits auf potenzielle Kunden trifft. Außerdem hält er sich damit fit, sieht besser aus und hat an den meisten Tagen bessere Laune als Sie. Er liest Zeitung und informiert sich über das Geschehen auch außerhalb Ihrer Branche, so hat er immer aktuelle und interessante Gesprächsthemen, wenn er mit potenziellen Kunden zusammenkommt. Er besucht auch in seiner Freizeit häufig Orte, an denen er immer wieder potenzielle Kunden trifft – doch er drängt sich nicht auf: Er plaudert einfach locker und zeigt, dass er ein interessanter Typ und ein guter Gesprächspartner ist, und hinterlässt eine Visitenkarte für alle Fälle. Seine Pipeline hat sich in den letzten Jahren mit einer großen Anzahl potenzieller Kunden gefüllt. Hin und wieder ruft er den einen oder anderen an, verabredet sich zum Mittagessen, überreicht auch mal kleine Werbegeschenke oder erzählt ganz nebenbei von den Vorteilen, die die Produkte seiner Firma bieten, oder Anekdoten von zufriedenen Kunden. Er interessiert sich auch für die Bedürfnisse seiner Kunden. Er gibt niemandem das Gefühl, sein Produkt unbedingt an ihn verkaufen zu müssen – er ist einfach ein interessanter Kontakt und ganz nebenbei entscheiden sich viele potenzielle Kunden für die Produkte seiner Firma, weil er vertrauenswürdig, freundlich und großzügig ist. Weil sich viele Kunden für ihn entscheiden, ist seine Provision entsprechend hoch – er verdient gut und kann sich diese Großzügigkeit und einen guten Lebensstil leisten, den man ihm auch ansieht. Er ist zufrieden mit sich und entspannt. Er strahlt Erfolg quasi aus jeder Pore aus – und potenzielle Kunden bemerken das sofort. Gerade das macht ihn so besonders vertrauenswürdig und man möchte sehr gern zum Kundenkreis eines so angenehmen und erfolgreichen Menschen gehören, seine Aufmerksamkeit bekommen und von ihm betreut werden. Er macht keine Sonderpreise – und das muss er auch gar nicht. Er gibt Menschen einfach ein gutes Gefühl, so dass man gern Kunde bei ihm wird.

Glauben Sie, Ihr Mitbewerber ist beim Kunden nervös? Glauben Sie, er gerät je in Erklärungsnot wie Sie? Glauben Sie, er sitzt je vorm Telefon und überlegt, ob er einen Kunden anrufen soll und was er sagen soll? Ich glaube nicht. Und glauben Sie nicht irgendwie auch, dass Sie nicht nur erfolgreicher wären, sondern auch Ihr Leben allgemein viel angenehmer wäre, wenn Sie ein bisschen mehr so sein könnten wie Ihr Mitbewerber?

Sie können diese Geschichte eins zu eins auf Ihr Liebesleben übertragen:

→ Wie oft haben Sie schon von Liebe, Sex und Leidenschaft geträumt, ohne wirklich etwas dafür zu tun, dass Frauen Sie attraktiver finden könnten?
→ Wie oft waren Sie schon total nervös, weil Sie sich endlich mal getraut hatten oder trauen wollten, eine Frau anzusprechen?
→ Wie oft kamen Sie schon an irgendeinem Punkt nicht mehr weiter, weil Ihnen der Gesprächsstoff ausging? Weil das Interesse der Frau erlahmte? Weil die Frau irgendwann immer einsilbiger und gelangweilter wurde?

→ Wie oft haben Sie schon überlegt, ob Sie eine Frau nun anrufen sollen, und wenn ja, wann und wenn wann, wie und was Sie sagen sollen, und so weiter?
→ Wie oft haben Sie vielleicht schon gehört: »Ich finde dich ja wirklich nett, aber ...« oder einfach gar nichts mehr – ohne dass Sie wussten, warum?
→ Wie oft haben Sie sich schon auf eine einzige Frau fixiert, um am Ende wieder allein und wie ein Idiot dazustehen?
→ Wie oft hatten Sie schon das Gefühl, dass Sie es gerade »total versaut« haben, ohne zu wissen, womit?

Wenn Sie mindestens drei dieser Fragen mit »zu oft« beantworten können, wird es Zeit, dass Sie etwas an Ihrem Leben ändern!

ENTWICKELN SIE EINEN ATTRAKTIVEN LEBENSSTIL!

Nachdem Sie inzwischen wissen, worauf Frauen achten und was Sie tun können, um sich in Erscheinen und Auftreten attraktiv zu gestalten, geht es in diesem Kapitel darum, zufrieden, mutig und interessant zu werden. Nehmen Sie Ihr Leben in die Hand und machen Sie etwas daraus: Sie haben das wunderbare Geschenk erhalten, frei geboren zu sein – Sie können mit Ihrer Lebenszeit im Grund machen, was immer Sie wollen. Machen Sie etwas damit: Werden Sie der König Ihrer eigenen Welt. Damit werden Sie nachhaltig erfolgreich bei Frauen sein – und vor allem wird das für den Moment weniger wichtig sein.

Die folgenden Punkte mögen Ihnen im Hinblick auf den angestrebten Erfolg bei Frauen vielleicht weit hergeholt vorkommen oder aufwändig – vielleicht sogar absurd. Genau sie jedoch machen den Unterschied zwischen kurzfristigen Erfolgserlebnissen und einem erfolgreichen Leben aus. Sie haben die Chance, mehr aus Ihrem Leben zu machen und damit auch zu einem »Frauenmagnet« zu werden.

Vor Ihnen liegt nun eine Aufgabe, die Sie für Ihr ganzes Leben begleiten kann, glücklicherweise ist sie äußerst interessant: Es geht darum, Ihr Leben mit etwas zu füllen, das Ihnen Spaß macht und Befriedigung gibt und Freiheit und Unabhängigkeit bedeutet – egal ob Sie in einer Beziehung sind oder nicht.

Die folgenden Punkte tragen zur Verbesserung Ihrer Lebensqualität ganz allgemein bei und sind phantastische Wege, Ihre Bedürftigkeit in Sachen Liebe und Sex praktisch aufzulösen und ein königliches Leben zu führen:

1. Entwickeln Sie soziale Ziele

Ich hoffe, es ist bereits bei Ihnen angekommen, dass es ein wenig armselig wirkt, wenn Ihr einziges Ziel darin besteht, eine Frau zu finden, und es verschafft Ihnen nur Nachteile. Es gibt Menschen, die tun sich jedoch äußerst schwer damit, für Ihr Leben Ziele zu definieren.

»Es kann doch nicht jeder etwas Besonderes sein«, sagte einmal ein Coachingklient zu mir. Nun, das ist Definitionssache: Was ist denn der Unterschied zwischen einem besonderen und einem nicht besonderen Menschen? Werden denn alle besonderen Menschen bei ihrer Geburt schon gekennzeichnet? Bekommen besondere Menschen von der Hebamme einen Stempel auf den Po: »Special«? Sind alle besonderen Menschen Kinder von ganz besonderen Menschen? Muss »besonders« gleichbedeutend sein mit »reich« oder »berühmt«?

Nein. Nichts davon.

Jeder Mensch ist grundsätzlich schon mal etwas Besonderes – denn jeden Menschen gibt es exakt nur ein einziges Mal. Haben Sie schon mal darüber nachgedacht? Auf dem ganzen Planeten und für alle Zeiten – in den letzten 50.000 Jahren und auch in den nächsten gab und gibt es keinen einzigen Menschen, der so ist wie Sie. Niemand sonst hat Ihre Kombination von äußerlichen Merkmalen, Talenten, Vorlieben, Abneigungen, Gedanken und so weiter. Damit sind Sie also schon mal einzigartig. Um besonders zu werden, ist es nötig, all das zu erkennen und etwas damit anzufangen.

Es kommt nicht darauf an, dass Sie besonders reich, berühmt oder der Beste in irgendetwas sind. Ich habe neulich von einer Bekannten eine dieser Präsentationen mit schönen Bildern, melancholischer Musik und aufmunternden Worten erhalten, die zu dieser Überlegung sehr gut passen: Es wurde gefragt nach den Namen der letzten zehn Oscargewinner, der letzten zehn Nobelpreisträger, der letzten fünf Miss Universe und so weiter. Wenn Sie auch glauben, es gehört dazu, etwas Besonderes zu erreichen, berühmt oder reich zu sein, um etwas Besonderes zu sein, fragen Sie sich: Wer waren die letzten zehn Menschen, denen das Bundesverdienstkreuz verliehen wurde? Wer sind die fünf reichsten Menschen Deutschlands? Wie heißen die Vorstandsvorsitzenden der zehn erfolgreichsten Konzerne? Na, wissen Sie alle Antworten? Wahrscheinlich nicht, oder? Interessieren Sie sich für diese Menschen? Sind diese Leute irgendwie wichtig für Sie? (Na gut – abgesehen von einer Miss Universe, mit der Sie vielleicht gern mal ausgehen würden …)

Die Präsentation ging weiter und fragte nach den Namen von guten Freunden, die einem vielleicht mal aus der Patsche geholfen haben; nach Lehrern, die einem etwas Sinnvolles beigebracht haben; nach Menschen, mit denen man gern Zeit verbringt.

Fallen Ihnen da schon eher Namen ein? Ich hoffe doch sehr.

Das ist Ihre persönliche »Bestenliste«. Das ist eine Liste, die wirklich zählt. Sie zählt zwar nur für Sie, aber nur Sie leben Ihr Leben und nur Sie denken Ihre Gedanken. Also ist Ihre persönliche Bestenliste die einzige Liste, die für Sie wirklich wichtig ist –

auch wenn sie »nur« für Sie wichtig ist. Sie denken an bestimmte Menschen und allein schon der Gedanke an diese Menschen gibt Ihnen ein gutes Gefühl, bringt Sie zum Lächeln, zum Nachdenken, macht Sie dankbar oder vielleicht sogar ein bisschen wehmütig.

Auf wie vielen Bestenlisten stehen Sie? Und wissen andere, dass sie auf Ihrer Bestenliste stehen? Das könnte bereits ein Ziel sein für Sie: auf vielen »Bestenlisten« aufzutauchen und mehr Nähe und Herzlichkeit in Ihr Leben zu lassen. Folgende Positionen könnten Sie zum Beispiel besetzen:

- Mein Lieblingskollege
- Unser nettester Nachbar
- Mein Lieblingskunde
- Der charmanteste Tanzpartner
- Der freundlichste Gast usw.

Schon dadurch dass Sie Ihren Mitmenschen sagen, dass Sie sie schätzen, machen Sie sich beliebt. Wir gehen immer davon aus, dass unsere Mitmenschen, unsere Freunde, unsere Familie, unsere Kollegen oder Mitarbeiter, unsere Bekannten und andere Menschen, die wir treffen oder auf die wir auch angewiesen sind, wissen, dass wir sie schätzen, dass wir sie mögen oder zufrieden mit ihnen sind. Glauben Sie mir, das ist nicht unbedingt so. Viele Menschen haben selbst damit ihre Schwierigkeiten, weil ihnen kaum jemals jemand sagt, dass sie geschätzt werden. Ich habe einmal einem Coachingklienten empfohlen, einer Bekannten, die er sehr mochte, in der Weihnachtszeit eine Karte und vielleicht ein kleines Geschenk zu schicken. Er könnte ihr schreiben, dass es sehr schön sei, sie zu kennen. Der Mann erstarrte förmlich und sagte, das könne er nicht machen – das sei viel zu persönlich. Ich bat ihn, sich vorzustellen, dass er das jedes Jahr mit zehn lieben Bekannten und Freunden machen würde. Wie würde es sich anfühlen, wenn er ein Mensch wäre, der jedes Jahr an einige tolle Menschen in seinem Leben eine Karte und ein kleines Geschenk schicken würde? Bei diesem Gedanken konnte er sich wieder entspannen – er lächelte sogar und konnte sehen, dass seine erste Reaktion geprägt war von der Angst, etwas falsch zu machen oder dieser einen Frau »zu nahe zu treten«, weil es in seinem Leben sonst kaum Nähe und Herzlichkeit gab.

Ein anderes Ziel könnte sein, überhaupt mehr Ziele zu entwickeln. Trauen Sie sich, einen Platz im Leben und in der Welt einzunehmen. Überlegen Sie mal, nach welchen Werten Sie leben, was Ihnen im Leben wichtig ist. Vielleicht kaufen Sie sich ein Buch über Persönlichkeitsentwicklung oder Sie qualifizieren sich beruflich weiter?

Viele Menschen, die ich kennengelernt habe, glauben, dass Sie mit über 35 zu alt seien, um etwas Neues zu beginnen. Denken Sie mal darüber nach: Wo liegt aktuell das Renteneintrittsalter? Rechnen Sie sich mal aus, wie viele Jahre Sie also noch aktiv arbeiten »müssen« und wie viele Jahre Sie schon arbeiten. Dann überlegen Sie mal, wie alt Sie vielleicht werden und wie viele Jahre das noch sind. Wenn das, was Sie aktuell tun, Sie nicht fordert und auch nicht befriedigt, wäre es sinnvoll, sich nach etwas Besserem umzuschauen. Die Zeiten, wo ein Mensch einen Beruf erlernt und dann malocht bis zur Rente, sind glücklicherweise vorbei und auch in der angeblichen Krise entstehen jeden Tag völlig neue Berufsbilder und mit ihnen neue Möglichkeiten. Ihr Ziel muss kein berufliches Ziel sein – es ist nur eine Möglichkeit von vielen, mehr aus Ihrem Leben zu machen.

Ich selbst war einmal Sachbearbeiterin im Auslandsvertrieb einer großen Firma. Ich war gut – aber ich habe mich zu Tode gelangweilt und begann zu suchen. Ich habe mehrmals meinen Job, die Branche und die Ausrichtung gewechselt. Inzwischen habe ich für mich etwas gefunden, das mir so viel Spaß macht, dass ich hoffe, dass ich es bis zu meinem allerallerletzten Tag machen werde: Ich helfe Menschen auf die Sprünge, ein besseres Leben zu haben. Ich bilde mich dafür ständig weiter, um es noch besser tun zu können. Ich denke mir immer wieder etwas aus (wie zum Beispiel dieses Buch), um noch mehr Menschen erreichen zu können, damit möglichst viele von meinen Erfahrungen und meinem Wissen profitieren können und damit immer mehr Menschen mutiger, freier und liebevoller werden. Ich habe die Vision, dass ich irgendwann so viele erreicht und motiviert haben werde, dass diese Menschen alle anderen damit anstecken werden. Ich habe den Traum, dass so viele Männer dieses Buch lesen und verstehen, dass sie besser und lockerer mit Frauen umgehen können, dass die Frauen ihrerseits ihre Meinung über Männer ändern und den Männern auch wieder ein Stück mehr entgegenkommen, bis wir in einer Welt leben werden, wo Männer und Frauen mit weniger Vorurteilen und mehr Liebe und Verständnis miteinander leben können.

Ja, das ist utopisch und vielleicht schaffe ich das nicht – aber das ist kein Grund, es nicht anzustreben. Es gibt meinem Leben einen wunderbaren Sinn, es macht mir Spaß und es macht mich sogar meistens richtig glücklich ... Jeder Brief, den ich von einem Klienten, Teilnehmer oder Leser bekomme, lässt mein Herz hüpfen: Wenn jemand endlich seine Schüchternheit überwunden hat; wenn jemand plötzlich eine Beförderung bekommen hat, weil er selbstbewusster auftritt; wenn jemand sich glücklich verliebt hat oder sogar heiratet, oder wenn mir jemand schreibt, dass er sich viel besser fühlt als früher, selbst wenn sich gar nicht so viel an seinem Leben selbst geändert hat. Und das Schöne dabei ist auch noch, dass ich mit dem, was mir am meisten Spaß macht, meinen Lebensunterhalt bestreiten kann.

Ich habe mit ungefähr 29 beschlossen, dass ich etwas anderes machen möchte als einen Bürojob in der Marketingabteilung irgendeiner Firma. Ich wollte etwas tun, das einen Unterschied macht. Ich habe dafür sogar einige Jahre am Existenzminimum gelebt und natürlich habe ich auch gezweifelt – und ich hatte die oben beschriebene Vision nicht von Anfang an: Sie ist ein Ergebnis meiner Arbeit der letzten Jahre. Sie ist entstanden, als mir bewusst wurde, was ich mit meinen Talenten und Fähigkeiten, meinem Wissen und vor allem meinem Willen und meiner Energie überhaupt anstellen und was ich bei Menschen damit bewirken kann.

Meine Ziele sind dabei nicht immer konstant geblieben und sie sind meist noch nicht mal besonders konkret. Vertrauen Sie sich niemandem an, der Ihnen sagt, Sie müssten für alles im Leben ein konkretes Ziel haben und daran festhalten und so lange kämpfen, bis Sie es erreicht haben: Manchmal stellt sich heraus, dass wir uns auf dem Weg hin zu einem Ziel verändern und dass wir als veränderter Mensch dieses Ziel gar nicht mehr brauchen oder dass wir ein anderes Ziel für wichtiger halten oder überhaupt erst entdeckt haben. Das ist auch völlig in Ordnung. Doch wichtig ist, dass Sie sich ein paar sinnvolle Ziele nehmen und loslaufen, denn wer gar kein Ziel hat, der torkelt nur dümmlich in der Gegend herum.

Sie haben nur dieses eine Leben oder sollte ich besser sagen: Sie haben dieses Leben nur einmal? Vielleicht glauben Sie ja an Wiedergeburt oder Auferstehung ... In jedem Fall ist sicher, dass Sie in der Form, in der Sie jetzt existieren, mit all diesen Möglichkeiten, die Ihnen das 21. Jahrhundert in Westeuropa bietet, nur eine begrenzte Zeit haben: Nicht jeder wird, wie Jopi Heesters, über hundert und freut sich noch des Lebens. Nehmen wir mal an, Sie sind – wie die meisten Menschen – bis knapp vor achtzig körperlich und geistig noch einigermaßen fit, das wären dann circa 29.000 Tage. Ich finde diese Zahl immer erschreckend niedrig ... Wenn ich darüber nachdenke, wie schnell einem 29.000 Euro durch die Finger rinnen können, sind 29.000 Tage eine gruselig kleine Zahl – vor allem, wenn die Hälfte davon schon vorbei ist, ohne dass man viel damit gemacht hat.

Glücklicherweise sind Sie ein freier Mensch in einem freien Land – und selbst wenn Ihre Eltern, Ihre Geschwister, Ihre Freunde, Ihre Kollegen, Ihr Chef irgendetwas, das Sie schon immer tun, werden oder lernen wollten, unsinnig finden – selbst wenn Sie kritisiert werden dafür, selbst wenn man Sie wegen irgendetwas für verrückt erklären sollte: Sie sind frei und nur Sie leben Ihr Leben.

Sie können beispielsweise eine große Reise planen, die Sie schon immer gern mal machen wollten. Sie könnten eine Weiterbildung oder eine neue Ausbildung beginnen, ein Instrument spielen lernen, eine Initiative für irgendetwas Sinnvolles gründen ... Es gibt Tausende von Dingen, die nur darauf warten, dass irgendjemand sie tut. Sie könnten dieser Irgendjemand sein ... Suchen Sie sich was aus!

Es muss nichts »Großes« sein – es geht nicht darum, dass Sie jetzt sofort Ihr komplettes Leben ändern. Es geht darum, dass Sie mehr Dinge in Ihr Leben holen, aus denen Sie ein gutes Gefühl ziehen können.

Ich kann mich noch an den Tag erinnern, wo meine Freundin Christa mir von ihren Gesangsstunden erzählte: Sie strahlte über das ganze Gesicht und ich war etwas verwirrt. Was machte sie so glücklich daran, Gesangsstunden zu nehmen? Christa erklärte mir, dass sie seit ihrer Schulzeit gesagt bekommen hatte, sie könne einfach überhaupt nicht singen. Jeder Musiklehrer bescheinigte ihr absolute Talentfreiheit, was das Singen angeht. Es gäbe eben Leute, die würden nie einen Ton treffen – die können es eben einfach nicht. Es gab sogar Situationen, wo sie regelrecht bloßgestellt wurde deswegen. Christa liebte Musik, aber sie traute sich noch nicht einmal irgendein Lied mitzusingen, selbst wenn sie ganz allein war, so sehr schämte sie sich. Dann lernte sie zufällig eine Gesangslehrerin kennen, die eher nebenbei erwähnte, dass sie mit einer neuen Methode arbeite, mit der man jedem das Singen beibringen könne. Christa lachte auf und sagte ihr, dass das ja wohl Quatsch sei, denn bei ihr hätten sich schon so viele Lehrer bemüht – sie sei der lebende Beweis, dass es eben Menschen gäbe, die nicht für das Singen gemacht seien. Die Gesangslehrerin wollte Christa das Gegenteil beweisen und lud sie zu einer Probestunde ein. Danach besuchte Christa die Gesangslehrerin regelmäßig für weitere Stunden, denn sie hatte recht: Christa konnte wirklich singen lernen und sie nahm sich ein Ziel vor: Wenn sie an Weihnachten mit ihrer Familie in die Kirche ging, wollte sie – zum ersten Mal im Leben – die Lieder laut mitsingen. Sie war immer traurig gewesen, wenn beim Weihnachtsgottesdienst die voll besetzte Kirche schöne, stimmungsvolle Lieder sang und sie es nicht wagte, auch nur einen Ton von sich zu geben, um nicht negativ aufzufallen – doch dieses Jahr würde sie mitsingen. Dieses Ziel motivierte sie so sehr, dass sie jedes Mal, wenn sie Gesangsstunden hatte, total gut drauf war. Schon vorher war sie voller Vorfreude und Tatendrang und jedes Mal danach war sie für Stunden glücklich und energiegeladen. Ihre Arbeit ging ihr leichter von der Hand als sonst und sie strahlte über das ganze Gesicht, so dass es nach und nach positive Auswirkungen auf ihr gesamtes Leben hatte.

Ganz egal, was Sie beschließen: Was Sie jetzt, heute, in diesem Augenblick tun, ist die Basis für Ihre Zukunft – wenn Sie in der Gegenwart etwas ändern, wenn Sie irgendetwas verbessern, verbessert sich damit automatisch Ihre Zukunft. Oder andersherum ausgedrückt: Wenn Ihre Zukunft sich verändern soll, dann müssen Sie jetzt – in der Gegenwart – etwas dafür tun.

2. Verbessern Sie Ihre Kommunikation mit sich selbst

Die zweite Möglichkeit, Ihre Lebensqualität spürbar und nachhaltig zu verbessern, ist die, Ihren inneren Dialog zu verbessern. Wussten Sie, dass Sie jeden Tag etwa 40.000 Gedanken denken?

Die meisten davon denken Sie unbewusst – doch alles, was Sie denken, wird zu Ihrer inneren Welt: Jeder Mensch sieht die Welt anders. Das kommt daher, dass jeder Mensch sich aus den Billionen Informationen, die uns täglich zur Verfügung stehen, aus den Milliarden von Eindrücken, die wir bekommen können durch alles, was sich um uns herum abspielt, nur einige wenige tausend auswählt, die er bewusst wahrnimmt. Welche das jedoch sind und wie er diese bewertet, um etwas als gut oder schlecht, angenehm oder nervig zu empfinden, ist ein komplizierter (und unbewusst ablaufender) Vorgang, der jedoch glücklicherweise sehr einfach beeinflusst werden kann:

Sie suchen – ohne es bewusst zu steuern – in Ihrer Umgebung bestimmte Signale genauso, wie Ihnen immer gerade das Auto besonders auffällt, das Sie kaufen möchten oder gerade bekommen haben. Überall ist plötzlich dieser Wagen – viel häufiger als früher ... Kennen Sie das? Der Wagen taucht aber eben nur für Sie viel häufiger auf, einfach weil Sie ihn jetzt erst bemerken. Genauso passieren Ihnen gewisse Dinge, weil Sie Situationen, die zu Ihren Gedanken passen, erkennen und sogar mitverursachen, um diese Dinge passieren zu lassen.

Darüber hinaus kommentieren Sie Ihr Leben in Gedanken beständig: Wie durch einen Fußballreporter werden alle Handlungen und Gedanken bewertet und kommentiert. Wenn Sie sich zum Beispiel – auch ganz unbewusst – hundert Mal am Tag denken »Oh Mann – bin ich blöd!« oder »immer passiert mir so was«, dann beeinflusst das natürlich Ihre Wahrnehmung von sich selbst, es beeinflusst auch, was Sie sich zutrauen und wie Sie sich in bestimmten Situationen verhalten. Es sorgt sogar dafür, dass Sie unbewusst Situationen herbeiführen, die zu Ihren Gedanken passen – »Na toll, das musste ja so kommen!«.

Auch was Sie über andere denken, kann fatale Folgen haben und Gestalt annehmen: All Ihr Misstrauen werden Sie stets bestätigt finden, wenn Sie es nur genug kultivieren. In meinem

Büro hatte ich einmal einen Nachbarn, der stets missmutig und mürrisch war, und es dauerte fast drei Jahre, bis ich einmal ein halbwegs freundliches Gespräch mit ihm hatte. Ich sprach ihn im Verlaufe des Gesprächs auch darauf an, dass ich es schade fände, dass es so lange gedauert habe, bis wir miteinander bekannt wurden und redeten, denn unsere komplette Bürogemeinschaft hat ein freundliches Verhältnis zu allen Nachbarn. Der Nachbar erklärte mir daraufhin, dass er das ja auch bedauere, aber er sei eben von Natur aus ein zurückhaltender Mensch, weil die meisten Menschen ja falsch und hinterhältig seien. Schon seine Mutter habe ihm immer gesagt, er solle sehr vorsichtig sein, die meisten Menschen seien sehr missgünstig und man könne sowieso keinem trauen – und daran habe er sich immer gehalten!

Keiner der Nachbarn wollte viel mit ihm zu tun haben, weil er jedem das Gefühl gab, er könne ein schlechter Mensch sein. Ich habe mehrfach erlebt, wie er unfreundlich zu anderen Menschen war – auch zu mir, weil er nicht glauben wollte, dass man einfach so freundlich zu ihm sein könnte.

Die Realität ist: Jeder andere Mensch kann sich Ihnen gegenüber stets nur so verhalten, wie Sie es ihm (oder ihr) gestatten. Welche Möglichkeiten Sie selbst sehen, das hängt sehr stark von Ihrem inneren Dialog ab – also wie Sie mit sich reden.

Jeder Mensch ist im Kontakt mit anderen bestrebt, sein Selbstwertgefühl zu erhalten, möglichst sogar zu steigern – aber auf keinen Fall darf es gefährdet werden. Deshalb ist eine Möglichkeit, die manche »Verführungstrainer« vorschlagen, das Selbstwertgefühl der Frau anzugreifen: sie zu necken oder sogar zu beleidigen, damit sie den Eindruck bekommt, sie müsse sich in irgendeiner Form beweisen. Bei vielen Frauen, vor allem bei attraktiven, funktioniert das tatsächlich – aber diese Methode ist, was sie ist: eine Methode. Und ganz nebenbei gesagt ist sie erstens wirklich armselig und zweitens sehr gefährlich – denn der Grat zwischen »lustig arrogant« und »unhöflicher Vollidiot«, auf dem Sie sich bewegen müssen, ist so schmal, dass die meisten Männer ihn verfehlen.

Ich habe selbst mehrfach miterlebt, wie Männer – auch bei mir – versucht haben, lustig arrogant zu sein – es endet meistens in einer mittleren Katastrophe.

Stellen Sie sich mal vor, die Frau, die Sie ansprechen wollen, ist die, in die Sie sich verlieben könnten – ist es wirklich ein gute Idee, zu Beginn ihr Selbstwertgefühl anzugreifen, um mit ihr ins Gespräch zu kommen?

Eine viel bessere Methode ist es, Ihr eigenes Selbstwertgefühl zu stärken und sich weniger abhängig von der Reaktion anderer Menschen zu machen.

Dazu können Sie Ihren unbewussten Dialog mit sich selbst verändern: Sie können Ihr Unbewusstsein ganz bewusst füttern. Erinnern Sie sich mehrfach am Tag daran, sich selbst zu loben oder etwas Positives zu sich selbst zu sagen. Während Sie sich bewusst daran erinnern und bewusst etwas Gutes sagen, können Sie schon nicht gleichzeitig unbewusst etwas Negatives denken. So verändern Sie direkt durch eine bewusste Aktion das Verhältnis von negativen, positiven und neutralen Gedanken zu Ihren Gunsten.

Achten Sie darauf, dass diese positiven Gedanken einigermaßen realistisch sind: Positive Affirmationen (das tägliche vielfache Wiederholen von positiven Sätzen wie »Ich bin ein wunderbarer, attraktiver Mann, dem alle Türen offen stehen«) funktionieren häufig nur deshalb nicht, weil die Person, der eine solche Affirmation helfen soll, sie zu affig und zu unrealistisch findet. Er sagt sich die Affirmation wenn überhaupt dann mit innerem Widerstand und der nächste Gedanke ist: »So ein Quatsch! Das wird doch nie was! Das bin nicht ich ... Ich bin ein Idiot, dass ich das überhaupt probiere« – und schon ist die schöne Affirmation wieder zunichte gemacht und im schlimmsten Fall denkt die Person nach einiger Zeit noch schlechter über sich, weil sie selbst bei einer so einfachen und hilfreichen Methode wie der Affirmation versagt hat. Fangen Sie also mit etwas an, das Sie glauben können – jeder noch so kleine positive(re) Gedanke hilft Ihnen, Ihr Selbst zu stärken und Ihren inneren Dialog zu verbessern.

Seine Meinung über sich selbst und andere zu verändern ist nicht so leicht: Wir haben Bilder für alles in unseren Köpfen und all diese Bilder sind mit Emotionen verknüpft. Es ist viel »Arbeit« für unseren Geist, diese Bilder zu erschaffen und zu vervollständigen – deshalb trennen wir uns von einmal erschaffenen Bildern nicht so leicht wieder. Wenn Sie Ihre Meinung über sich selbst verbessern sollen, dann bedeutet das für Ihren Geist, dass er ein Bild, das Sie erschaffen haben, loslassen soll, um es durch ein anderes zu ersetzen. Selbst wenn Sie noch so gut wissen, dass sich das lohnt, kann das schwer sein, schließlich haben Sie viel Energie investiert, um das Bild aufzubauen. Sorgen Sie deshalb dafür, dass Sie sich stets den »Gewinn« vor Augen halten.

Wenn Sie die Vorschläge zur Selbstverbesserung umsetzen, loben Sie sich dafür. Schauen Sie in den Spiegel und sagen Sie sich: »Ja, ich sehe wirklich besser aus jetzt«, oder zählen Sie anstatt der Männer, die Sie attraktiver finden als sich selbst, mal alle, die unattraktiver sein könnten für die Art von Frau, auf die Sie stehen.

Das mache ich manchmal als kleines Experiment mit Coachingklienten, die sich unattraktiv finden: Wir gehen raus auf die Straße und zählen alle Männer, die sie attraktiver finden als sich selbst, und alle, die sie unattraktiver finden. Beim letzten Mal stand es nach circa 15 Minuten 7:64 – es gab also nur sieben Männer, die der Klient als attraktiver empfand, aber 64, mit denen er sich vorher nie verglichen hatte, weil sie ihm gar nicht aufgefallen waren, da sie unattraktiv waren. Für eine Frau jedoch wären in diesem Moment insgesamt 72 Männer in dieser Straße anwesend, von denen er (nach seiner eigenen Einschätzung und ich empfand es ähnlich) zu den acht attraktivsten gehörte. Dieses

Ergebnis hat seine schlechte Meinung über sich selbst gehörig auf den Kopf gestellt.

Setzen Sie sich kleine Ziele und loben Sie sich dafür, wenn Sie diese erreicht haben. Vielleicht beginnen Sie mit dem Laufen und steigern langsam Zeit und Geschwindigkeit?

Erinnern Sie sich mehrfach täglich bewusst daran, etwas für Ihren inneren Dialog zu tun. In den ersten Wochen ist es hilfreich, sich zum Beispiel per Termineintrag im Handy, mit kleinen Zetteln am Spiegel oder in Schubladen daran zu erinnern. Nutzen Sie zum Beispiel auch die Zeit morgens unter der Dusche dafür, sich ausgiebig gut zu finden – gerade der Morgen macht einen großen Unterschied: Wenn Sie den Morgen mit positiven Gedanken beginnen und sich selbst loben und Mut zusprechen, hat das positiven Einfluss auf den gesamten Tag, denn Sie formen sozusagen Ihre Grundstimmung.

Nach und nach wird sich Ihr bewusster positiver innerer Dialog auch in Ihren unbewussten inneren Dialog einschleichen – es wird Ihnen immer schwerer fallen, in Stress-Situationen den Menschen zu beschimpfen, den Sie sonst immer loben und aufbauen. Es verändert nach und nach auch Ihr Bild von sich selbst – mit interessanten Folgen:

Ihr Selbstbild – also wer und was Sie sind – wird bestimmt von einer großen Sammlung von »Ich-Definitionen«, die in einer kleinen Region Ihres Stirnlappens gespeichert werden. Wenn man Menschen dieses Stück Stirnlappen entfernt, wissen sie tatsächlich nicht mehr, wer und wie sie sind. Diese Sammlung entsteht im Laufe Ihres Lebens durch Erfahrungen und Bewertungen. Die Erfahrungen selbst können Sie nicht ungeschehen machen – haben Ihnen Ihre Eltern vielleicht immer gesagt: »Aus dir wird nie etwas«, dann hat das sicher Spuren hinterlassen. Doch Sie selbst können entscheiden, ob Sie dem entsprechen möchten oder nicht. Sagen Sie sich also zum Beispiel immer wieder: »Ich bin ein Versager«, ist das Teil Ihrer Selbstdefinition und wird damit

Teil Ihrer Persönlichkeit. Sagen Sie sich aber: »Ich bin ein toller Kerl«, wird auch das zu einem Teil Ihrer Selbstdefinition und Ihrer Persönlichkeit.

Treffen Sie nun eine Frau, die Ihnen gefällt, steht alles, was Ihnen gefällt, im Vordergrund. Natürlich wissen Sie, dass diese Frau bestimmt auch irgendwelche Fehler, Makel oder Macken hat – aber das ist in diesem Moment nicht präsent: Sie sehen nur die guten und schönen Dinge ...

Als Nächstes folgt jedoch eine Art »automatische Plausibilitätsprüfung«: Sie vergleichen das Bild der Frau mit Ihrem Bild von sich selbst – also mit Ihrer Selbstdefinition. Und so schlau sind Sie selbst: Welche Frau möchte schon einen Versager kennenlernen?

Es lohnt sich also durchaus, den inneren Dialog und damit die Selbstdefinition zu verbessern – denn ein toller Kerl hat sicherlich deutlich bessere Chancen bei einer tollen Frau als ein selbstdefinierter Vollidiot.

3. Entwickeln Sie eine Meinung

Frauen mögen es überhaupt nicht, wenn ein Mann ihnen nach dem Mund oder gar nicht redet. Viele Männer, die zu mir ins Training oder Coaching kommen, klagen über das Problem, dass sie nicht wüssten, worüber sie mit einer Frau reden sollen. Häufig stellt sich heraus, dass Männer dieses Problem haben weil sie

- in ihrem Leben nicht viel erleben
- sich wenig mit dem Leben um sie herum beschäftigen
- und sich nicht interessieren oder nicht begeistern können für andere

Dieses Buch liefert Ihnen eine Menge Ideen, wie Sie mehr erleben können – eine Meinung bilden müssen Sie sich jedoch selbst.

René zum Beispiel hatte damit ein echtes Thema: Er war ein attraktiver, humorvoller Mann, der durchaus Geschmack hatte. Seine Kleidung und seine Wohnung waren stilvoll, er selbst war meistens gut gelaunt und trotz seiner etwas zurückhaltenden Art kam er bei Frauen erst mal gut an. Lernte man ihn jedoch näher kennen, schien irgendetwas nicht zu stimmen: Er gab keine klare Antwort auf Fragen nach seiner Meinung – egal ob es um Politik, Wirtschaft, Weltgeschehen oder auch nur um ein Restaurant, einen Film oder das Kleid seiner jeweiligen Freundin ging. Bohrte man nach, kam man irgendwann an einen Punkt, an dem sich zeigte, dass René zu den meisten Dingen einfach tatsächlich keine Meinung hatte: Sie waren ihm schlichtweg egal. Er beschäftigte sich nur mit Dingen, die ihn ganz unmittelbar betrafen, alles andere interessierte ihn nicht und er hatte auch keine Meinung dazu. Das wiederum machte es aber für viele Menschen sehr schwer, ihn einzuschätzen, und es gab nicht viele Gesprächsthemen für ihn. Die meisten seiner Beziehungen hielten nicht länger als ein Jahr.

Ganz ähnlich erging es Sven, der sich sehr wohl mit dem beschäftigte, was um ihn herum passierte, aber furchtbare Angst hatte, sich eine eigene Meinung zu bilden und damit irgendwo anzuecken. Sven hatte kaum richtige Freunde, weil er stets nur eine Randerscheinung war: In einer Gruppe ging er unter, weil er kaum etwas sagte. Fragte man ihn direkt etwas, antwortete er sehr vorsichtig, einsilbig und unentschlossen. Er wollte immer erst ganz sicher sein, welche Position sein Gegenüber oder die Gruppe vertrat, um nicht ausgeschlossen zu werden. Er hatte auch beständig Angst, etwas Dummes zu sagen oder vielleicht jemandem zu nahe zu treten. Vielleicht würde man ihn auslachen oder alle könnten plötzlich verstummen und ihn anstarren. Diese und ähnliche Horrorvisionen gingen tatsächlich in seinem Kopf hin und her und lähmten ihn regelrecht.

Das Endergebnis war bei Sven dasselbe wie bei René: Die Menschen um sie herum wussten nicht viel mit ihnen anzufangen. Sie gingen unter, weil sie meist stumm blieben, und man konnte sie nicht einschätzen. Man wusste nicht, wofür sie stehen und wer sie sind. Wenn ein Mann dabei äußerlich sehr attraktiv ist, könnte es sein, dass er Frauen dadurch auffällt und sie ihn im ersten Moment interessant finden, weil sie auf etwas Geheimnisvolles hoffen. Jedoch muss der Inhalt dann halten, was die Verpackung vermuten lässt. Keine Meinung zu haben oder sich an alle Meinungen anzuschließen ist eben leider weder interessant noch geheimnisvoll.

Das genau Gegenteil davon – jedoch nicht weniger problematisch – war Ole: Ole hatte zu allem eine Meinung und er tat sie kund – auch wenn sie unpopulär war. Das Dumme daran war, dass Ole der festen Überzeugung war, seine Meinung sei »die richtige« – und er stritt sich gern deswegen. Wenn jemand etwas erzählte, das er für dumm hielt, knurrte er hörbar: »So ein Schwachsinn!«, und verzog das Gesicht. Er konnte stundenlang diskutieren und es reichte ihm nicht, wenn jemand anders seine Meinung einfach nur akzeptierte – nein, er war erst zufrieden, wenn er das Gefühl hatte, sein Gegenüber überzeugt zu haben. Für ihn war jeder Gesprächspartner offenbar gleichzeitig ein Gesprächsgegner. Er stritt sich auch mit Frauen sehr gern über alle möglichen Themen – selbst über Themen, von denen er selbst als Mann gar nicht betroffen war. Ole hatte durchaus Freunde und einen weit größeren Bekanntenkreis als René und Sven – aber er war auch bekannt als Holzkopf und Dickschädel, und die meisten Frauen fanden ihn unattraktiv, obwohl er gut aussehend, gebildet und auch durchaus humorvoll war. Ole wäre nie auf die Idee gekommen, dass seine Art dafür verantwortlich war, dass sich Frauen so wenig für ihn interessierten – für ihn war es einfach nur »eine klare Meinung haben« und er hätte sich stundenlang darüber gestritten ...

Viele Menschen, die ihre Meinung für sich behalten, haben in der Kindheit schlechte Vorbilder wie Ole gehabt, denen sie auf keinen Fall nacheifern wollten. Vielleicht hatten sie einen rechthaberischen Vater, der häufig angeeckt ist, oder sie haben einfach nie gelernt, eine Meinung zu haben, weil es ihnen nicht vorgelebt oder sogar verboten wurde. Andere Menschen haben einfach Angst davor, die wenigen »Freunde«, die sie haben, zu verlieren, dass sie es so gut es geht vermeiden, in irgendeiner Form negativ aufzufallen – schon gar nicht durch eine eigene Meinung. Schade nur, dass sie dadurch dann meist konturlos und schwer einschätzbar sind. Sie werden zwar nicht abgelehnt, aber es fühlt sich auch niemand zu ihnen hingezogen. Frauen sind davon ebenso betroffen wie Männer.

Falls das auch Ihnen so geht: Bitte beginnen Sie sich zu interessieren, sich eine Meinung zu bilden und diese auch ab und an einzubringen. Sie könnten ja damit anfangen, jemandem recht zu geben … Sie könnten auch andere nach ihrer Meinung zu etwas fragen … Sie könnten … ach, wissen Sie was? Ich kaue Ihnen doch nicht alles vor – schließlich sollen Sie eine eigene Meinung haben! Trauen Sie sich!

4. Machen Sie mehr aus Ihrem Job

Ein Fehler, den Männer im Gespräch mit einer Frau häufig machen, ist, sich an Themen entlangzuhangeln, in denen sie sich sicher und zu Hause fühlen – eines dieser Themen ist der Beruf. Dummerweise jedoch kommt bei Gesprächen über die berufliche Tätigkeit eines Menschen selten romantische oder erotische Stimmung auf. Jobthemen sind häufig Sackgassen auf dem Weg zu einem Flirt, aus denen man nur schwer wieder herauskommt. Das hat zum einen damit zu tun, dass die wenigsten Menschen unglaublich interessante und aufregende Jobs haben, zum anderen aber auch damit, wie und was man dabei über sich erzählt.

Was ist mit Ihrem Job? Ist er spannend, abwechslungsreich, befriedigend? Oder eher nicht? Und selbst wenn er das ist – ist er auch für andere interessant oder versteht man nur Bahnhof, wenn Sie etwas davon erzählen?

Natürlich interessiert sich eine Frau für Ihren Job – er macht schließlich einen Großteil Ihrer Zeit aus. Manche Männer behaupten, die Frau würde immer wissen wollen, was man(n) beruflich macht, um so das Einkommen abschätzen zu können. Zum Glück liegen sie damit meistens falsch:

Bestimmt gibt es immer noch Frauen, die es auf das Geld eines Mannes abgesehen haben. Doch in der Regel greift hier wieder der typische Denkfehler: Natürlich mögen Frauen es gerne, wenn ein Mann sie verwöhnen kann – ich selbst finde das auch toll! Allerdings – und das ist bei fast allen Frauen so – gewinnt bei mir Charakter *immer* gegen Kohle.

Wenn eine Frau Sie nach Ihrem Beruf fragt, dann in der Regel deswegen, um herauszufinden, was Sie für ein Kerl sind:

- Sie will wissen, wofür Sie sich interessieren.
- Sie will wissen, womit Sie sich den ganzen Tag beschäftigen und warum.
- Sie will wissen, auf welchem sozialen Niveau Sie sich bewegen.
- Sie will wissen, ob Sie eher ein Künstler-, ein Sicherheits- oder ein Karriere-Typ sind.
- Sie will einfach wissen, mit wem sie es zu tun hat.

Sie merken es sehr schnell, wenn Sie an eine Ausnahme von dieser Regel geraten!

Es gibt Menschen, die machen einen Job, weil ihnen nichts Besseres einfällt oder sie eben nichts Besseres kriegen und das Geld ja schließlich irgendwoher kommen muss. Das ist in Ordnung – aber mal ehrlich: So richtig toll ist das auch nicht, oder? Natürlich kann nicht jeder Mensch einen supertollen, wahnsinnig aufregenden, irre gut bezahlten Job haben. Aber Sie können selbst aus einem einfachen Job etwas mehr machen. Sie selbst entscheiden, ob Arbeit ein notwendiges Übel, ein Moloch oder eine Strafe ist – oder ob es etwas ist, das Ihr Leben mit Sinn füllt und Ihnen Spaß macht.

Die Stadtreinigung Hamburg hat rund 2.500 Mitarbeiter – und man muss zugeben, dass das nicht so ein toller Job ist: Mülltonnen leeren, Straßen reinigen, Sperrmüll entsorgen und noch einiges mehr, womit eigentlich keiner so richtig was zu tun haben will. Doch immer wieder finde ich gerade bei den Mitarbeitern der Stadtreinigung Männer, die kreativ mit ihrem Job umgehen: Ich kenne zum Beispiel einen Müllwagen in der Stadt, an dem die Mitarbeiter alle weggeworfenen Stofftiere und Kunstblumen, die sie finden, anbringen. Der Wagen ist an jeder Ecke mit Rosen, Tulpen, Bärchen, Hasen, Elefanten und anderem Plüschgetier »geschmückt«, die irgendjemand irgendwann nicht mehr haben wollte. Die Männer auf diesem Wagen haben fast immer gute Laune, sie lachen und scherzen miteinander und winken vorbeifahrenden Autos oder attraktiven Passantinnen zu und haben Spaß bei der Arbeit.

Auch wenn Ihr Job vielleicht nicht besonders »aufregend« ist – Sie können mehr daraus machen, wenn Sie mit Ihren Kollegen und Kolleginnen, mit Menschen auf dem Weg dorthin oder in Ihrer Pause kreativer umgehen.

Ich finde es immer wieder spannend zu sehen, wie unterschiedlich zum Beispiel der Beruf des Supermarktkassierers sein kann: In der Nähe meines Büros ist ein Supermarkt, in dem es neben einigen Kassiererinnen auch zwei männliche Kassierer gibt: Der eine von beiden wirkt stets weinerlich und depressiv. Ich wette, er zählt jeden Tag die Minuten, bis er endlich Feierabend hat, und die Tage, bis er endlich in den Urlaub gehen kann. Wenn die Schlange an einer Kasse zu lang wird und nach ihm gerufen wird, setzt er sich mit einem laut hörbaren Seufzer an seine Kasse und »opfert« sich seinem leidvollen Schicksal, er ist das personifizierte Leiden. Der andere Kassierer hasst seinen Job ebenfalls mindestens genauso – er ist jedoch nicht weinerlich: Er ist mürrisch. Er ist griesgrämig und ich habe ihn in einem ganzen Jahr nur zweimal lächeln sehen – obwohl ich regelrecht einen Sport daraus mache, ihn zum Lächeln zu bringen. Ich glaube, er hasst mich – aber das macht nichts, er hasst alle Kunden. Es ist ein Jammer. Die meisten Kundinnen eines Supermarktes werden nicht darüber nachdenken, sich in den Kassierer zu verlieben – aber selbst wenn: Diese beiden hätten nicht den Hauch einer Chance.

Das genaue Gegenteil sind die Mitarbeiter eines Supermarkts in der Nähe meiner Wohnung: Sie scherzen miteinander, sie lächeln und scherzen auch mit ihren Kunden. Kauft man etwas Besonderes, fragt ein Kassierer sogar schon mal, was man denn damit machen würde, und wünscht guten Appetit – immer wieder ergeben sich kleine Dialoge und ich habe sogar schon mal einem Kassierer ein Rezept mitgebracht. Die Art der Mitarbeiter dort, mit den Kunden etwas persönlicher zu sein, kommt bei vielen Kunden gut an und führt zu einer Wechselwirkung – in diesem Supermarkt ist es einfach normal, dass gelacht, geredet und gescherzt wird. Nur selten sehe ich dort jemanden mit schlechter Laune bei der Arbeit – obwohl die Tätigkeitsbeschreibung in beiden Supermärkten bestimmt gleich oder wenigstens sehr ähnlich ist.

Machen Sie mehr aus Ihrem Job und Sie machen mehr aus Ihrem Leben! Vielleicht verändern Sie stückweise Ihre Art, mit Kunden oder Kollegen umzugehen, und werden ein wenig spielerischer. Vielleicht machen Sie eine Weiterbildung oder eine Qualifizierung, mit der Sie mehr Verantwortung übernehmen können, oder übernehmen Sie ein Ehrenamt wie den betrieblichen Rettungshelfer. Regen Sie ein Firmenfest an oder beteiligen Sie sich an der Organisation einer Weihnachtsfeier. Wenn Sie es schaffen, dass Ihr Job Ihnen mehr Spaß macht, mehr Befriedigung und vielleicht auch noch mehr Anerkennung von anderen verschafft, ist das ein weiterer Schritt zu einem erfüllten, unabhängigen Leben.

Wenn es an Ihrem Arbeitsplatz eine Empfangsdame, eine Sekretärin, Pförtnerin oder irgendetwas in dieser Art gibt, machen Sie doch mal folgendes kleine Experiment: Zum nächsten Feiertag (Ostern, Frühlingsanfang, Sommeranfang, Nikolaus, Weihnachten, Tag der Frau, Valentinstag – was auch immer, der Kalender ist voll von »Feiertagen«) bringen Sie der Dame ein winziges Präsent mit: die ersten Osterglocken, drei Tulpen, eine Tafel Schokolade, ein Päckchen Tee, eine Duftkerze ... irgendeine kleine Aufmerksamkeit im Wert von 2 bis 3 Euro. Sagen Sie ihr ein paar anerkennende Worte oder danken Sie ihr für ihre Aufmerksamkeit oder Freundlichkeit, oder sagen Sie ihr einfach »Ich hab Ihnen was mitgebracht, weil heute Ostern / Sommeranfang / St. Martin etc. ist.«, und überreichen Sie Ihr kleines Geschenk. Dann beobachten Sie, was in den nächsten Tagen und Wochen passiert – Sie werden sich wundern! Das Experiment funktioniert übrigens auch, wenn die betreffende Dame überhaupt nicht in Ihr Beuteschema passt, verheiratet oder zwanzig Jahre älter ist als Sie. Das wäre der erste Schritt, Ihr Arbeitsleben selbst angenehmer zu gestalten.

Viele Menschen, die ernsthaft auf Partnersuche sind, haben auch ein Problem damit, wenn ihr Beruf bei anderen ein Klischee aufruft, das – sagen wir mal – wenig romantisch ist. Dazu gehören Lehrer, Finanzbeamte, Banker, Wirtschaftsprüfer und so weiter. Aber auch die Ingenieure, Naturwissenschaftler und EDV-Spezialisten haben es nicht leicht, stehen ihre Berufe doch im Ruf, eher von »weltfremden Fachidioten« gewählt zu werden. Dann gibt es natürlich noch eine große Anzahl von Berufen, die eben einfach nicht besonders »spannend« klingen: Buchhalter, kaufmännischer Angestellter, Industriemechaniker ... mit anderen Worten: Die Mehrzahl aller Menschen hat keinen wahnsinnig interessanten, spannenden Beruf. Doch wenn wir ehrlich sind: Die Mehrzahl der Produkte auf dem Markt ist auch nicht spannend, aufregend, revolutionär – wird uns aber dennoch genauso schmackhaft gemacht. Es ist eine Frage des Marketings, aus einer Packung Frühstücksflocken ein Abenteuer zu machen ...

Wenn Sie schon von Ihrem Job erzählen müssen, dann machen Sie es wenigstens ein bisschen interessanter, als wären Sie gerade bei einem Vorstellungsgespräch: Nutzen Sie die Magie der Worte. Sie müssen einer Frau nicht erzählen, dass Sie Verwaltungsfachangestellter der Stadtverwaltung im Bereich XY sind, um dann mit ihr über die Vor- und Nachteile einer Verbeamtung und die Hindernisse Ihres Arbeitsalltags zu philosophieren, bis einem von Ihnen das Gesicht einschläft.

Sie könnten auch mit Ihrem Beruf spielen, indem Sie übertreiben oder einen anderen Kontext wählen – Sie könnten zum Beispiel in diesem Fall verschwörerisch lächeln und sagen, Sie arbeiten für eine Organisation der Regierung, die für die öffentliche Ordnung zuständig ist, und Sie haben den Geheimauftrag XY.

Überlegen Sie sich mal, wie die Welt aussähe, wenn es niemanden gäbe, der Ihren Job macht – von welchen Schwierigkeiten würde die Welt geplagt? Wofür sorgen Sie oder wovor bewahren Sie andere? Übertreiben Sie das ein wenig und machen Sie etwas daraus: Ein Fensterputzer sorgt für Durchblick, ein Zahnarzt verhilft uns zu einem schönen Lächeln, ein Statiker sorgt dafür, dass nicht alles zusammenbricht und so weiter. Mit ein bisschen Kreativität und Humor können Sie aus jedem Beruf ein interessantes Gesprächsthema machen.

Suchen Sie zum Beispiel nach Parallelen, die Ihr Job und die Art, wie Sie ihn machen, zu Filmcharakteren, Romanhelden, Comicfiguren, historischen Persönlichkeiten oder Ähnlichem hat, und vergleichen Sie sich damit: »Man könnte sagen, ich bin so etwas wie der Indiana Jones unter den Buchhaltern – nur ohne Hut.« Solche oder ähnliche Sätze bringen eine Frau zum Lachen, machen sie neugierig und wecken das Interesse an dem Mann, der so komische Sachen erzählt.

Wenn Ihnen so was zu Ihrem echten Beruf nicht einfallen möchte, dann können Sie auch einfach einen absurden Beruf erfinden, von dem Sie beim ersten Flirt erzählen. Ein Bekannter von mir, ein Unternehmensberater, hatte keine Lust, sich mit neuen Frauenbekanntschaften über seinen Beruf und all die Klischees zu unterhalten – wenn eine Frau ihn fragte, was er beruflich macht, antwortete er mit gespielter Ernsthaftigkeit: »Ich bin Känguru-Jockey.« Mit einer so absurden Antwort rechnet keine Frau und dementsprechend reagierten die Frauen sehr stark darauf – ganz gleich jedoch, ob eine Frau daraufhin lachte und den Witz verstand oder nicht: Er blieb bei seiner Antwort und gab fachkundige Auskunft über Ausbildung, Chancen, Risiken und Möglichkeiten des Berufs des Känguru-Jockeys. Erst wenn er die Frau wirklich näher kennenlernte, rückte er mit seinem echten Beruf heraus.

In einem Flirt geht es nicht darum, die Lebensgeschichte des anderen zu sezieren. Es geht darum, sich zu amüsieren und zu sehen, ob man sich sympathisch ist – ob man die Art und den Humor des anderen mag. Gerade wenn Ihr Beruf vielleicht mit einem Klischee verknüpft ist, das nicht sehr sympathisch oder spannend ist, können Sie mit einem solchen kleinen Trick zunächst eine Basis für Interesse und Spaß kreieren, die Raum für Ihre Persönlichkeit schafft und Sie nicht nur auf Ihren Job reduziert. Werden Sie Profi-Minigolfer oder Wok-Tuner und erfinden Sie lustige Geschichten darüber.

Es gibt allerdings auch Menschen, die haben das umgekehrte Problem: Die haben einen Job, der so außergewöhnlich und spannend ist, dass er den Rest ihrer Persönlichkeit überdecken kann. Es gibt Menschen, die nehmen das Wort »selbstständig« als »selbst« und »ständig« wahr und ihr Job ist sozusagen ihr Leben. Auch damit dürften Sie es schwer haben. Vielleicht sollte hier gelten: Machen Sie weniger aus Ihrem Job!?

Wenn ich Menschen außerhalb meiner Tätigkeiten kennenlerne, erzähle ich ihnen erst mal nichts über meinen Beruf (wenn es sich vermeiden lässt). Ich bemühe mich meist, erst mal über andere Themen mit den Menschen Kontakt aufzunehmen und mich »als Mensch« mit ihnen zu unterhalten, bevor sie mir alle Klischees, die eine »Flirtexpertin« bei ihnen aufruft, überstülpen. Die meisten sind irgendwann völlig geplättet, wenn sie erfahren, was ich tue oder »mit wem« sie sich da gerade unterhalten.

Ein guter Freund von mir ist ein typischer Fall eines ständigen Selbstständigen: Er hat einen spannenden Job, reist viel und besucht schon von Berufs wegen alle möglichen interessanten Events. Das Problem: Es ist im Grunde immer geschäftlich. Selbst wenn ich mich mit ihm treffe, bin ich manchmal nicht sicher, ob das jetzt privat oder geschäftlich ist. Für mich ist das in Ordnung – doch eine Frau, die ihn attraktiv findet, kann damit leicht ein Problem haben: Dieser Mann arbeitet eigentlich immer. Zwar ist er dabei locker und charmant, witzig und manchmal schon fast verspielt – aber irgendwie ist er immer »im Dienst«. Treffen mit ihm klappen fast nur, wenn er ohnehin »geschäftlich in der Gegend ist«, zu seinen Partys kommen selbstverständlich seine Geschäftskontakte und sein Handy ist nie abgeschaltet.

Wenn Ihnen das bekannt vorkommt, schalten Sie mal einen halben Gang zurück! Natürlich ist es toll, wenn Sie einen tollen Job haben, etwas aufbauen oder erfolgreicher Unternehmer sind – aber machen Sie sich klar, dass eine Frau sich auch fragt, wo da Zeit für sie wäre ... Wenn Sie bisher nur kurze Affären hatten, doch eigentlich nach einer dauerhaften Partnerin suchen, dann überlegen Sie mal, ob diese Partnerin überhaupt Platz finden würde in Ihrem Leben. Wenn Sie das Planen nicht lassen können: Räumen Sie sich für die Suche nach ihr ein zeitliches Budget ein, wie Sie es auch für andere wichtige Projekte tun würden.

5. Nutzen Sie Ihre Freizeit zum Leben

Der letzte, aber überaus wichtige Bereich, in dem Sie etwas für ein reiches und zufriedenes Leben tun können, ist Ihre Freizeit. Es geht nicht darum, sich jetzt ein Hobby zu suchen, mit dem man Frauen beeindrucken kann, sondern seine Freizeit so zu verbringen, dass man ein schönes und erfülltes Leben führt und ganz nebenbei auch noch was zu erzählen hat, wenn man Frauen kennenlernt.

Viele Menschen tappen in eine gemeine Falle: Wenn sie ins Berufsleben eintreten oder aus beruflichen Gründen sogar in eine andere Stadt ziehen und einen neuen Job anfangen, konzentrieren sie sich zunächst sehr stark auf ihren Beruf und ihre Karriere. Irgendwann merken sie, dass ihnen etwas fehlt, aber der Tagesablauf ist so eingespielt, dass man nur schwer wieder aus diesem Hamsterrad herausfindet. Während man noch glaubt, dass man sich nur an die neue Situation gewöhnen und erst mal den Job gut machen möchte, gehen unbemerkt fünf oder sogar mehr Jahre ins Land und das eigene Sozialleben beschränkt sich auf die Gespräche mit den Stammgästen der Kneipe an der Ecke.

Ich kenne auch Fälle, wo das bereits im Studium schon passierte – bitte machen Sie auf keinen Fall diesen Fehler, falls Sie noch studieren! Versuchen Sie nicht, Ihr Studium in kürzester Zeit mit bestmöglichen Ergebnissen zu beenden, wenn das zu Lasten Ihrer sozialen Kontakte geht: Gerade das Studium ist eine Zeit, wo sich soziale Netzwerke ausbilden und Freundschaften entstehen, die die Basis für Ihr späteres soziales Leben bilden können. Versäumen Sie nicht, sich einen Bekanntenkreis aufzubauen – es wird immer schwieriger, je älter wir werden, weil sich unser Sozialverhalten unseren Lebensumständen anpasst. Ich habe immer wieder Klienten, die zwischen dreißig und vierzig sind, mit glänzenden Studienabschlüssen, zum Teil sogar promoviert – und schrecklich einsam, weil sie an der Uni nur studiert und nie gefeiert haben. Während ihre Kommilitonen an der

Uni auch den Umgang mit Frauen lernten, Freundinnen hatten, irgendwann geheiratet und Familien gegründet haben, haben sie studiert und geforscht – und dabei etwas verpasst, was sie jetzt nicht mehr nachholen können. Die Leute, die sie von früher kennen, haben Frau und Kinder und sind nur selten bereit, um die Häuser zu ziehen, und bei Einladungen ist man das fünfte Rad am Wagen, weil man der einzige Single unter lauter Paaren ist.

Viele Menschen haben eine hervorragende Ausrede für ihr verkümmertes Sozialleben: »Wenn ich abends von der Arbeit komme, dann bin ich so fertig, dass ich mich nur noch auf die Couch legen und fernsehen möchte.« Ich nenne das eine Ausrede, weil ich weiß, dass dieses Gefühl ein einstudierter Automatismus ist. Der menschliche Organismus ist viel leistungsfähiger, als wir oft glauben. Natürlich gibt es Tage, da brummt der Kopf und man kann die Augen kaum offen halten auf der Heimfahrt. Wenn das jedoch ein tägliches Phänomen ist, sollten Sie dringend einen Arzt aufsuchen, denn es ist ein Zeichen dafür, dass Sie krank sind. Bei einem gesunden Menschen ist Mattigkeit nur eine Folge falscher Prioritäten, die ich bei einigen meiner Klienten immer wieder finde:

Sie kommen abends oder am Nachmittag von der Arbeit nach Hause und weil es so still ist in der Wohnung, schalten sie den Fernseher und / oder den Computer an. Sie machen sich irgendwann etwas zu essen und essen, während sie fernsehen. Wahlweise sitzen sie dann den Rest des Abends vor dem Computer oder liegen auf dem Sofa vor dem Fernseher. Die Zeit vor dem Computer verfliegt und vor dem Fernseher schläft man vielleicht sogar irgendwann ein, wacht aber mitten in der Nacht oft sehr geschlaucht auf. Bei vielen Tätigkeiten am Computer wird Adrenalin ausgeschüttet, was für schlechten Schlaf sorgt. Mehr als eine Stunde Fernsehen kann eine Art Mikrodepression auslösen und führt zu einer regelrechten seelischen Lähmung. Beides, Fernsehen und Computer, sorgen also dafür, dass sie eine schlechte

Nacht haben und am Morgen nicht erholt sind. Zerknittert und leicht übernächtigt machen sie sich auf den Weg zur Arbeit, wo sie erst mal zwei Stunden und einige Tassen Kaffee brauchen, um einigermaßen auf Touren zu kommen. Weil sie morgens noch nicht besonders viel erledigt haben (oder ihr Job so öde ist), wird es am Nachmittag dann stressig (oder sie langweilen sich innerlich halb zu Tode, bis der Zeiger endlich in Richtung Feierabend geht). Übermüdet, schlaff und abgekämpft machen sie sich auf den Heimweg, wo sie es gerade noch zum Sofa schaffen und dasselbe Spiel von vorne losgeht.

Kommt Ihnen das bekannt vor? Falls ja, ist das einer der Gründe, warum Sie Single sind. Ich nenne das ein Passivleben. Sie werden sozusagen gelebt. Ihr Leben ist fremdbestimmt durch Ihren Job und den Fernseher oder den Computer. Bei manchen Menschen übernimmt außerdem ein Elternteil gern noch einen Teil des Restlebens – stundenlange Telefonate mit Ihrer Mutter, in denen eigentlich kaum etwas wirklich gesagt wird. Herzlichen Glückwunsch.

Haben Sie mal den Film »Matrix« gesehen? Die Hauptfigur Neo erkennt in diesem Film, dass die Körper aller Menschen – bis auf wenige Ausnahmen – von intelligenten Maschinen in riesigen Zuchtanlagen als Energiequelle gehalten werden. Ihre Gehirne sind an eine komplexe Computersimulation, die Matrix, angeschlossen, die ihnen ein echtes Leben vorgaukelt.

Mal ehrlich: Wenn ich das Leben mancher Menschen betrachte, sehe ich kaum einen Unterschied zur Matrix: Sie gehen zur Arbeit, machen irgendeinen Job, sie gehen nach Hause, essen irgendetwas, sehen sich irgendeinen Mist im Fernsehen an, der nichts mit ihnen selbst zu tun hat, oder chatten in Foren mit irgendwelchen Menschen, die sie in Wirklichkeit gar nicht kennen über Dinge, die eigentlich nicht wichtig sind, oder andere Leute, die sie eigentlich auch nicht kennen – und das nennen sie dann »Leben«.

Im Film »Matrix« trifft Neo auf Morpheus, der einer der Überlebenden in der realen Welt ist. Dieser bietet ihm zwei Möglichkeiten in Form von Kapseln an: Wenn er die blaue Kapsel wählt, glaubt er, was immer er glauben möchte – bei der roten Kapsel erfährt er die Wahrheit. Nun, die blaue Kapsel ist sicher die bequemere – Neo entscheidet sich dennoch für die rote, die unbequeme Lösung, um sein Leben selbst zu leben. Wie steht es mit Ihnen?

Es dauert nur wenige Tage, den Weg in ein echtes, aktives Leben zu finden. Sie müssen dafür keine Kapsel schlucken – doch Sie sollten bereit sein, ein paar Gewohnheiten zu ändern:

Ein Experiment, das ich fast allen Klienten vorschlage, die sich sehr stark nach einer Partnerschaft sehnen, ist, ihren Fernseher für eine Weile auf den Dachboden oder in den Keller zu verbannen. Viele Menschen lassen sich davon verführen, sich durch das Fernsehen informieren oder unterhalten zu lassen – doch bevor sie sich versehen, wird der Fernseher zum Zeiträuber und Isolator, denn plötzlich fehlt uns der Antrieb, das Haus noch zu verlassen, zum Sport zu gehen oder Freunde und Bekannte anzurufen. Ist kein Fernseher da, kommen wir gar nicht erst in Versuchung. Falls Sie einen Computer besitzen und dort viel Zeit verbringen: Stellen Sie sich einen Wecker und nehmen Sie sich vor, wirklich nur eine begrenzte Zeit am Computer zu sitzen – oder die Kiste nur an bestimmten Tagen einzuschalten. Abonnieren Sie stattdessen eine Zeitung oder ein Stadtmagazin und kaufen Sie sich einen kleinen Taschenkalender, den Sie immer bei sich führen. In diesen Taschenkalender tragen Sie alle Veranstaltungen ein, die interessant für Sie klingen: Konzerte, Schnuppertanzkurse, Stadtfeste, Ausstellungen, Kinostarts, Filmfestivals, Partys und so weiter. Wenn Sie unterwegs irgendwo ein Plakat sehen oder einen Flyer bekommen, können Sie auch diesen Termin direkt in Ihren privaten Veranstaltungskalender eintragen. Sie können sich dann ab sofort jeden Sonntag überlegen, was Sie in der kommenden Woche unternehmen möchten. Besuchen Sie manche Veranstaltungen ruhig allein und lernen Sie dort neue Menschen kennen. Zu anderen Veranstaltungen können Sie sich mit neuen und alten Bekannten oder vielleicht sogar zu einem »Blind Date« verabreden.

Diese Methode hat meinem Freund Steffen einmal aus einer Depression herausgeholfen: Er war wegen eines Burn-Out mehrere Wochen in einer Klinik und danach noch lange in Behandlung. Seine Depressionen kamen in Schüben und manchmal fühlte er sich über Tage und Wochen so schlecht, dass er kaum das Haus verlassen mochte. Auf meinen Vorschlag hin begann er, sich Hilfe bei seinen Freunden zu suchen, indem er sich mit ihnen zu allerlei Veranstaltungen verabredete, die im Stadtmagazin angekündigt waren. Die Verabredungen sorgten dafür, dass er auch wirklich dorthin ging, weil ja jemand auf ihn wartete. In wenigen Wochen verbesserte sich sein Zustand zusehends. Er gewöhnte sich an, einmal pro Woche zu einem Treffen in einer buddhistischen Gemeinde zu gehen, wo er Ruhe und Entspannung, aber auch neue Freunde fand, mit denen er wiederum auch etwas unternehmen konnte, und er fand zurück in ein abwechslungsreiches, aktives Leben.

Eine weitere Möglichkeit, in seiner Freizeit für ein reiches und erfülltes Leben zu sorgen, ist ein »sinnvolles« Hobby. Manche Menschen nutzen ihre Freizeit für Kino, Fernsehen, Lesen und Freundetreffen – dagegen ist grundsätzlich nichts einzuwenden. Wenn Sie jedoch Ihre Lebensqualität steigern möchten, ist es sinnvoll, sich in Ihrer Freizeit etwas zu suchen, das Sie mit Befriedigung, Stolz oder Freude erfüllt. Sehr clever wäre es natürlich, wenn es etwas wäre, bei dem Sie auch gleich Frauen kennenlernen können. Es könnte etwas Sportliches sein oder ein Ehrenamt. Sie könnten sich für etwas engagieren oder eine neue Sprache oder ein Musikinstrument lernen. Sie könnten sich etwas suchen, das Ihnen hilft, eine Fähigkeit zu erlangen, wie Tanzen, Kochen, Singen oder Ähnliches. Die Erlangung und Verbesserung neuer

Fähigkeiten führt bei allen Menschen unweigerlich zur Steigerung des Selbstvertrauens und damit zu höherer Lebensqualität. Es könnte auch etwas sein, das zum Beispiel Ihr Körperbewusstsein verstärkt:

Darauf brachte mich Sören in einem Flirttraining, ein engagierter Teilnehmer, der sehr bestrebt war, etwas an seinem Leben zu ändern. Er war etwa Mitte zwanzig und wollte nicht mehr schüchtern sein. Er wollte endlich Frauen kennenlernen und eine Freundin haben. Mit eisernem Willen und großem Mut ging er durch alle Übungen und Experimente des Trainings. Er kümmerte sich nicht mehr darum, wie gut er es denn machen würde, sondern sprach einfach alle Frauen an, die ihm in diesen beiden Tagen über den Weg liefen, und tatsächlich verlor er dadurch komplett seine Scheu und seine Ängste. Dennoch sah ich ihn einige Monate später zu einem »Auffrischtraining« wieder: Er hatte viele Frauen angesprochen und seine Ansprache immer weiter verbessert und er hatte viele Dates gehabt – aber er hatte fast nie ein zweites Date und aus keinem dieser Dates war irgendetwas geworden. Was ich bei Sörens erstem Training für Nervosität gehalten hatte, war trotz »geistiger Lockerheit« geblieben und machte seine Wirkung auf Frauen immer wieder zunichte: Er war absolut »unkörperlich«. Es wirkte, als würde sich bei ihm alles nur im Kopf abspielen, er war stocksteif, hatte kaum Körpersprache und auch keine Körperspannung und selbst seine Stimme klang, als hätte sie Mühe, aus ihm herauszukommen. Wenn er ging, erinnerte er ein bisschen an eine Marionette – sein Körper machte den Eindruck, als würde er nur existieren, um seinen Kopf umherzutragen. Er war sich seines Körpers so wenig bewusst, dass er keine dieser Erklärungen verstand – ich fragte ihn daraufhin, wann er das letzte Mal nackt vor dem Spiegel gestanden und sich betrachtet hätte. Daraufhin schaute er mich völlig verständnislos an. So etwas habe er überhaupt noch nie getan – wofür solle das auch gut sein?

Wenn es Ihnen jetzt ähnlich geht wie Sören: Tun Sie etwas für Ihren Körper! Sie werden nie attraktiv auf eine Frau wirken, wenn Sie keinen Körper haben. Lernen Sie, etwas mit Ihrem Körper anzufangen, so dass Sie ihn spüren und benutzen lernen.

Yoga oder Qigong sind sehr geeignet dafür (und nebenbei werden solche Kurse überwiegend von Frauen besucht), aber auch Kampfsport, Laufen oder Tanzen. Ein guter Freund von mir hat sehr gute Erfahrung mit Boxen gemacht: Er erzählte mir, das Training sei so intensiv, dass man am nächsten Tag Muskelkater an Stellen habe, von denen man noch nicht mal wusste, dass sie am bzw. im eigenen Körper existieren, und nebenbei hat es auch sein Selbstvertrauen immens gestärkt. Im Kapitel »Wie Mann Frauen kennenlernt« finden Sie weitere zahlreiche Möglichkeiten, was Sie Sinnvolles mit Ihrer Freizeit anstellen und wie Sie dabei gleichzeitig Frauen kennenlernen können.

All das sind Beispiele und Möglichkeiten, mehr aus Ihrem Leben zu machen und mehr aus sich selbst zu machen. Mit jeder kleinen Veränderung, die Sie beschließen, können Sie Ihre Lebensqualität steigern und Sie werden unabhängiger vom Urteil einer einzelnen Frau. Sie werden spüren, dass Sie sich besser fühlen, sich mehr zutrauen und plötzlich auch von Frauen anders wahrgenommen werden.

Selbst Männer mit gut entwickeltem Selbstvertrauen können hier noch viel für sich tun und dadurch ihre Lebensqualität und ihren Erfolg – nicht nur bei Frauen – steigern.

Bereits nach wenigen Wochen werden Sie spüren, wie viel mehr Spaß Ihr Leben Ihnen machen kann, und damit sind Sie bestens gerüstet, um die Frauen kennenzulernen, die zu Ihnen passen.

Machen Sie sich ein paar Notizen und einen »Plan« für die nächsten drei Jahre, die nächsten drei Monate und die nächsten drei Wochen, damit Sie aktiv werden und es nicht bei Lippenbekenntnissen bleibt.

Auf einer Fortbildung ließ ein Trainer mich und die Gruppe einmal eine »Löffel-Liste« machen: »30 Dinge, die du tun oder haben möchtest, bevor du den Löffel abgibst«. Das war äußerst spannend und motivierend.

Machen Sie doch auch mal für sich eine solche »Löffel-Liste«! Ihr Leben kann ein großartiges sein und Sie werden ganz automatisch zufriedener mit sich selbst sein – und attraktiv für Frauen.

7. SCHRITT: DAS HANDWERKSZEUG

Die Schlüssel zur Frau und wie Mann sie nutzt

Viel effektiver als alle Verführungstaktiken dieser Welt ist es, die Schlüssel zu kennen, mit denen Sie Frauen und ihre Bedürfnisse verstehen werden. »Schlüssel« sind Fähigkeiten, die Ihnen im wahrsten Sinn des Wortes Türen öffnen werden. Je nachdem wie Sie diese Fähigkeiten entwickeln und einsetzen, können Sie damit die Tür zum Herzen oder aber auch zum Schlafzimmer einer Frau öffnen. Diese Schlüssel machen den Unterschied, ob Sie wirklich nachhaltig erfolgreich und begehrt sind bei Frauen oder nicht. Diese Schlüssel sind ebenfalls die Grundlagen für eine Partnerschaft, in der Ihre Partnerin sich verstanden, begehrt und geliebt fühlt. Mit anderen Worten: Wenn Sie die Fähigkeiten entwickeln und anwenden, nach denen diese Schlüssel funktionieren, werden Sie die Frauen überhaupt nicht mehr loswerden …

🗝 Schlüssel Nummer 1: Romantik

Die Fähigkeit, romantische Situationen und Gefühle zu erschaffen, ist einer der machtvollsten Schlüssel zum Erfolg bei Frauen.

Es gibt Männer, die glauben, sie könnten sich mit einem Schulterzucken und Aussagen wie »Ich bin eben kein romantischer Typ« oder »Gefühlsduseleien sind nicht mein Ding« einfach aus der Affäre ziehen. Dummerweise nützt das aber nichts. Sie können ja schlecht Ihrer nächsten »Eroberung« einfach sagen, dass Sie mit Romantik nix am Hut haben, aber sonst ein toller Kerl sind, und die Fronten sind ein für alle Mal geklärt ... Jede Frau hat ein gewisses Verlangen nach Romantik in ihrer Beziehung – es gehört irgendwie einfach dazu und es lässt sich vielleicht unterdrücken und sogar verleugnen, aber das Verlangen selbst bleibt.

Vielleicht gehören Sie ja zu den Glückspilzen, die eine Frau kennenlernen, die nicht auf »so romantischen Quatsch« steht. Vielleicht glauben Sie, unter einem besonders glücklichen Stern geboren zu sein. Dennoch wird Ihnen irgendwann auffallen, dass selbst eine solche Frau in manchen Situationen plötzlich »irgendwie komisch« reagiert – obwohl Sie doch mit ihr vereinbart hatten, sich nichts zu schenken, oder es völlig logisch ist, dass Sie beide vor allem heiraten sollten, um Steuern zu sparen ...

Romantik hat nicht zwangsläufig etwas mit Kerzen, roten Rosen oder solchen Klischees zu tun. Romantik ist mehr ein Gefühl – eine Stimmung, die bei einer Frau ausgelöst wird und ihr Herz berührt. Romantik ist die Fähigkeit einer Sache oder eines Ereignisses, eine Frau mit Liebe, Zuneigung, Wärme und Sehnsucht zu erfüllen.

In einer Frau romantische Gefühle auszulösen bedeutet, sich selbst zum Objekt ihrer Sehnsüchte und ihres Verlangens zu machen. Oder um es in »klare Männersprache« zu übersetzen:

 Wenn Sie lernen, bei einer Frau romantische Gefühle auszulösen, wird die Frau scharf auf Sie.

Es ist also durchaus sinnvoll, in der Lage zu sein, etwas Romantik an den Tag zu legen.

Bei Frauen ist die Sehnsucht nach Romantik tatsächlich unterschiedlich ausgeprägt – aber auch die geradlinigste, sachlichste

Frau, die Sie kennen, braucht etwas Romantik für die Liebe. Die meisten Frauen erlernen schon als Mädchen mit ihren Freundinnen soziale Interaktion im Spiel und setzen mehr Fantasie ein als Jungs: Während viele Jungs die PlayStation quälen, Räuber- und Indianerspiele spielen oder sich gegenseitig beim Fußball oder in anderen Wettbewerben beweisen, wer der Stärkere ist, spielen Mädchen »Mutter, Vater, Kind« oder »Teeparty bei Barbie«, lesen Bücher über Freundschaft und Liebe oder lassen ihrer Fantasie beim Malen freien Lauf. Es sind überwiegend Frauen, die sich all diese romantischen Komödien mit Schmalzfaktor anschauen: »Notting Hill«, »Pretty Woman« oder »Schlaflos in Seattle«. Es sind vorwiegend Frauen, die nahezu täglich die Schicksale und amourösen Verwicklungen der Figuren aus »Unter uns«, »Marienhof« oder anderen Soaps verfolgen. Millionenfach verkaufen sich die Bücher von Rosamunde Pilcher, und die Fernsehfilme dazu sind die größten Quotenerfolge des öffentlich-rechtlichen Fernsehens.

Natürlich hinterlässt all das Spuren, weckt Wünsche und Sehnsüchte: Jede Frau wünscht sich heimlich, wenigstens einmal im Leben »die Prinzessin«, die eine, ganz Besondere zu sein, auf Händen getragen zu werden – selbst ein Teil einer der romantischen Geschichten zu sein, von denen sie ihr ganzes Leben lang umgeben wird.

Frauen sind in der heutigen Welt nicht mehr auf Männer angewiesen. Sie brauchen weder einen Retter noch einen Ernährer oder gar Beschützer. Nüchtern betrachtet wäre für viele Frauen die Welt deutlich einfacher, wenn es Männer gar nicht gäbe, und viele Frauen erwecken auch genau diesen Eindruck. Doch es gibt nach wie vor eine Sache, die eine Frau sich nicht selbst geben kann: das Gefühl, ein schönes, begehrenswertes, reizvolles Wesen zu sein.

Frauen brauchen Männer, um sich weiblich fühlen zu können. Jede Frau hegt in sich die streng geheime Hoffnung, dass ihr

7. SCHRITT: DAS HANDWERKSZEUG

doch noch eines Tages der Traumprinz über den Weg läuft (oder reitet) und sie zu seiner Prinzessin macht.

Da im realen Leben allerdings Welten liegen zwischen dieser heimlichen Fantasie und den Männern, die eine Frau normalerweise kennenlernt, entwickeln Frauen im Laufe ihres Lebens eine Art Schutzwall aus Skepsis, Misstrauen und Sarkasmus. Ich habe Dutzende dieser Frauen kennengelernt: tough, hart, selbstbewusst, ironisch, zynisch, stark ... und alle mit einem butterweichen, zarten, mädchenrosa Kern – und einem riesigen Problem:

Eben weil sie so stark und selbstbewusst wirken, interessieren sich fast ausschließlich »schwache« Männer für sie. Immer wieder finden sie nur Bewunderer, die sich so gern an eine so starke Frau kuscheln und sich hinter ihr verstecken möchten. Männer mit wenig Selbstbewusstsein, Männer mit psychischen Problemen oder einfach »Waschlappen«, die einen Mutterersatz suchen. Das wiederum frustriert diese Frauen noch mehr und macht sie noch härter. »Wo sind sie denn – die angeblich starken Männer?«, werde ich oft gefragt. Ich antworte dann lächelnd: »Die sind bei den Frauen, die Schwäche zeigen können und den Mann wissen lassen, dass sie gern beschützt, geliebt und wie eine Frau behandelt werden wollen ...« Diese Antwort wirkt auf die meisten Frauen wie eine kalte Dusche.

Doch nach dem ersten Schock müssen all diese Frauen zugeben, dass es nicht nur für Männer, sondern grundsätzlich für jeden Menschen schwer ist, ein Bedürfnis zu erkennen, wenn es nicht gezeigt wird. Ich kann nicht erwarten, dass mir jemand ein Glas Wasser bringt, wenn ich nicht sage, dass ich durstig bin!

Trauen Sie sich also, Romantik an den Tag zu legen, selbst wenn Sie vielleicht anfangs einen Widerstand spüren – der wird sich schnell legen. Geben Sie einer Frau durch Worte, Gesten und Taten zu verstehen, dass sie in Ihren Augen etwas Besonderes ist, und Sie werden erfolgreich sein. Genau das ist es, was diese Männer beherrschen, die Sie vielleicht bisher als »Aufreißer«

oder »Dummschwätzer« bezeichnet haben: Auch die toughesten Frauen können damit zu verliebten, begeisterungsfähigen Mädchen werden, die Sie mit großen Augen anstrahlen.

Immer wieder regen sich Kursteilnehmer und Klienten bei mir auf, dass sie einen Kollegen oder Kumpel haben, der sie nervt, weil er jede Frau »anbaggert« und die auch noch auf ihn »reinfallen«, obwohl er nur »dummes Zeug« erzählt. Die Herren sollten sich dieses »dumme Zeug« lieber mal genauer anhören und überlegen, warum es offenbar funktioniert!

Wenn ein Mann eine Frau abends in der Kneipe anschaut, sich ans Herz fasst und sagt: »Ich glaube, ich habe mich gerade verliebt«, dann wird die Frau ihn natürlich nicht ernst nehmen. Aber sie wird vermutlich schmunzeln. Und ganz tief in ihr sagt eine kleine, ganz leise Stimme: »Wäre es nicht schön, wenn das wirklich passieren würde? Los! Red mit dem Typen!« Hat dieser Mann genug Arsch in der Hose, den ersten Anflug von Abwehr, Misstrauen und Zynismus der Frau zu überstehen, und verbleibt in seiner Rolle als liebeskranker Wolf im Schafspelz, hat er so gut wie gewonnen.

Fast alle Frauen haben trotz ihres angestauten Misstrauens eine Sehnsucht danach, Protagonistin in einer romantischen Geschichte zu sein. Wenn Sie es schaffen, beim Gespräch mit einer Frau eine romantische Geschichte zu erzählen, in der die weibliche Hauptrolle noch offen ist, wird die Frau automatisch sich selbst in dieser Rolle sehen und den Wunsch verspüren, in dieser Geschichte mitzuspielen.

Genau das ist der Grund für den Erfolg von romantischen Liebesballaden – die meisten erfolgreichen Lieder auf dem Markt sind Liebeslieder und sie verkaufen sich deshalb so gut, weil die Hörerin sich hineinträumt in die Vorstellung, das Lied habe mit ihr zu tun.

Vermutlich sind Sie nicht zufällig ein besonders begabter Musiker oder Komponist, vielleicht behaupten Sie sogar von

7. SCHRITT: DAS HANDWERKSZEUG

sich, überhaupt nicht besonders fantasievoll zu sein. Das macht nichts – Sie können dennoch romantische Gefühle bei einer Frau erzeugen.

Sie können aus der Sehnsucht, die bisher eher zu Bedürftigkeit und Hilflosigkeit geführt hat, die perfekte Basis für Romantik machen, wenn Sie lernen, Ihre Wunschvorstellung bildhaft in eine schöne Geschichte zu verpacken. Wenn Sie sich mit einer Frau unterhalten, könnten Sie zum Beispiel über Länder und Orte sprechen, die Sie bereist haben oder noch bereisen möchten oder darüber, wie man sich das Leben ganz allgemein in zehn, zwanzig oder fünfzig Jahren vorstellt – und bei beiden großen Themen – »Reise« und »Zukunft« – streuen Sie jeweils ein, wie schön das mit einer Partnerin wäre:

Wenn Sie zum Beispiel unbedingt (noch) mal in die Toskana fahren möchten, dann beschreiben Sie möglichst bildhaft und gern recht ausführlich die Schönheit der Landschaft, das gute Essen und den tollen Wein und schließen Sie die Beschreibung damit, dass Sie mit einer Partnerin dorthin fahren möchten, um etwa mit ihr gemeinsam bei einem Picknick den toskanischen Wein und den Sonnenuntergang zu genießen – nur so wäre die Toskana wirklich perfekt.

Sie müssen dazu nicht unbedingt in die Toskana fahren wollen, das funktioniert mit etwas Nachdenken und Abwandlung mit jedem Ort der Welt: mit dem Ausblick vom Primrose Hill auf London, einem Iglu in Grönland, einer sternenklaren Nacht in der Namib-Wüste oder einem aufregenden Trip durch Hongkong oder New York – selbst mit einer Hütte im Harz ist das möglich! Beschreiben Sie einfach etwas, das zu zweit schöner ist und mehr Spaß macht. Genauso funktioniert es mit Ihrer Vision des Lebens in der Zukunft – schließen Sie Ihre Beschreibung immer mit einer Vision von Zweisamkeit mit »der Richtigen«. Beschreiben Sie all die schönen Dinge, die man tun und erleben könnte. Und lassen Sie die weibliche Hauptrolle unbesetzt.

Wichtig dabei ist, dass Sie sich nicht einfach irgendetwas ausdenken, von dem Sie glauben, dass die Frau es gern hören würde, sondern dass Sie wirklich überlegen, was Sie sich vorstellen könnten und was für Sie selbst wirklich schön wäre. Denn zum einen sind Frauen nicht dumm, die meisten merken durchaus, wenn Sie ihr nur irgendeine Schmalzgeschichte erzählen, um sie ins Bett zu kriegen. Zum anderen wird diese Unterhaltung automatisch der erste Test für die Frau, mit der Sie sich gerade unterhalten: Ein Bekannter von mir hat zum Beispiel ein Faible für ungewöhnliche Reiseziele – er hat tatsächlich bereits mehrfach Grönland bereist und liebt die Extreme und die nordischen Länder. Wenn er einer Frau davon erzählen würde, würde er also auch dort seinen ganz eigenen Romantikfaktor finden. Wenn die Frau jedoch nur mit Kopfschütteln und einem »Wie kann man denn so was gut finden?« reagiert, weiß er im Grunde schon, dass diese Dame wohl nicht seine Traumfrau sein wird. Bekommt sie jedoch große Augen und zeigt Neugier oder sogar Begeisterung, kann er kaum noch etwas falsch machen ...

Für die meisten Frauen beginnt der Gedanke an Sex mit dem Gedanken an romantische Situationen. Was das bedeutet, erklärt sich zum Beispiel durch das Thema »typische Vorlieben« etwas klischeehaft, aber dafür umso schlüssiger: Wie wir bereits wissen, sind die meisten Fans von romantischen Komödien, Liebesfilmen und Schnulzenserien weiblich. In den meisten dieser Filme und Serien geht es zu mindestens 95 Prozent um Beziehungen und Kommunikation und zu maximal 5 Prozent um Sex: Es wird sehr lange eingeleitet, wer mit wem wann und warum intim wird und was daraufhin passiert.

Die meisten Fans von Pornofilmen dagegen sind männlich – also brauche ich Ihnen als männlichem Leser wahrscheinlich nicht zu erklären, wie das prozentuale Verhältnis von Beziehung und Kommunikation zu Sex in der Handlung eines Pornofilms ist, oder?

Während Männer meist eher auf ein stunden- oder sogar wochenlanges romantisches »Vorspiel« verzichten könnten und am liebsten möglichst bald »zur Sache« kommen würden, gehört genau dieses Vorspiel für eine Frau unabdingbar dazu. Wenn Sie an einer Frau nur sexuelles Interesse haben und möglichst schnell zum Zug kommen möchten, können Sie natürlich auf die Vorspultaste drücken – ein paar Komplimente und die vier anderen Schlüssel können Sie auch auf direktem Weg zum Ziel bringen. Haben Sie es jedoch auch auf das Herz einer Frau abgesehen, ist es langfristig sinnvoller, ein wenig mehr romantische Gefühle in ihr zu wecken.

Sie können Romantik in Ihre Unterhaltung einbringen, indem Sie etwa eine romantische Geschichte erzählen, aber Sie können sie auch durch Gesten oder eine bestimmte Wortwahl ausdrücken. Viele Frauen finden Männer interessant, die »ein wenig altmodisch« sind – wenn sie dabei authentisch sind: Es war nur eine kleine Geste, aber ich kann mich noch genau daran erinnern, wie mich ein (damals noch fremder) Mann einmal sehr damit beeindruckt hat, dass er mir bei einem kurzen Spaziergang in einer Gruppe von Freunden und Bekannten seinen Arm anbot, damit ich mich bei ihm einhaken konnte. Es war eine seltsam unmoderne, aber charmante Geste, die das schöne altmodische Wort »galant« verdiente und mit der dieser Mann sich von den anderen unterschied.

Romantik bzw. romantische Gefühle auszulösen lässt eine Frau an Sie denken, wenn Sie gerade nicht da sind. Es wird ihre Fantasie anregen und lässt sie ihren eigenen »Liebesfilm« im Kopf erschaffen. Eine Frau wird Ihre Aufmerksamkeit und Ihre Gesellschaft suchen, weil Sie sie an etwas erinnern, das sie sich wünscht.

Die meisten Frauen in einer Partnerschaft würden einiges dafür geben, nur um einmal zu erleben, dass ihr Partner nach Hause kommt und verkündet: »Schatz, ich hab Theaterkarten für uns gekauft!« Das klingt eigentlich gar nicht so schwierig, und dennoch kommt es fast nie vor. Wenn Sie also eine Frau beeindrucken möchten, denken Sie sich etwas aus, von dem Sie wissen, dass es ihr gefallen könnte, und überraschen Sie sie damit:

Wenn Sie ein Date an einem schönen Sommertag haben, treffen Sie sie am vereinbarten Ort und überraschen sie vielleicht mit einem kleinen Picknick im benachbarten Park. Oder Sie sagen ihr lediglich, wie sie gekleidet sein soll (sportlich, festlich, elegant, leger) und holen sie zu einer Überraschung ab – die aus einem Konzert, einem Bootsausflug, einem Spaziergang in besonders schöner Umgebung oder einer besonderen Veranstaltung bestehen könnte. Frauen träumen heimlich von einem Mann, der sich so etwas für sie ausdenkt oder sie einfach an der Hand nimmt und sagt: »Komm, lass uns was Verrücktes tun!«

Setzen Sie Romantik jedoch wohldosiert ein: Wenn Ihre romantische Ader sich in den ersten drei Wochen mit einer Frau in Form von Einladungen, Überraschungen, Geschenken und Gesten über sie ergießt, kann das dazu führen, dass die Frau sich eher überfordert fühlt und misstrauisch wird – oder aber auch erwartet, dass das jetzt immer so weitergeht.

Ein Bekannter brachte seiner Frau als Zeichen seiner Liebe jeden Freitag eine rote Rose mit. Irgendwann einmal war er jedoch auf einer Dienstreise und hatte keine Gelegenheit, die Rose zu besorgen. Sie sagte ihm, das sei doch nicht so schlimm – die Hauptsache wäre, dass er wieder zu Hause sei. Am Freitag darauf gab es dann wieder eine Rose. In der Folgewoche blieb die Rose aus irgendeinem anderen Grund aus – aber das sei doch nicht so schlimm, sagte sie. Der Rhythmus wurde unregelmäßig. Mal gab es eine Rose, dann wieder nicht … Irgendwann blieb die Rose über viele Wochen aus. Zufällig war ich dabei, als die beiden aus irgendeinem Grund einen Streit hatten, und was glauben Sie, was sie ihm irgendwann auf dem Höhepunkt der Auseinandersetzung entgegenschleuderte? »Und du hast mir auch seit Monaten keine Rose mehr geschenkt!«

Sehen Sie romantische Aktionen also eher als Gewürz und verwenden Sie es akzentuiert. Wichtig ist jedoch, dass Sie bei allem, was Sie tun, bei allem, worüber Sie mit einer Frau sprechen, stets das Ziel verfolgen, bei ihr romantische Gefühle auszulösen, denn dann wird die Frau hinter *Ihnen* her sein.

🗝 Schlüssel Nummer 2: Aufmerksamkeit

Aufmerksamkeit ist die zweite wichtige Fähigkeit, die auch für das Romantischsein sehr wertvoll ist: So wie wir Frauen selbst auf viele kleine Details achten, wissen wir es zu schätzen, wenn ein Mann aufmerksam ist.

Zum einen können Sie sich schon vom ersten Augenblick eines Zusammentreffens mit einer Frau positiv von anderen Männern unterscheiden, wenn Sie nicht nur das bemerken, was für jeden offensichtlich ist, sondern auch ein Auge für die kleinen Details haben, die bei einer Frau in aller Regel kein Zufall sind. Ein kleines Schmuckstück oder sonst ein Detail an ihrem Äußeren – es gibt einen Grund dafür und eine Geschichte dahinter. Seien Sie aufmerksam für kleine Details und fragen Sie nach der Geschichte.

Frauen reagieren sehr positiv darauf, wenn sie von einem Mann angesprochen werden, als ob das völlig normal wäre, und besonders, wenn sie erkennen, dass der Mann aufmerksam ist und etwas bemerkt, was sonst vielen Männern entgeht, weil sie kein Auge für Details oder Zusammenhänge haben.

Wenn Sie zum Beispiel in einem Supermarkt unterwegs sind, halten Sie einfach mal die Augen offen und achten Sie auf Details und Zusammenhänge. Sie können zum Beispiel am Einkauf einer Frau sehen, ob sie Single ist, ob sie viel arbeitet, wie gesundheitsbewusst oder verwöhnt sie ist und ob sie kochen kann. (Nehmen Sie sich vor Frauen in Acht, die in ihrem Einkaufswagen nur Mineralwasser, Selleriestangen, Magerjoghurt und Knäckebrot spazieren fahren!) Damit ist es dann schon fast ein Kinderspiel, die Frau anzusprechen:

Hat sie sechs Flaschen Wein und mehrere Tüten Knabberzeug im Wagen liegen, fragen Sie doch ruhig mal im Scherz, wann Sie vorbeikommen sollen. Wenn es aussieht, als kaufe sie für einen Kochabend ein, sagen Sie ihr, es sähe aus, als könne sie gut kochen, und fragen Sie nach einem Tipp. Hat sie mehrere verschiedene Joghurts im Wagen, fragen Sie, welches ihre Lieblingssorte ist und warum.

Das ist eine sehr gute Übung auch als Vorbereitung für das aktive Flirten: Trainieren Sie Ihre Aufmerksamkeit und üben Sie, Frauen ganz ungezwungen auf den Inhalt ihres Einkaufswagens oder andere Äußerlichkeiten anzusprechen, ohne dass Sie gleich in einen Flirt einsteigen – werden Sie aufmerksam: Schauen Sie sich die Menschen in Ihrer Umgebung genauer an. Vielleicht fahren Sie morgens mit öffentlichen Verkehrsmitteln zur Arbeit? Betrachten Sie Ihre Mitfahrer – sind das immer andere oder immer wieder dieselben? Sind diese Menschen vermutlich in einer Beziehung oder vielleicht ebenfalls Single? Welchen Beruf könnten Sie ausüben? Wenn Sie mit dem Auto unterwegs sind, achten Sie an Ampeln auf die anderen Autofahrer und Passanten. Ganz gleich, wo Sie sind: Beginnen Sie damit, Ihre Aufmerksamkeit zu schulen. Aufmerksamkeit ist die Grundvoraussetzung, wenn es um die Möglichkeit für einen Flirt geht, denn ohne Aufmerksamkeit bekommen Sie gar nicht mit, wenn es eine Gelegenheit gäbe. Und niemand – schon gar keine Frau – kommt auf die Idee, einen Mann anzuflirten, der gar nicht richtig da zu sein scheint. Das würde sicher auch irgendwie albern wirken ... »He, Sie! Ja genau, der Mann, der die ganze Zeit auf den Fußboden starrt! Schauen Sie mal kurz her – ich lächle Sie an!« Nein – das wäre wirklich albern.

Aufmerksam zu sein bedeutet auch, mitzudenken: Bemerken Sie, wenn das Glas Ihrer Begleiterin leer ist, und fragen Sie, ob sie noch etwas trinken möchte, bevor es der Kellner tut. So geben Sie ihr das Gefühl, dass sie Ihnen wichtig ist und Sie um ihr Wohlbefinden bemüht sind. Achten Sie auf solche vermeintlichen Kleinigkeiten und Sie werden einen großen Effekt feststellen.

Die Fähigkeit zur Aufmerksamkeit hat noch einen weiteren Vorteil, der für Sie sehr effektiv sein kann: Viele Männer berichten mir, dass sie immer unsicher seien, worüber sie reden sollen bei einem Flirt oder einem Date. Oft ist ihnen nicht klar, was die Frau hören möchte und worüber sie überhaupt reden will. Das alles lässt sich völlig vermeiden, wenn Sie ein aufmerksamer Zuhörer sein können. Die meisten Männer, die ich kennengelernt habe, denken, dass sie die Frau beeindrucken können, wenn sie ihr erzählen können, wie toll sie sind: was sie alles können, wen sie kennen, was sie haben und machen. Das meiste davon langweilt eine Frau und sie hört aus Höflichkeit zu. Wenn Sie eine Frau wirklich beeindrucken möchten, dann müssen Sie sie spüren lassen, wie toll Sie sie finden, ohne dass Sie sie in Komplimenten ertränken. Der Schlüssel ist Ihre Aufmerksamkeit: Bringen Sie sie zum Reden und hören Sie ihr aufmerksam zu. Machen Sie etwas, das man »aktives Zuhören« nennt: Wiederholen Sie ab und an inhaltlich das, was die Frau gesagt hat, und hängen Sie eine Frage oder ein »Ich verstehe« oder Ähnliches an und lenken Sie das Gespräch durch Vergleiche mit Ihnen und Ihrem Leben, wo es Ihnen ganz ähnlich geht, in eine romantische Richtung.

Das kann auch eine Rettung sein, wenn das Gespräch in wenig flirtförderliche Bereiche abgleitet: Wenn die Frau Ihnen also zum Beispiel erzählt, wie gestresst sie zur Zeit von ihrem Job ist und wie sehr ihre Kollegin sie nervt – was überhaupt nicht romantisch ist –, hören Sie mit aufmerksamem, verständnisvollem Gesichtsausdruck zu und wiederholen Sie: »Ich verstehe, dass du so gestresst bist, wenn deine Kollegin dich so nervt. Für mich ist es auch immer sehr wichtig, einen Ausgleich zu finden, weil ich sonst irgendwann völlig neben der Spur bin.« Mit etwas Glück wird sie die Möglichkeit »Ausgleich« aufgreifen und das Thema wechseln. Reden Sie mit ihr über schöne Dinge und bringen Sie sie durch solche Bemerkungen oder Fragen dazu, selbst über schöne Dinge zu sprechen!

Hören Sie auf Schlüsselwörter und fragen Sie nach! Genau das gibt einer Frau das Gefühl, dass Sie sich wirklich für sie interessieren, und lässt ein lebendiges Gespräch entstehen: Wenn eine Frau Ihnen erzählt, dass sie zum Ausgleich oft schwimmen geht, könnten Sie ihr erzählen, was Sie zu diesem Zweck tun. Sie könnten sie fragen, wo sie schwimmen geht, und sich Tipps geben lassen. Sie könnten ihr auch erzählen, wie Sie schwimmen gelernt haben (wenn es eine nette Geschichte dazu gibt), oder über Schwimmsport im Allgemeinen reden, über Synchronschwimmen witzeln oder ihr sogar vorschlagen, mal gemeinsam schwimmen zu gehen.

Ein Mann zeigt sich auch dadurch als aufmerksamer Zuhörer, dass er sich gewisse Dinge merkt. Achten Sie bei einer Frau mal darauf: Eine Frau sendet in einem Gespräch zahlreiche Botschaften, was ihr wichtig ist und warum. Vieles von dem, was sie erzählt, kann auch eine Grundlage für eine romantische Überraschung sein und Sie vor »Pannen« bewahren. Versuchen Sie sich zu merken, welche Musik sie besonders mag, was sie gern isst oder ob sie irgendwelche Allergien hat. Wäre doch schade, wenn Sie sie mit Champagner und Erdbeeren verführen wollen und sie eine Erdbeerallergie hat und keinen Alkohol trinkt. Doch ernten Sie 1.000 Pluspunkte, wenn Sie aufmerksam genug waren, sich zu merken, was sie erwähnt hat, und es bei Gelegenheit wieder zur Sprache bringen. In meinem Kalender habe ich mir eine Seite am Ende nur dafür reserviert, mir immer wieder Notizen zu machen, wenn ich im Gespräch mit Freunden, Kollegen oder meinem Mann etwas höre, was der jeweilige Mensch sich ganz besonders wünscht oder was er (oder sie) ganz besonders gern mag. So bin ich an Geburtstagen immer fein raus, denn ich muss nicht fragen: Ich weiß, dass Luisa sich über fast jedes Kleidungsstück freut, wenn es grün ist, dass Christa Orchideen liebt und welche Schriftsteller Beate gern mag. Es scheint manchmal so, als könnte ich die Gedanken und geheimsten Wünsche meiner Mitmenschen erraten, dabei bin ich nur eine aufmerksame Zuhörerin, die sich ab und an auch heimlich mal was notiert … kleiner Aufwand – große Wirkung!

Mit so viel Aufmerksamkeit wird Ihnen in Zukunft auch nicht mehr entgehen, dass die Frauen, mit denen Sie bisher vielleicht nur befreundet oder sogar einfach nur bekannt waren, Sie vielleicht gern mal einer anderen Singlefrau vorstellen – und da können Sie ja dann doch noch punkten …

🗝 Schlüssel Nummer 3: Sicherheit

Das mit der Romantik und der Aufmerksamkeit schaffen die meisten Männer auf Anhieb, wenn sie einmal dafür sensibilisiert sind. Viele Männer, die bei Frauen als »gute Freunde« gelten, haben diese Fähigkeiten durchaus – aber sie irritieren die Frauen, weil ihnen zum Beispiel die Sicherheit fehlt. Sie trauen sich nicht, auch mal die Führung zu übernehmen, weil sie sich nicht sicher sind, ob die Frau das möchte oder wie weit sie denn wohl gehen dürfen.

Vergessen Sie nicht: Frauen sind Männern gegenüber von Natur aus misstrauisch. Wenn Sie auf eine Frau zugehen, sind Sie im ersten Moment einfach nur »irgend so ein Kerl« – was passiert, wenn Sie dabei total unsicher sind? Die Frau wird denken, dass irgendwas mit Ihnen nicht stimmt. Frauen haben von Natur aus allen Grund, Männern gegenüber misstrauisch zu sein – nach wie vor sind Sie als Mann für eine Frau auch eine Gefahr.

Sie sind derjenige, der es schaffen muss, eine Atmosphäre von Sicherheit zu verbreiten. Sie müssen der Frau durch Ihre Art und

Ihr Auftreten zeigen, dass sie nichts zu befürchten hat. Frauen haben einen Instinkt, sich zu schützen, den ihnen die Gleichberechtigung bisher nicht abgewöhnt hat. Das liegt schon allein daran, dass die meisten Männer den meisten Frauen nach wie vor körperlich überlegen sind und eine Frau befürchten kann, von einem Mann verletzt oder vergewaltigt zu werden. Ein fremder Mann ist immer zunächst auch eine potenzielle Gefahr – und sei es nur die Gefahr, von ihm zu Tode gelangweilt zu werden. Außerdem sehnen sich Frauen grundsätzlich nach emotionaler Sicherheit: Will »dieser Kerl« sie nur anmachen oder mag er sie wirklich? Viele Frauen haben im Laufe ihres Lebens immer wieder schlechte Erfahrungen mit Männern gemacht – und Sie sind ein Mann. Solange die Frau Sie also noch nicht besser kennt, hat sie keinen Grund, nett zu Ihnen zu sein. Sie wird Ihnen gegenüber zurückhaltend sein, bis sie besser einschätzen kann, was für ein Mann Sie sind und wofür Sie stehen.

Machen Sie auch nicht den Fehler, die Frau ausdrücklich darauf hinzuweisen, dass Sie keine Gefahr darstellen oder sie nicht misstrauisch sein muss. Sie wird sich automatisch fragen: Wieso sagt er mir das? Wie kommt er jetzt darauf? Stellen Sie sich mal vor, vor Ihrer Tür stünde ein Versicherungsvertreter und das Erste, was er Ihnen erzählt, ist: »Ich bin ein ganz seriöser Berater, bei mir brauchen Sie sich wirklich überhaupt keine Sorgen zu machen, dass ich Sie übers Ohr haue.« Da sollten alle Alarmglocken schrillen!

Bei allem, was Sie mit einer Frau anstellen – egal ob Sie sie einfach nur ansprechen, ob Sie sie zu einem Überraschungsdate »entführen« wollen oder ihr einen Heiratsantrag machen –, wird das entscheidende Element immer sein, ob Sie so wirken, als ob Sie wüssten, was Sie da tun. Es kommt darauf an, dass Sie eine Frau durch Ihr Verhalten davon überzeugen können, dass sie bei Ihnen sicher ist und Sie es gut mit ihr meinen. Sie können die verrücktesten Dinge tun oder vorschlagen – die Frau wird Spaß haben und Sie mögen, wenn Sie ihr das Gefühl vermitteln können, dass sie sicher ist dabei.

Souveränität und Gelassenheit sind es, die in vielen Situationen dafür sorgen können, dass eine Frau sich sicherer fühlt. Wenn Sie selbst vor Angst zittern, weil Sie eine gut aussehende Frau ansprechen wollen – wie soll sich dann die Frau fühlen? Wenn Sie dagegen Souveränität und Gelassenheit ausstrahlen, wirken Sie automatisch doppelt so attraktiv. Welche Wirkung das auf Frauen hat, habe ich selbst schon oft genug erlebt. Besonders beeindruckend war der Auftritt eines britischen Musikers vor Jahren in einem Pub, in dem ich mit einer Freundin unterwegs war, um all diesen gestelzten, künstlich schönen Menschen aus der Werbebranche in irgendwelchen Bars oder In-Clubs zu entfliehen. Dort hatte ich einen meiner lustigsten Abende: Die Band musste aufhören zu spielen, weil die Sängerin sich versehentlich verletzt hatte – doch der Laden war voller feierwütiger Menschen, die Live-Musik hören wollten. Da es in Hamburg von Musikern nur so wimmelt, fanden sich schnell ein paar Leute, die Gitarre spielen und singen konnten und sich mit der Band musikalisch in den bekannten englischen und irischen Partysongs zurechtfanden. Die Stimmung wurde daraufhin sehr ausgelassen und wir tanzten. Ich bemerkte einen Mann auf der Bühne, der bestimmt 15 Jahre älter und zudem vermutlich auch noch deutlich kleiner war als ich. Aber er hatte etwas in seinem Blick, was mich neugierig machte. Er wirkte so selbstsicher und gelassen, obwohl er noch nie mit der Band gespielt hatte, und er schien einfach Spaß zu haben. Irgendwann bemerkte ich, dass er immer wieder Blickkontakt mit mir aufnahm, bis er irgendwann direkt auf mich zuging. Als er vor mir stand, stellte sich heraus, dass er tatsächlich fast 10 Zentimeter kleiner war als ich in meinen Stiefeln, doch das störte ihn nicht im Geringsten: Er sah mich an, lächelte – nein, er grinste schon fast unverschämt – und fragte einfach: »You wanna dance?«

Ich war so beeindruckt von seiner Lässigkeit, dass ich unbedingt mit ihm tanzen wollte. Sein Auftreten war so durch und durch selbstsicher und souverän, dass es einfach nur sexy war. Alters- und Größenunterschied machten dabei überhaupt nichts.

Frauen lieben es, mit einem Mann zusammen zu sein, der ihnen das Gefühl von Sicherheit gepaart mit einer gewissen Leichtigkeit vermittelt – dann lassen sie sich auch auf Abenteuer ein. Strahlt der Mann Sicherheit aus, kann eine Frau sich fallen lassen – sie kann sich ihren Fantasien hingeben und ihrer Neugier folgen. Sicherheit zu geben bedeutet, dass das, was Sie aufbauen – zum Beispiel wenn Sie eine romantische Atmosphäre schaffen wollen –, eine starke Realität ist: Sie sind überzeugt von sich und der Idee, dass diese Frau mit Ihnen Spaß haben kann, auch davon, dass das, was Sie vorhaben, gut ist – auch für diese Frau. Sie sagen, was Sie zu sagen haben, und lassen keinen Zweifel daran, dass Sie das Beste sind, was dieser Frau gerade begegnen kann. Reagiert eine Frau darauf mit Misstrauen, denken Sie einfach daran, dass sie das nur aus der Angst heraus macht, sie könnte schlechte Erfahrungen mit Ihnen machen. Erzählen Sie ihr etwas, das romantische Gefühle auslöst, und bleiben Sie entspannt. Solange Sie selbst souverän sind und der Frau zeigen, dass Sie wissen, was Sie tun, wird sie sich ebenfalls schnell entspannen und Sie kennenlernen wollen.

🗝 Schlüssel Nummer 4: Fantasie und Initiative

Frauen fahren regelrecht ab auf fantasievolle und kreative Männer, auch wenn sie nicht reich, berühmt oder schön sind. Künstler, die etwas erschaffen – ganz gleich, welche Art von Kunst oder Schaffen es ist: Fast alle Frauen finden es unglaublich sexy, wenn ein Mann kreativ ist (wahrscheinlich kommt es auch deshalb bei vielen Frauen so gut an, wenn ein Mann gut kochen kann).

7. SCHRITT: DAS HANDWERKSZEUG

Die Fantasie an sich ist jedoch nicht viel wert, wenn sie nicht mit Initiative verbunden ist. Initiative bedeutet, dass Sie aus sich selbst heraus tätig werden, dass Sie sich selbst etwas einfallen lassen und aktiv sind.

Initiative gepaart mit etwas Fantasie ist genau das, was nach Aussage der meisten Frauen, die ich kenne, den meisten Männern fehlt. Meist liegt es jedoch nicht daran, dass den Männern diese Eigenschaften grundsätzlich fehlen würden, sondern eher daran, dass viele Frauen gar nicht so wirken, als ob sie diese Eigenschaften tatsächlich zu schätzen wüssten. Mir scheint es manchmal, als würden wir in einer Gesellschaft leben, wo jeder sich bemüht, möglichst cool und souverän zu wirken, doch in Wahrheit nur damit beschäftigt ist, seine Angst, sich zu blamieren, zu überdecken.

Kennen Sie den Begriff »Realitätsgestaltung«? Sie gestalten Realität – ständig. Meistens jedoch machen Sie das sehr unbewusst, indem Sie zum Beispiel denken, Sie gehen »auf Nummer sicher«, weil Sie in bestimmten Situationen passiv bleiben – weil Sie nichts tun oder nichts sagen oder weil Ihnen schlichtweg die Fantasie fehlt.

Ein guter Freund von mir ist ein sehr begabter Künstler und in seiner Realität wird Kunst einfach nicht genug geschätzt. Er behauptet, es sei (für ihn) im Grund unmöglich, mit seinen Fähigkeiten Geld zu verdienen. Schon allein mit dieser Behauptung gestaltet er Realität und ganz unbewusst gestaltet er noch viel mehr: Er geht zum Beispiel sehr häufig nicht ans Telefon, wenn er gerade keinen Anruf erwartet oder wenn er die Nummer nicht kennt. Interessenten rufen jedoch häufig nur ein einziges Mal an – es sei denn, sie sind schon so begeistert, dass es ihnen egal ist, wenn sie ignoriert werden. Aus Angst, dass potenzielle neue Kunden seine Werke nicht mögen, hakt er nie nach, wenn er Arbeitsproben irgendwohin schickt – was er ohnehin nur selten tut. Trifft er dann durch Zufall doch mal einen potenziellen Kunden, ist er so zurückhaltend, dass so mancher Kunde den Eindruck gewinnt, er wolle gar nicht für ihn arbeiten: Er erzählt Geschichten, die den Kunden eher verwirren, kann seinen Preis nicht nennen und kommt nicht zum Punkt. Natürlich macht er all das nicht bewusst – er selbst denkt, er geht »auf Nummer sicher«, indem er versucht, bestimmte Situationen, die ihm unangenehm sind, zu vermeiden.

Kennen Sie so etwas? Herzlichen Glückwunsch – Sie gestalten Realität. Nur dummerweise nicht die, die Sie gern hätten, sondern meist das Gegenteil davon. Doch Sie können Realität auch aktiv und positiv gestalten. Das muss in Ihrem eigenen Kopf beginnen: Fangen Sie zum Beispiel damit an, dass Sie aufhören, etwas vermeiden zu wollen – wenn Sie immer wieder an das denken, was Sie nicht wollen, lenkt das Ihre Gedanken in die falsche Richtung, nämlich dahin, wo Sie nicht hin möchten. Beginnen Sie also, sich vorzustellen, was Sie erreichen möchten, und verhalten Sie sich so, wie Sie sich verhalten müssen, damit sich die Wahrscheinlichkeit, das zu erreichen, erhöht. Allein diese Umlenkung Ihrer Gedanken sorgt für eine andere Realität und gibt Ihnen die Möglichkeit zur Initiative. Lassen Sie sich nicht beirren – fokussieren Sie Ihr Ziel, nicht die Schwierigkeiten.

Stellen Sie sich mal folgende Situation vor: Es geht um ein Date mit einer Frau – das erste Treffen lief gut und jetzt möchten Sie sich mit der Frau zum Abendessen verabreden.

Variante 1: Die Strategie der Vermeidung

Sie rufen bei ihr an, aber auch nach dem fünften Klingeln geht niemand ran – bevor die Mailbox anspringt, legen Sie auf, denn Sie wollen nicht stören. Zehn Minuten später rufen Sie wieder an, denn Sie wollen vermeiden, dass sie denkt, Sie würden sich nicht melden oder seien zu feige, auf die Mailbox zu sprechen. Diesmal geht die Frau ans Telefon, klingt aber ein wenig gestresst. Sie entschuldigen sich mehrfach und fragen, ob es denn jetzt überhaupt passe oder ob Sie später noch mal anrufen sollten, denn Sie wollten ja vermeiden, sie zu nerven. Doch, es passt schon – also legen Sie los, dass Sie beide sich ja am Donnerstag vielleicht treffen wollten. Erfreut sagt Ihnen Ihre Herzdame, dass sie am Donnerstag Zeit habe. Da Sie nicht aufdringlich sein wollen, fragen Sie die Frau, ob und wenn ja, was Sie beide denn unternehmen wollen – sie schlägt vor, vielleicht nett essen zu gehen. Da Sie die Frau nicht bevormunden möchten, fragen Sie sie, wohin sie denn gehen möchte. Nach einer kurzen Denkpause schlägt die Frau Ihnen ein Restaurant vor, das sie kennt, und da sie es ja schon kennt, kann sie doch auch gleich einen Tisch reservieren. Sie treffen sich also am Donnerstagabend in diesem Restaurant. Sie kommen ein paar Minuten später, weil Sie es doch nicht gleich gefunden haben und ohnehin nicht zu früh dort sein wollen, weil das immer so doof aussieht. Als Sie dort ankommen, ist Ihre Verabredung schon da – hat aber noch nicht bestellt. Sie entschuldigen sich für Ihre Verspätung und setzen sich. Der Kellner bringt die Karte und fragt, ob Sie einen Aperitif wünschen. Sie sehen Ihre Begleiterin an, um herauszufinden, ob sie möchte. Sie schüttelt den Kopf, lieber nicht – Alkohol auf nüchternen Magen will sie nicht, sie hat heute noch nicht viel gegessen. Sie bestellen also keinen Aperitif – für Sie natürlich auch nicht, es soll ja nicht aussehen, als wären Sie Alkoholiker. Die Frau fragt Sie, was Sie bestellen werden, Sie sagen: »Keine Ahnung, was nimmst du denn?«, weil Sie nicht zugeben möchten, dass Sie die Karte noch gar nicht so genau studiert haben, weil Sie heimlich Ihre Begleitung betrachtet haben. Der Kellner kommt und fragt nach den Bestellungen – Sie schauen in die Karte, während Ihr Date sich entscheidet. Sie sagen: »Wissen Sie was, das nehme ich auch«, weil Sie nicht noch länger suchen möchten. Der Kellner fragt nach Wein, Sie schauen wieder Ihre Begleiterin an, diese sagt ja zu einem Glas – also bestellen Sie zwei Glas Wein. So richtig romantisch will es nicht werden – auch wenn das Essen und die Themen grundsätzlich gut sind. Es scheint, als suche die Frau nach Schwachstellen bei Ihnen, wenn sie etwas sagt, dann meist etwas Spitzfindiges, aber Sie verteidigen sich bestmöglich und schaffen es, Ihr Gesicht zu wahren. Nach dem Essen fragt der Kellner, ob Sie noch einen Wunsch haben. Sie fragen Ihre Begleiterin – diese lehnt dankend ab, also fragt der Kellner, ob er die Rechnung bringen soll, was sie bejaht. Er fragt »zusammen oder getrennt« – Sie schauen sich an, denn Sie warten auf ein Signal von ihr – sie sagt: »Getrennt.«

Wie hoch schätzen Sie Ihre Chancen auf ein weiteres Date mit dieser Frau ein?

Dass das nicht so klasse war, wissen Sie selbst. Wollen Sie es genau wissen? Ihre Chancen liegen – je nach Geduld und Verzweiflungsgrad der Frau (auch Frauen sind von Einsamkeit betroffen und verabreden sich deshalb mehrfach mit Fröschen, um zu sehen, ob da nicht doch ein Prinz drinsteckt) – bei circa 10 Prozent.

Sie hätten in dieser Variante etwa zwanzig grobe Fehler gemacht, die Sie meilenweit von einem weiteren Date oder gar Sex mit der betreffenden Dame entfernen. Die ersten massiven Fehler haben Sie bereits gemacht, noch bevor das Date überhaupt begonnen hatte.

Ein wirklich gelungenes Date bedeutet Arbeit – eine Vorbereitung, von der eine Frau selbstverständlich nichts mitbekommen darf. Das genau ist der Zauber: Es muss leicht aussehen – so wie bei Zirkusartisten, die sich scheinbar mühelos und schwerelos verbiegen, springen, zu schweben scheinen.

Ich sehe einige Männer gerade in Gedanken trotzig die Arme verschränken und sagen: »Wieso immer wir? Wieso all der Terz? Warum muss ich mich denn zum Horst machen und hier so aufpassen? Was soll der Scheiß?« Nun, darauf habe ich eine ganz einfache Antwort:

Das ist Ihr Beitrag, der nötig ist für einen Zauber. Das ist Fantasie und Initiative und damit der Schlüssel zu einer Frau. Das, lieber Mann, ist im wahrsten Sinne des Wortes: Werbung! Eine Firma, die ein Produkt anzubieten hat, schaltet Werbung – und in der Werbung starrt auch kein Firmenchef im durchgeschwitzten Hemd mit verschränkten Armen in die Kamera und sagt: »Kauf das jetzt!« So was gab es vielleicht in der DDR, wie eine Kursteilnehmerin einmal treffend bemerkte – aber Sie sind nicht der »VEB Mann« und die Frauen sind nicht die DDR!

Auch Frauen machen sich viele Gedanken um ein Date und auch, wenn die meisten davon für Männer albern erscheinen und eigentlich völlig irrelevant sind, sollten Sie das anerkennen.

Wenn Sie sich eine tolle, glückliche Frau an Ihrer Seite wünschen, dann lernen Sie, wie man eine tolle Frau glücklich macht. Sie können ab sofort damit aufhören, Frauen hinterherzulaufen – das bringt nämlich sowieso nichts. Das hier ist das, was Frauen sich wünschen, und wenn Sie das anbieten können, werden die Frauen *Ihnen* hinterherlaufen. Wäre das nicht wunderbar?

Ich habe noch eine zweite Variante in petto nach dem Schema der positiven Realitätsgestaltung mit etwas mehr Fantasie und Initiative. Ich habe diesen Abschnitt zwölf unterschiedlichen Singlefrauen zwischen 20 und 45 zu lesen gegeben und alle bekamen mindestens feuchte Augen. Es handelt sich also nicht um meine Privatphantasie ... leider – möchte ich fast sagen.

Variante 2: Die Strategie der Initiative

Sie denken vorher nach, was ein guter Zeitpunkt wäre, die Frau anzurufen, oder schreiben ihr zum Beispiel eine SMS: »Wie geht es dir? Wollen wir kurz telefonieren?«, um einen möglichst günstigen Zeitpunkt zu erwischen. Sie gehen davon aus, dass es bei Donnerstag bleibt, denn Sie haben ja schon eine tolle Idee und freuen sich auf das Treffen, so dass Ihre Gesprächspartnerin vermutlich Ja sagen wird. »Prima«, sagen Sie und schlagen ein nettes Abendessen vor. Sie nennen ihr zwei verschiedene Küchen – beispielsweise italienisch oder persisch – und lassen die Frau wählen, denn Sie haben bereits im Vorwege nach zwei romantischen Restaurants mit guter Küche Ausschau gehalten. Wenn die Frau sich nicht entscheiden kann oder will, tun Sie es – aber Sie teilen Ihre Entscheidung nicht mit, denn dann wird sie sich überraschen lassen müssen. Sie fragen die Frau, wann Sie sie abholen dürfen – wenn sie sagt, das sei nicht nötig, sagen Sie ihr mit einem Schmunzeln, dass Sie das wissen, und fragen Sie erneut.

Sie holen Ihre Verabredung fünf Minuten *nach* der vereinbarten Zeit zu Hause oder wo auch immer ab. Sollten Sie sich aus organisatorischen Gründen doch erst im Restaurant treffen, sind Sie fünf Minuten *vor* der verabredeten Zeit da: Eine Frau fünf Minuten später von zu Hause abzuholen gibt ihr noch etwas Zeit und erhöht ihre Vorfreude. Sie fünf Minuten im Restaurant warten zu lassen ist unhöflich und respektlos.

Holen Sie sie zu Hause ab, fahren Sie wahlweise die schöne Strecke und nicht die schnelle. Sagen Sie ihr das ruhig, damit sie nicht irritiert ist, falls sie das Ziel und den schnellsten Weg dahin kennt (das wird ihr außerdem zeigen, dass Sie sich Gedanken darum machen, dass es schön ist). Vielleicht machen Sie auch einen Spaziergang oder kennen auf dem Weg noch eine kleine Bar, in der sie einen Aperitif nehmen – natürlich nehmen Sie einen! Vermutlich wird sie mit ihrem leeren Magen argumentieren, Sie zwinkern ihr zu und sagen ihr, wenn sie schon den ganzen Tag vor lauter Aufregung nichts gegessen habe, dann könne sie sich doch jetzt genauso gut auch schon mal einen antrinken – das entspanne ungemein. Das findet sie vermutlich frech und wird entsprechend reagieren. Sagen Sie ihr, frech wäre gewesen, ihr zu unterstellen, dass sie den ganzen Tag nichts gegessen habe, um Sie heute Abend im Restaurant arm zu machen. Damit ist auch schon geklärt, wer später bezahlt.

Sie überzeugen sie also von einem Aperitif – vor dem Restaurantbesuch oder eben im Restaurant. Schlagen Sie ihr vielleicht sogar etwas vor – einen Martini oder einen Prosecco mit Aperol, aber machen Sie maximal zwei Angebote und sagen Sie direkt, was Sie trinken werden.

Wirft die Frau Ihnen bereits jetzt vor, Sie wollten sie wohl betrunken machen, dann lächeln Sie einfach und wenn Sie mutig sind, bejahen Sie das sogar. Bitte Vorsicht: Wenn eine Frau Ihnen sagt, dass sie grundsätzlich keinen Alkohol trinkt, dann akzeptieren Sie das natürlich, fragen Sie aber ruhig nach den Gründen. Einer Bekannten von mir schmeckt es zum Beispiel einfach nicht, eine andere Bekannte war mal Alkoholikerin. Genauso sollten Sie ihr keinen Alkohol aufdrängen, wenn Sie nicht trinken – Sie müssen sie aber auch nicht davon abhalten.

Wenn Sie im Restaurant ankommen, helfen Sie Ihrer Begleiterin aus der Jacke und lassen sie den Stuhl wählen, auf dem sie sitzen möchte. Sie haben vielleicht schon vorher die Karte im Internet einmal angeschaut und wissen, was auf Sie zukommt, oder Sie fragen einfach den Kellner, was er empfehlen kann – in jedem Fall entscheiden Sie sich selbst, was Sie essen möchten. Sie fragen die Frau, was sie essen möchte, und bestellen anschließend für Sie beide. Sie fragen auch, ob Sie ein Glas Wein trinken möchte, und bestellen bei übereinstimmenden Wünschen eine Flasche passenden Wein.

Während Sie darauf warten, machen Sie der Frau ein Kompliment und sagen ihr, wie sehr Sie sich auf diesen Abend mit ihr gefreut haben. Wenn das Essen kommt, sagen Sie ihr nach ein paar Bissen, dass sie Ihr Essen unbedingt probieren muss, und reichen ihr Ihre Gabel mit einer Kostprobe dessen, was Ihnen am besten schmeckt – natürlich wollen Sie auch was von ihr probieren …

Wenn sie Ihnen zwischendurch doch mal spitzfindig oder sogar angriffslustig erscheinen sollte, behandeln Sie das wie ein Spiel und schmunzeln darüber. Sie wissen, dass das nur kleine Tests sind. Sie beantworten daher auch nicht jede Frage – schließlich ist das kein Verhör (oder doch?) und necken sie damit, dass sie so neugierig ist. Dann nutzen Sie Ihre neue Fähigkeit, romantische Gefühle zu wecken und schauen Ihr oft und lange in die Augen.

Anschließend verführen Sie sie zu einem Dessert – benutzen Sie das Wort »verführen«, denn Worte sind Magie! Wenn das Essen (zu) reichlich gewesen sein sollte, könnten Sie sich auch eines teilen oder Sie verführen sie wenigstens zu einem Kaffee oder einem Digestif und einem anschließenden Verdauungsspaziergang, bei dem Sie vielleicht »zufällig« an einer netten Bar oder etwas Ähnlichem vorbeikommen, wo Sie noch einen Drink nehmen.

Sollte sich doch wegen des Bezahlens im Restaurant eine kleine Diskussion ergeben, weil sie meint, dass Sie sie nicht einladen sollten, sagen Sie ihr, dass sie Ihnen eine Freude damit machen würde. Sie wäre gern beim nächsten Mal dran – oder Sie leiten so schon zu einem anschließenden Drink woanders über, den sie dann gern übernehmen darf. Sie sagen ihr, wie sehr Sie den Abend genossen haben und wie schön es ist, Zeit mit ihr zu verbringen. Sie bringen sie nach Hause und steigen mit aus, um ihr die Tür aufzuhalten. Um sich zu verabschieden, öffnen Sie Ihre Arme zu einer Umarmung und küssen sie auf die Wange.

Ein Großteil der Frauen, die diesen Text gelesen haben, würden diesen Mann sogar noch bitten, mit reinzukommen – aber Sie sind kein Mann für eine Nacht … Wer weiß, was sie mit Ihnen anstellt, wenn Sie erst mal allein sind? Sie geben ihr Zeit, romantische Gefühle für Sie zu entwickeln, und rufen Sie am nächsten Tag an, ob sie gut geschlafen hat und wovon sie geträumt hat.

Selbst mein Mann war übrigens sehr verwundert über die Reaktion der Frauen, die dieses erfundene Date allesamt im Großen und Ganzen wunderbar fanden. Die einzige Kritik bestand darin, dass einige Frauen meinten, das sei schon fast zu perfekt und sie würden sich fragen, wo der Haken ist. (Erinnern Sie sich an die Mauer aus Misstrauen und Sarkasmus zum Selbstschutz vor Enttäuschungen!?) Er hätte das von einigen nicht erwartet, weil sie auf ihn nicht so wirkten, als ob sie ein solches Maß an (Ver)Führung wirklich gut fänden. Das Geheimnis jedoch ist, dass alle Frauen es genießen, sich in Gesellschaft eines Mannes zu befinden, der Ihnen das Gefühl gibt, zu wissen, was er tut, und sich um sie bemüht, ohne dass es bemüht wirkt.

Sie müssen sich daher nicht jeden einzelnen Punkt dieser Variante einprägen, sondern lediglich verstehen, worauf es ankommt:

- Sie haben einen Plan.
- Sie vermitteln das Gefühl, dass Sie wissen, was Sie tun
- Sie sind aufmerksam und souverän.
- Sie zeichnen dafür verantwortlich, dass es der Frau gut geht, und sie sich wohl fühlt.
- Sie übernehmen die Führung.
- Sie zeigen ihr, dass Sie sie gut finden.
- Sie sind humorvoll, selbstsicher, großzügig und locker.
- Sie sind herzlich, ohne plump zu sein.
- Sie lösen romantische Gefühle aus.

Oder um es noch einfacher auszudrücken: Sie wenden an, was ich Ihnen in den letzten Kapiteln erzählt habe, und Sie benutzen die vier Schlüssel: Romantik, Aufmerksamkeit, Sicherheit und Fantasie gepaart mit Initiative. Mit dieser Mischung können Sie Frauen zu allem möglichen »Unsinn« anstiften – Frauen lieben es, wenn ein Mann auf diese Weise etwas anders macht, als sie es vielleicht erwarten oder gewohnt sind. Sie träumen heimlich davon, dass jemand kommt und sie verführt, dass sie etwas Aufregendes oder Außergewöhnliches erleben.

Ein solches Date zu haben, ohne danach Sex anzustreben, kann übrigens auch der beste Auffrischer für eine eingeschlafene Beziehung sein. Viele Frauen haben das Gefühl, dass Männer nur dann besonders nett sind, wenn sie Sex wollen. Ein solches Date zu arrangieren und dann im Anschluss keinen »Angriff auf ihr Höschen« zu starten kann eine Frau völlig verrückt machen, und sie wird Ihnen bei der nächsten Gelegenheit die Klamotten vom Leib reißen.

So ziemlich alle Frauen träumen davon, einem Mann zu begegnen, der ihnen auch einmal einen dieser Sätze sagt, den sie aus den Filmen und Serien kennen, die sie so sehr lieben:

»Ich vermiss dich so sehr, dass es wehtut.«

»Ihretwegen möchte ich ein besserer Mensch sein.«

»Heute Morgen bist du wundervoller als je zuvor.«

»Wenn ich dich nicht um deine Hand bitte, dann bereue ich das für den Rest meines Lebens, denn ich weiß in meinem Herzen, du bist die Einzige für mich.«

»Wenn ich gefragt werde, was mir am besten gefallen hat, dann sage ich, das warst du.«

»Ich habe keine Rüstung mehr. Du hast sie mir ausgezogen. Was von mir übrig ist, alles, was ich bin – gehört dir.«

»Ich hab was geschrieben, was nach dir klingt, wenn du eine Melodie wärst. Ich habe nur die guten Noten verwendet.«

Absolut übertroffen hat sich der Autor von »Harry und Sally« – bedanken Sie sich bei ihm, wenn Sie das Gefühl haben, dass Frauen zu anspruchsvoll sind, was Liebesbezeugungen angeht. Wenn Sie jedoch nach Inspiration suchen, finden Sie sie hier:

»Ich liebe dich dafür, dass dir kalt ist, wenn draußen 25 Grad sind. Ich liebe dich dafür, dass du anderthalb Stunden brauchst, um ein Sandwich zu bestellen. Ich liebe dich dafür, dass du eine Falte über der Nase kriegst, wenn du mich so ansiehst. Ich liebe dich dafür, dass ich nach einem Tag mit dir dein Parfum immer noch an meinen Sachen riechen kann. Und ich liebe dich auch dafür, dass du der letzte Mensch bist, mit dem ich reden will, bevor ich abends einschlafe. Und das liegt nicht daran, dass ich einsam bin, und das liegt auch nicht daran, dass Silvester ist. Ich verrat dir, warum ich heute Abend hierher gekommen bin: Wenn man begriffen hat, dass man den Rest des Lebens zusammen verbringen will, dann will man, dass der Rest des Lebens so schnell wie möglich beginnt.«

Natürlich sollten Sie sich nicht dabei erwischen lassen, einen Film zu zitieren, sondern sich etwas Eigenes ausdenken. Keine Angst, wenn Sie glauben, dass Sie nicht besonders talentiert dafür sind: Mir hat einmal ein Mann, mit dem ich zusammen war, zum Valentinstag ein Gedicht geschrieben. Er war wirklich nicht besonders talentiert – ehrlich gesagt war das Gedicht schrecklich und etwa auf dem Niveau eines Drittklässlers –, aber genau das machte irgendwie den Charme aus: Obwohl er wusste, dass er es nicht konnte, hatte er es getan – weil er mir zeigen wollte, dass er mich liebte. So sehr, dass er in Kauf nahm, eine Schwäche zu zeigen. Ich fand es rührend und sehr liebenswert. Nichts, was er mir hätte kaufen können, hätte auch nur ansatzweise diesen Effekt gehabt.

Sie müssen nicht gleich so weit gehen – aber machen Sie sich klar, dass jede Frau auf einen Mann hofft, der etwas Besonderes für sie tut und sie damit zu etwas Besonderem macht. Sie könnten dieser Mann sein!

Wichtig ist jedoch: Keiner dieser vier Schlüssel funktioniert gänzlich ohne den anderen. Wenn Sie wirklich erfolgreich sein möchten bei Frauen, sollten Sie alle vier Fähigkeiten entwickeln und einsetzen. Es fehlt allerdings noch ein ganz wichtiger Schlüssel, der in vielen Büchern über Beziehungen und Partnersuche fast gänzlich vernachlässigt wird oder stets wie eine Art »Einzelthema« abgespalten behandelt wird. Ich halte das für völligen Quatsch und gebe diesem Thema hier ausgiebig Raum, denn es ist sozusagen der »Masterkey«, ohne den Sie immer wieder nur »ein guter Freund« werden. Es ist Sex.

Schlüssel Nummer 5: Sex

Sie müssen wissen, wie und wovon eine Frau sexuell erregt wird. Sie brauchen für sich selbst ein sexuelles Bewusstsein und sexuelle Fähigkeiten. Sie müssen wissen, wie Frauen im Allgemeinen über Sex denken und was sie sexuell attraktiv finden. Wenn Sie Sex, sexuelles Verlangen und sexuelle Attraktion nicht verstanden haben und nicht einsetzen können, nützen Ihnen alle anderen Schlüssel nichts. Die anderen Schlüssel sind jedoch sehr wichtig, um den Schlüssel Sex zu integrieren:

Ich kenne Männer, die unglaublich aufmerksam sind und jede Menge Fantasie haben – doch es nutzt ihnen bei Frauen nichts, weil sie keinerlei sexuelle Ausstrahlung haben. Andere Männer haben zwar sexuelles Bewusstsein – doch fehlt es ihnen an Sicherheit, wirken sie wie Triebtäter. Fehlt ihnen die Romantik und die Aufmerksamkeit, macht das den Eindruck eines Pornodarstellers auf der Suche nach dem nächsten Auftrag.

Die Sexualität einer Frau ist eine zarte Blüte und wesentlich komplexer als die des Mannes – genau deshalb verstehen sie auch so viele Männer nicht. Lassen Sie uns das ändern – wenn Sie die Sexualität einer Frau verstanden haben, werden Sie Frauen verstehen und verführen können wie nie zuvor in Ihrem Leben. Die Qualität Ihrer Beziehung wird sich verbessern und Ihr Sex wird besser sein als je zuvor.

Über Sex sind schon viele Bücher geschrieben worden und auch ich könnte mich Hunderte von Seiten damit beschäftigen. Am wichtigsten ist jedoch zu verstehen, was Sex für Frauen bedeutet und wie Sie »es richtig machen«. Mit diesen Grundkenntnissen ausgestattet, werden Sie Frauen auf eine neue und für beide Seiten angenehme Art begegnen können.

Viele Männer haben schon mal gehört, dass sich Sex bei Frauen zu 80 Prozent im Kopf abspielt – kaum einer jedoch hat verstanden, was das für ihn persönlich und die Frau, mit der er schläft (oder schlafen möchte), bedeutet. Das sexuelle Erleben von Männern und Frauen ist so derart unterschiedlich, dass es für Männer kaum nachvollziehbar und für Frauen aus ihrer Sicht nur schwer erklärbar ist. Die oberste Regel für die Qualität des Sex, den Sie einer Frau schenken können, ist deshalb, sich immer wieder ins Bewusstsein zu rufen, dass für die Frau andere Dinge wichtig sind als für Sie und ihr Erleben ganz anders ist als Ihres.

Bei einem Mann ließe sich die Sexualität überspitzt etwa so beschreiben: Ein Mann sieht etwas, das ihm gefällt – zum Beispiel eine Frau mit großartigen Brüsten, einem tollen Hintern und einladenden Lippen – das genügt meist schon, um Erregung auszulösen. Der Anblick löst den Gedanken an Sex aus und der Mann könnte theoretisch sofort loslegen. Es würde in diesem Moment kaum mehr als einer Gelegenheit und eines Zeichens bedürfen, um Sex einzuleiten. Ziel wäre es, sämtliche Kleidungsstücke, die im Weg sind, schnellstmöglich zu entfernen, in die Frau einzudringen und nach wenigen lustvollen Minuten zum Höhepunkt zu kommen. Danach fällt der Mann auf den Rücken, seufzt zufrieden und macht ein Nickerchen. Das würde für die Bezeichnung »toller Sex« vollkommen genügen.

Bei einer Frau sieht das ganz anders aus: Wenn eine Frau einen attraktiven Mann mit knackigem Po sieht, findet sie das zwar toll, stellt sich aber nur in den allerseltensten Fällen direkt Sex vor. Obwohl ihr Unterbewusstsein sich – genau wie bei Männern – die Frage stellt und beantwortet: Würde ich mit diesem Menschen Sex haben?

Wir bekommen in der Regel nicht mit, dass wir uns diese Frage stellen – sie wird uns nicht bewusst. Wir bemerken stets nur die Antwort, nämlich indem uns auffällt, ob wir einen Menschen attraktiv finden oder nicht.

Findet eine Frau einen Mann nun attraktiv, hat ihr Unterbewusstsein sich also schon mal mit Sex beschäftigt – nur passiert das normalerweise eben ohne dass sie das bewusst bemerkt. Währenddessen stellt sie sich allerdings auch noch zig andere Fragen wie zum Beispiel:

- Findet er mich attraktiv?
- Oh je, wie sehe ich eigentlich aus?
- Was ist er für ein Typ?
- Ob er intelligent ist?
- Was macht er wohl beruflich?
- Wäre er ein guter Partner?
- Wäre er ein guter Vater?
- Wie würden meine Freundinnen ihn finden?
- Was würden meine Eltern sagen?
- Ob er fremdgeht?
- Ob er gut küssen kann?
- Ob er mich mag?
- Hat er gesehen, dass ich ihn ansehe?

Nicht jede Frau stellt sich alle diese Fragen – aber viele Frauen stellen sich noch weitere. Dies ist nur ein exemplarischer Auszug der Gedanken, die einer Frau durch den Kopf schießen, wenn sie mit einem Mann flirtet, den sie attraktiv findet. Die Frage, ob er gut im Bett ist, taucht nur als eine von vielen auf. Eine Frau, die jetzt direkt bereit wäre, den Mann anzuspringen und sich die Klamotten vom Leib zu reißen, müsste schon extrem notgeil und enthemmt sein … und meiner Erfahrung nach würde sich ein Großteil der Männer vor einer solchen Frau eher fürchten.

Die Idealvorstellung einer Frau zum Thema Sex sähe da eher so aus: Die beiden schauen sich an und irgendwie scheint es zu knistern. Er hat ein fantastisches Lächeln und sein Blick fesselt sie. Er spricht sie an und er hat eine wunderbare ausdrucksstarke Stimme. Seine Hände sind kräftig, aber gepflegt und weich – sie möchte gern seine Haut berühren. Er macht ihr Komplimente

7. SCHRITT: DAS HANDWERKSZEUG

und sorgt dafür, dass sie sich schön fühlt. Obwohl sie nicht darüber reden, kann sie spüren, dass er sie begehrt. Er wirkt stark und sensibel zugleich, er verrät ihr ein Geheimnis über sich und schafft ein Gefühl von Nähe und Verbundenheit, obwohl sie sich fremd sind. Er riecht gut. Er riecht an ihr und sagt ihr, dass sie ganz wunderbar riecht. Wenn er sie berührt, dann erst scheinbar zufällig, und es fühlt sich an, als würde ein Schmetterling für einen winzigen Moment auf ihrer Haut landen und sofort wieder abheben. Er sieht ihr oft in die Augen und spricht mit ihr über ihre Träume und Wünsche – sie fühlt sich, als würde er bis auf den Grund ihrer Seele schauen. Er streichelt ihr Gesicht, berührt mit seinen Fingern ihre Lippen. Immer wieder flüstert er ihr kleine Neckereien ins Ohr. Als er sie das erste Mal küsst, küsst er sie zunächst ganz sanft, wie ein Hauch berühren seine Lippen kaum die ihren ...

Na – klingt das nicht wie ein Kitschroman? Nun, die meisten Frauen stehen nun mal auf Kitschromane. Der Kitschroman ist im Grunde der Porno einer Frau. Vielleicht ist Ihnen aufgefallen, wie häufig die Worte »fühlen«, »Gefühl« und »spüren« vorkommen. Das ist sehr wichtig. Ihnen zuliebe drücke ich mal auf die Vorspultaste: Was jetzt folgt, sind circa dreißig Minuten immer intensiver werdendes Küssen: auf den Mund, auf den Hals, die Brüste, Hände überall, Rückenstreicheln, Gänsehaut erzeugen, das primäre Geschlechtsorgan der Frau sehr, sehr lange aussparen – und zwar so lange, bis sie ihm ihr Becken entgegenreckt und im Grunde darum bittet, endlich dort berührt zu werden. Dazwischen wird sie sich sicher zwei- bis dreimal zurückziehen und sich »wehren« und so tun, als ob sie das alles gar nicht so richtig wollen würde. Daraufhin wird eine Weile nur gestreichelt, dann wieder geküsst und dann wird es nach und nach intensiver, bis alle Hemmungen und Bedenken zerstreut sind und die Frau endgültig verführt ist. Danach folgt je nach Gusto noch eine Weile Oralsex, bei dem auch die ersten zehn Minuten der direkte Kontakt mit dem Kitzler vermieden wird, bis sie fast weint, und dann den ersten erlösenden klitoralen Orgasmus erlebt. Danach kommt eventuell noch mal Kuscheln und Küssen und er macht ihr weitere Komplimente, wie schön sie sei, während sie immer noch vor Erregung zittert. Irgendwann (für einen Mann nach einer gefühlten Ewigkeit) dringt er in sie ein, wovon sie vor lauter Vorerregung direkt einen weiteren Orgasmus bekommt – doch danach gibt es keine Pause, denn jetzt wird tatsächlich und endlich gefickt und jetzt darf man(n) es auch so nennen. Das ist der Teil, wo auch Dirty Talk erwünscht ist und seine Wirkung entfaltet. Die Frau ist jetzt so erregt, dass sie ihre Erziehung, ihre Selbstständigkeit, ihre Emanzipation und alle anderen gesellschaftlichen Zwänge völlig vergessen und abgelegt hat – sie ist nur noch Frau und ein sexuelles Wesen. Sie ist geil und sie lässt sich einfach fallen und löst sich auf in ihrer Sexualität. Allerdings wäre es jammerschade, wenn das nach zwei Minuten schon vorbei wäre, das dürfte jetzt auch eine halbe Stunde so weitergehen – allerdings immer wieder mit kleinen Pausen, wo er sich auch mal gar nicht bewegt und nur ihre Brüste liebkost, und mit Phasen, in denen es wild zugeht. Und wenn er dann endlich auch zum Höhepunkt gekommen ist, nimmt er sie nach kurzer Atempause wieder in den Arm, deckt sie zu, küsst sie und sagt ihr, wie wunderbar sie ist …

Keine Sorge, es muss wirklich nicht (immer) so sein und jede Frau hat bestimmte Vorlieben – aber im Großen und Ganzen ist es ungefähr das, was eine Frau unter der Bezeichnung »guter Sex« versteht. Und dafür ist *jedes* dieser Details relevant: Das Sprechen, das In-die-Augen-Schauen, das Riechen, das Küssen, die Verzögerung – all das sind für eine Frau wichtige und relevante Bestandteile von gutem Sex. Jedes einzelne Element sorgt dafür, dass die Erregung der Frau überhaupt so stark wird.

Sexuelle Erregung und Befriedigung bei einer Frau bestehen aus vielen Einzelelementen, die alle ihren Teil dazu beitragen:

Romantik, Bestätigung, Unsicherheit, Zärtlichkeit, akustische, kinästhetische und olfaktorische Reize, Verlangen, Begehren, das Feine, das Grobe, Worte, Gesten, Verbundenheit und noch vieles mehr weben ein dichtes und hochkomplexes Netz der erotischen Fantasie einer Frau.

Verstehen Sie jetzt, warum es so kompliziert ist? Sex ist für eine Frau so eine Art Gesamtkunstwerk, das auch dann sehr befriedigend sein kann, wenn sie zum Beispiel mal keinen Orgasmus hat, sollte dafür »der Rest« stimmen. Viele Männer verzagen beim Versuch, einer Frau einen Orgasmus zu verschaffen – sie rubbeln, lecken, reiben, stoßen und mühen sich ab, nur leider an der völlig falschen Stelle … Für eine Frau ist nicht so wichtig, was tatsächlich passiert, sondern was sie sich dazu denken kann, welche Gefühle das in ihr auslöst – wenn etwas passiert, was ihre Fantasie anregt und ihr die richtigen Gefühle verschafft, wird sie guten Sex haben. Zärtlichkeit und Zuwendung, Bestätigung und Aufmerksamkeit sind dafür mindestens genauso wichtig wie der Akt an sich.

Während Männer im Sex eher die Erregung und Stimulation mit anschließender Befriedigung sehen, geht es für eine Frau um Gefühle unterschiedlichster Art. Genau deshalb kann sich eine Frau nicht mal eben so »einen runterholen« und genau das erklärt auch folgendes Phänomen: Ein Mann, der ohne Partnerschaft und ohne Sex lebt, bekommt den sprichwörtlichen Druck. Sex wird für ihn immer wichtiger. An Sex zu kommen kann zu einem so starken Bedürfnis werden, dass es ihn fast verrückt macht und mitunter sogar handlungsunfähig, gerade dann wenn er einer Frau begegnet, die ihm gefällt. Frauen, die ohne Partnerschaft und Sex leben, vergessen beinahe, wie schön Sex ist, und haben im Normalfall mit der Zeit immer weniger ausschweifende sexuelle Gedanken.

Das sexuelle Bewusstsein und das damit verbundene Bedürfnis entwickeln sich also bei Singles unterschiedlichen Geschlechts im Grunde genau entgegengesetzt. Er denkt immer mehr an Sex, je weniger er hat, während sie nach und nach immer weniger daran denkt. Treffen diese beiden Extremfälle aufeinander, wirkt das, als ob ein notgeiler Perverser ins Schloss von Dornröschen kommt, um über sie herzufallen, während sie erwartet, von einem sanften Kuss geweckt zu werden, und anschließend erst mal Händchen halten und plaudern möchte.

Hat sich eine Frau gerade von einem Mann getrennt, ist ihr meist eine Weile lang überhaupt nicht nach Sex, da das für Frauen gleichzeitig Nähe und Intimität bedeutet. Nach ein paar Wochen wird das Verlangen jedoch wieder geweckt – wird es in dieser Phase jedoch nicht befriedigt, weil sie weitere schlechte Erfahrungen scheut und daher den Kontakt zu Männern vermeidet, entsteht ein Frust, der zum Teil tatsächlich sexuell begründet ist, aber häufig nicht durch Sex mit einem Mann gelöst wird. Der Frust wird in dieser Phase sogar sehr oft auch noch auf »den Mann an sich« bezogen anstatt auf den Mangel an Sex. Ich erlebe diese Phase sehr häufig bei Frauen auf Partnersuche: Sie suchen eigentlich nach einem Partner, sind aber im Grunde völlig »gefrustet« und erwecken nicht den Anschein, dass sie Männer überhaupt mögen würden. Manche von ihnen beschweren sich sogar darüber, dass Männer so stark sexuell motiviert seien. Doch kaum eine erkennt den Zusammenhang zwischen ihrer eigenen Frustration und dem Mangel an Zärtlichkeit und sexueller Befriedigung (durch einen Mann).

Das ist es, was es für Männer häufig sehr kompliziert macht, wenn sie mit einer Frau Sex haben möchten, die zwar ganz offensichtlich nach einem Partner oder einem sexuellen Abenteuer sucht, sich aber plötzlich »seltsam« verhält: Sie ist sich unter Umständen ihrer sexuellen Bedürfnisse gar nicht (mehr) bewusst und wirkt in diesen Momenten komplett ambivalent – so als ob sie selbst nicht wüsste, was sie eigentlich will. Im Grunde stimmt das sogar. Vielleicht verstehen Sie jetzt gerade auch ein paar Situationen aus Ihrer Vergangenheit besser?

Für Frauen ist es sehr wichtig, welche Gefühle Sie in ihr wecken. Das ist es, worauf sie reagieren. Eine Frau möchte sich gut fühlen mit einem Mann: Sie möchte sich geborgen und sicher, aber auch begehrt und begehrenswert fühlen – dann kann sie auch erregt werden.

Wenn Sie das wirklich verstanden haben, sollte Ihnen klar geworden sein, dass wir schon seit vielen Kapiteln beim Thema Sex sind. Falls nicht, weise ich Sie hiermit gern darauf hin: Alles, worum es in diesem Buch geht, hat für eine Frau mit Sex zu tun! Wie Sie duften, ob Sie Stil haben, Ihr Humor, Romantik, Fantasie – all das hat für eine Frau sexuelle Relevanz, denn sie braucht all das, um sich zu erregen. Umgekehrt bedeutet das:

 Eine Frau ist bereit für Sex, wenn sie das Gefühl hat, dass das, was ein Mann unter Sex versteht, nicht das Einzige ist, worum es geht.

Selbst bei One-Night-Stands, wo eine Frau sehr schnell bereit ist, Sex zu haben und vielleicht auch nur den Sex möchte, geht es um das Gefühl, das sie dabei hat, und die Fantasie, die sie damit verbindet und auslebt. Sie als Mann sind derjenige, der diese Fantasie anregen, beflügeln oder sogar die Fantasie selbst sein kann.

Für die Anwendung des Schlüssels »Sex« ist es immens wichtig, dass Sie diese Zusammenhänge verstehen und dass Sie selbst ein gesundes Verhältnis zu sich und Ihrer Sexualität haben. Viele Männer schämen sich sogar, wenn sie eine attraktive Frau sehen und dann an Sex denken »müssen«. Aber glauben Sie wirklich, Frauen würden sich schminken, sexy Kleidung tragen, ihre Vorzüge betonen, wenn sie nicht wollten, dass Männer das erregend finden? Das wäre selbst für eine Frau zu albern. Die meisten Frauen sagen, sie täten das nur für sich. Glauben Sie mir, das ist Quatsch: Natürlich fühlen wir uns schön, wenn wir schöne

Kleidung tragen. Natürlich finden wir uns schön, wenn wir uns mit Make-up, Hairstyling und Dessous verschönern. Aber glauben Sie wirklich, wir tun das »nur für uns«? Wenn ich allein zu Hause bin, dann trage ich am liebsten meine Yogahosen und ein Schlabbershirt nur für mich, weil das herrlich bequem und so kuschelig ist! Ich stöckele nicht »nur für mich« in hohen Pumps durch mein Wohnzimmer, und dieses sexy Kleid, das ich neulich gekauft habe, trage ich auch nicht »nur für mich«, wenn ich den Abwasch mache. Wenn etwas »nur für mich« ist, dann die Aufmerksamkeit, die ich bekomme, wenn ich hübsch angezogen, frisiert und geschminkt durch die Innenstadt schwebe.

Frauen wollen von Männern beachtet werden, aber sie möchten nicht so erscheinen, als ob sie das nötig hätten. Frauen provozieren im Grunde sogar häufig, dass Männer sexuell erregt werden – manche unbewusst, als Teil des »biologischen Programms«, andere wiederum sehr bewusst. Warum? Weil sie sich begehrt fühlen wollen, weil sie spüren wollen, welche Macht sie über Männer haben. Es gibt auch Frauen, die finden es unglaublich komisch, dass Männer keinen klaren Satz mehr herausbringen, wenn man sie mit einem üppigen Dekolletee konfrontiert.

Den meisten Frauen ist bekannt, dass die Mehrzahl der Männer zwei Organe zum Denken benutzt. Die größten und mächtigsten Männer der Welt haben sich lächerlich gemacht wegen sexueller Affären – Staatschefs wie Silvio Berlusconi oder Bill Clinton, US-Talkshowstar David Letterman, Profigolfer Tiger Woods, Tennislegende Boris Becker, der Schauspieler Ottfried Fischer oder Formel-1-Boss Max Mosley – und damit zum Teil sogar das Ende ihrer Karriere eingeleitet oder doch wenigstens starken Imageschaden in Kauf genommen. »Wenn der Schwanz das Denken übernimmt, hat das Hirn nicht mehr viel mitzureden«, ist die Meinung der meisten Frauen und sie schütteln darüber die Köpfe. Wenn Frauen so etwas »Dummes« machen, ist immer auch »Liebe« im Spiel – nicht nur Sex. Dann allerdings

– das gebe ich zu – kann es noch schlimmer kommen als bei den Männern. Nicht nur die Multimillionärin Susanne Klatten ließ sich von einem gewieften Betrüger ausnehmen, nur weil er ihr so zauberhaft den Hof machte und ihr die Liebe versprach. Nur durch das Ausleben von sexuellen Fantasien allein verlieren Frauen nicht so leicht ihren Kopf, da muss schon mehr drin sein. Und wieder landen wir bei dem Thema »Gefühle«.

Eine Frau braucht das Gefühl, dass Sie sie begehren, aber auch dass es wirklich um sie geht – nicht nur um den Sex mit ihr. Sie braucht das Gefühl, dass Sie nichts tun würden, was sie nicht möchte, aber dass sie dennoch nicht voraussagen kann, was Sie als Nächstes tun werden. Das können Sie zum Beispiel auf allen Ebenen erreichen durch eine Mischung aus Ehrlichkeit und Unergründlichkeit, einen Wechsel zwischen Nähe und Distanz, Vorstößen und Rückzügen schon im Gespräch mit ihr. Wenn ein Mann genauso ambivalent wie eine Frau ist – die im Inneren nämlich schwankt zwischen »ein braves Mädchen sein« und sich fallen lassen und hingeben, dann verwirrt sie das zunächst, aber es macht sie äußerst neugierig.

Ich selbst habe einmal bei einem Date besonders deutlich gemerkt, dass die meisten Männer in Sachen sexueller Annäherung nach einem immergleichen Schema verfahren. Als mir das klar wurde, musste ich unweigerlich lachen – das war für den Mann wahrscheinlich nicht besonders schön, aber für mich wäre es ja auch nicht schön gewesen, mich zu beherrschen und mir dabei doof vorzukommen. Die meisten Männer beginnen mit »unauffälligem Körperkontakt« – etwa beim Tanzen, beim Betrachten eines Rings, beim Wegstreichen der Haare oder Ähnlichem. Als Nächstes folgt ein Kompliment über Augen oder Lippen, dann wird geschnuppert, danach geküsst, dann wird noch mal geschnuppert und der Duft gelobt, wobei die Hand einen Weg unter die Bluse sucht. Während die Weichheit der Haut betont wird, wird nach dem Busen gegrabscht und der inzwischen steife

Schwanz am Oberschenkel geschubbert. Spätestens dann kommt nach einem Satz à la »Du machst mich völlig verrückt« sehr bald eine Variante der Frage »Zu mir oder zu dir?«. Da Nächte, die nach einem solchen Schema beginnen, meiner Erfahrung nach wenig Innovation beim nachfolgenden Sex bieten, habe ich mir das nach dieser Erkenntnis geschenkt, denn es geht mir wie den meisten Frauen: Vor die Wahl gestellt, würden wir eher keinen Sex haben als schlechten.

Es ist also gewissermaßen eine Investition in Ihr eigenes Vergnügen, Ihre Fähigkeiten in Sachen Verführung einer Frau zu verbessern. Es ist auch für das Gelingen einer Beziehung essenziell: Stimmt der Sex in einer Beziehung, macht das vielleicht 10 Prozent des Gesamtgefüges aus, ob ein Paar glücklich ist. Stimmt der Sex nicht, wird er plötzlich deutlich wichtiger und die Beziehung, die ansonsten glücklich und harmonisch sein könnte, gerät in eine Schieflage.

Viele Männer in Beziehungen beklagen, dass der Sex mit ihrer Partnerin nach und nach immer weniger und auch »langweiliger« würde. Für einige scheint die einfachste Lösung eine neue Partnerin oder eine Affäre zu sein, um dann – nach einiger Zeit – zu bemerken, dass sich auch bei der neuen oder der Zweitpartnerin dieselbe Routine einschleicht und der Sex seltener und belangloser wird.

Die Lösung des Problems liegt vielmehr darin, der jeweiligen Frau den Sex anzubieten, den sie sich wünscht: Ist der Sex mit Ihnen »ganz okay« oder allenfalls »nett«, dann wird eine Frau dasselbe Bedürfnis nach Sex mit Ihnen haben, wie sie es nach anderen Sachen hat, die »ganz okay« oder »nett« sind. Wenn es für sie ganz okay ist, ein- bis zweimal im Monat ihre alte Tante zu besuchen, dann wird es auch ganz okay sein, ein- bis zweimal im Monat Sex mit Ihnen zu haben. Wenn der Sex mit Ihnen jedoch fantastisch, gigantisch, wundervoll und großartig ist, dann wird sie es öfter haben wollen.

Plus: Wenn eine Frau großartigen Sex hat, bei dem ihre Bedürfnisse befriedigt werden, dann ist sie auch hin und wieder für eine »schnelle Nummer« oder einen Blowjob als Freundschaftsdienst zu haben. Es lohnt sich also in vielerlei Hinsicht für Sie, Frauen guten Sex schenken zu können.

GRUNDSÄTZLICHE TIPPS FÜR GUTEN SEX

Auch wenn Frauen so unterschiedlich sind wie Blumen im Garten, gibt es ein paar Grundregeln, deren Beachtung Ihre sexuellen Fähigkeiten deutlich steigern kann.

Küssen

Sex beginnt für Frauen in der Regel mit Küssen – wenn Sie ein guter Küsser sind, wird sie neugierig darauf sein, ob Sie ein guter Liebhaber sind. Wenn Sie möchten, dass die Frau von Ihnen träumt und Sie unbedingt wiedersehen möchte, seien Sie ein guter, zärtlicher und leidenschaftlicher Küsser und belassen Sie es beim ersten Mal unbedingt dabei.

Küssen beginnt stets zart – es ist völlig abtörnend, wenn ein Mann bei der ersten Gelegenheit zuschnappt wie eine fleischfressende Pflanze oder direkt mit seiner Zunge eine Mandeluntersuchung vornimmt. Gehen Sie spielerisch an die Sache heran: Wenn Sie vielleicht gerade ihre Hand halten, küssen Sie ihre Fingerspitzen. Wenn sie ihre Hand nicht entzieht, ist sie bereit für mehr. Küssen Sie die Innenseite ihres Handgelenks (dort, wo man den Puls fühlt), streicheln Sie mit Ihren Fingerspitzen ihre Hände, ihre Handflächen, ihren Hals. Fahren Sie mit der Fingerspitze an dem Ausschnitt ihres Oberteils entlang und küssen Sie anschließend ihren Hals von unten nach oben bis zu ihrem Ohr.

Flüstern Sie ihr etwas ins Ohr – ein Kompliment oder wie gern Sie sie küssen möchten. Streicheln Sie ihr durch die Haare und kitzeln Sie ihren Nacken.

Wenn Sie sie auf den Mund küssen, nehmen Sie ihr Gesicht in Ihre Hände und achten Sie darauf, dass Sie abwechslungsreich küssen – also nicht nur Ihre Zunge in ihren Mund schieben und dann auf den Schleudergang schalten. Zarte Küsse sollten sich abwechseln mit intensiven, manche Frauen mögen es auch, wenn man sie auch mal leicht (!) und spielerisch in die Unterlippe beißt. Ihre Zungen sollten mal mehr und mal weniger intensiv miteinander spielen und dabei mal mehr im einen und dann im anderen Mund sein.

Bei einem Abschiedskuss lassen Sie es langsam angehen: Umarmen Sie sich zum Abschied, dann halten Sie die Frau etwas länger, riechen Sie an ihrem Haar, drücken Sie Ihre Wange an die der Frau. Wenn Sie sie loslassen, bleiben Sie dennoch nah bei ihr und schauen Sie ihr in die Augen. Wenn Sie selbst nicht zurückweicht, ist sie bereit für einen Kuss. Öffnen Sie Ihre Lippen und kommen etwas (!) näher, wenn sie das erwidert, küssen Sie sie. Weniger ist mehr: Sie soll nur ein vage Ahnung davon bekommen, wie es wäre, Sie richtig zu küssen – wenn Sie sie neugierig darauf gemacht haben, haben Sie alles richtig gemacht.

Petting

Frauen lieben Petting: intensives Schmusen, Streicheln, Berühren und Stimulieren, ohne dass es zum »Reinstecken« kommt. Viele Männer glauben, Petting bedeute, während des Küssens die Hand in ihr Höschen wandern zu lassen. Zumindest kommt das vielen Frauen so vor. Machen Sie es besser – werden Sie zu einem Meister des Pettings und die Frau wird Wachs in Ihren Händen sein: Petting bedeutet, den Körper einer Frau zu erkunden und ihre erogenen Zonen zu finden und zu stimulieren.

7. SCHRITT: DAS HANDWERKSZEUG

Während Männer es gern haben, wenn Frauen möglichst direkt und ohne allzu lange Umwege zu ihrer erogenen Zone vordringen, wird die erogene Zone in der Körpermitte der Frau besonders dadurch stimuliert, dass man sie zunächst »ignoriert« und alle anderen erogenen Zonen drumherum ausfindig macht. Dabei ist es nicht nur die jeweilige Körperstelle, sondern auch die Art, diese Stelle zu stimulieren – ich gebe Ihnen einige Beispiele, die bei vielen Frauen »funktionieren«:

- Innenseite Handgelenk – zart küssen und mit der Zungenspitze kitzeln oder sogar daran saugen
- Armbeuge – dasselbe
- Unterarm – mit den Fingerspitzen streicheln, besonders empfindlich auf der Innenseite
- Stelle zwischen Hals und Brustbein – pusten und küssen
- Stelle zwischen Hals und Ohr und hinter dem Ohrläppchen – lecken und mit der Zungenspitze kitzeln
- Ohrläppchen – lutschen, knabbern, ins Ohr hauchen
- Nacken – küssen, kneten und sanft beißen
- Haare – wuscheln und bei stärkerer Erregung auch hineingreifen und (nicht zu stark) dran ziehen
- Rücken – an der Wirbelsäule entlangstreicheln und küssen oder sanft pusten
- Po – kneten oder küssen
- Brüste – kneten, küssen
- Brustwarzen – streicheln, küssen, saugen, zart (!) beißen
- Hüftknochen – küssen, lecken
- Innenseite Oberschenkel – streicheln, küssen
- Füße – streicheln, drücken oder kneten
- Zehen – küssen, daran lutschen

Das sind nur die häufigsten Treffer – die jeweiligen Vorlieben Ihrer aktuellen Partnerin herauszufinden ist nun Ihre Aufgabe. Je länger und intensiver Sie sich dieser Aufgabe widmen, umso entspannter und gleichzeitig erregter wird die Frau: entspannt, weil sie spürt, dass Sie es nicht darauf abgesehen haben, schnellstmöglich »zum Schuss« zu kommen, und erregt, weil Sie all ihre kleinen Punkte abwandern. Sie können sehr einfach erkennen, wenn Sie einen besonders intensiven Punkt getroffen haben: Ihre Partnerin wird heftiger atmen, seufzen oder aufstöhnen, wenn es richtig ist. Verweilen Sie dann einen Moment an diesem Punkt und gehen Sie dann weiter – um irgendwann wieder zurückzukehren. Sie könnten auch »Hilfsmittel« wie Federn, Pinsel oder Tücher benutzen, um neue Reize auszuprobieren – aber sparen Sie sich das lieber für später und fallen Sie beim ersten Mal nicht gleich mit der Tür ins Haus ... Schließlich wollen Sie sich ja vielleicht noch steigern können, wenn es zu einer längeren Beziehung kommt.

Wichtig ist beim Petting, dass Sie den Intimbereich der Frau so lange wie möglich aussparen. Sie werden merken, dass die Frau Ihnen nach einiger Zeit und nach dem Finden einiger »guter Stellen« ihr Becken regelrecht entgegenstreckt: Berühren Sie sie ganz kurz und wie zufällig – wenn sie hörbar aufstöhnt, sind Sie auf dem richtigen Weg –, aber lassen Sie sie ruhig noch ein wenig zappeln.

Ein Orgasmus bei einer Frau wird nicht durch die Stimulierung an sich ausgelöst, sondern durch das Gefühl der Erregung gepaart mit einem Gefühl der Sehnsucht. Durch das Stimulieren der verschiedenen erogenen Zonen bei gleichzeitiger Aussparung des Intimbereichs steigern Sie beide Gefühle erheblich. Ich kenne nicht wenige Frauen, die beim Petting eher einen Orgasmus bekommen als beim eigentlichen Sex. Beim intensiven Petting kann man nicht nur herausfinden, was ihr grundsätzlich gefällt, und sie erregen, sondern auch erreichen, dass eine Frau eine solch liebevolle Beschäftigung mit ihr sehr zu schätzen weiß und entsprechend »honorieren« wird.

Oralsex und manuelle Stimulation

Es soll Frauen geben, die nicht auf Oralsex stehen. Leider gibt es auch heute noch Frauen, denen von ihren Müttern mitgegeben wurde, dass der Intimbereich eines Menschen unrein sei oder stinken würde oder sonst irgendwie mit Tabus belegt sei. Viele Frauen – auch ohne diese Missverständnisse – fühlen sich mit Oralsex unwohl, wenn die letzte Dusche mehr als ein paar Stunden her ist oder sie zum Beispiel dummerweise gerade jetzt »schlecht rasiert« sind. Wenn eine Frau sich also gegen Oralsex »wehrt«, dann muss das nicht zwangsläufig bedeuten, dass sie grundsätzlich keinen Oralsex mag, sondern dass sie lediglich fürchtet, dass sie nicht gut riecht, und das vor Ihnen verbergen möchte.

Fragen Sie also ruhig nach, ob sie nur jetzt nicht möchte oder das grundsätzlich nicht mag und warum nicht. Wenn es sich nur auf diesen Moment bezieht, verschieben Sie es oder geben Sie ihr die Möglichkeit, das in Ordnung zu bringen. Wenn Sie grundsätzlich nicht möchte, zeigen Sie Verständnis, reden Sie mit ihr darüber und probieren Sie es irgendwann später mit viel Einfühlungsvermögen wieder. Hat eine Frau nämlich erst einmal Gefallen an Oralsex gefunden und ihr Liebhaber weiß, wie es ihr gefällt, wird sie es immer wieder haben wollen.

Die meisten Männer sind so froh, wenn sie die Klitoris einer Frau überhaupt gefunden haben, dass sie darauf herumdrücken wie auf einem Knopf am Flipper oder wie an der PlayStation das Dauerfeuer eröffnen. Das ist zu Beginn extrem kontraproduktiv! Anfangs sollten Sie genauso vorgehen wie beim Petting – immer wieder spielerisch daran vorbeistreichen, darüberstreicheln, den Punkt für einige Zeit ganz ignorieren und sich nur mit den Schamlippen und dem Vorhof der Klitoris beschäftigen, um dann unvermittelt zurückzukehren.

Probieren Sie verschiedene Methoden aus – fast jede Frau hat unterschiedliche Vorlieben in unterschiedlichen Erregungsstadien: Manche mögen kleine Bewegungen mit der Zungenspitze, andere lieben es, wenn man sie zwischen den Beinen genauso küsst wie auf den Mund, wieder andere werden erst dann richtig wild, wenn Sie zusätzlich ein, zwei oder sogar drei Finger in ihre Vagina stecken. Sie müssen es leider schrittweise herausfinden – denn in so einem Zustand zu fragen »Wie hättest du es denn gern?« ist meist zwecklos und zerstört nur den Moment und damit die Erregung. Natürlich können Sie auch mal nachfragen mit »Ist es gut so?« oder »Gefällt dir das?«, aber setzen Sie das eher sparsam ein.

Eine Freundin erzählte mir mal von einer sexuellen Begegnung mit einem Mann, der ständig nachfragte, ob es so schön für sie sei, ob er es richtig mache und wie sie es gern hätte. Sie meinte, er habe gewirkt wie ein Hund, der gelobt werden wollte und auf das Kommando für das nächste Kunststückchen wartete – sie war völlig genervt, was ich nachfühlen konnte.

Sie werden sehr schnell merken, was richtig ist: Wenn die Frau Ihnen ihr Becken eher entgegenstreckt und ihr Atem schneller wird, machen Sie alles richtig. Wenn sie ihr Becken eher zurückzieht, sind Sie wahrscheinlich gerade auf dem falschen Dampfer.

Wenn Sie genau die richtige Stelle und Kombination gefunden haben, mit der sie Ihnen das Becken entgegenstreckt, stark atmet und dann stöhnt, dann bleiben Sie dran. Ich habe die Erfahrung gemacht, dass die meisten Männer es mögen oder sogar brauchen, dass die Stimulation zum Orgasmus hin immer stärker wird (schneller, fester, härter) – bei Frauen ist das eher nicht so. Es ist mehr ein »ja, genau so« und das unterbrochen von kleinen, unkalkulierbaren Pausen bis zum Orgasmus.

Machen Sie sich auf die Suche nach dem »G-Punkt« – es gibt ihn wirklich: Er liegt tief verborgen im Inneren der Vagina an einer Stelle an der Scheidenwand, die sich etwa in der Mitte zwischen dem Schambein und dem Gebärmutterhals befindet. Suchen Sie wie folgt: Führen Sie einen oder zwei Finger so tief wie möglich in die Vagina ein und knicken Sie dann das erste Fingerglied nach oben ab und drücken Sie damit so stark, als wollten Sie die Partnerin an ihrem Finger nach oben heben. Das klingt jetzt vielleicht ein bisschen seltsam – aber die Suche lohnt sich durchaus: Wenn Sie diesen Schatz entdeckt haben, wird Ihrer Partnerin im wahrsten Sinn des Wortes »Hören und Sehen vergehen«.

Wenn eine Frau Sie oral und mit der Hand befriedigt, lassen Sie sie wissen, was Ihnen gefällt – sagen Sie ihr ruhig »Ja, so ist es gut« oder »fester«, wenn Sie es gern so hätten – Frauen können sich beim besten Willen nicht vorstellen, wie es sich anfühlt, einen Schwanz zu haben. Machen Sie nur nie einen Fehler: Drücken Sie nie mit den Händen den Kopf Ihrer Partnerin nach unten, damit sie Ihren Schwanz tiefer in den Mund nimmt. Das wird ihr das Gefühl geben, dass Sie sie verachten und benutzen. Wenn Sie sie darum bitten, wird sie Ihren Schwanz so tief in den Mund nehmen, wie sie kann – aber zwingen Sie sie nicht dazu.

Reden

Ein immer wiederkehrendes großes Thema ist der so genannte »Dirty Talk«: Soll man oder soll man nicht? Und wenn, was soll man sagen? Was darf man sagen und wann? Und wie finde ich heraus, was der andere sexy und was er abstoßend findet?

Gerade weil für Frauen die Fantasie, die Geschichte in ihrem Kopf, eine so große Rolle spielt, kann Reden beim Sex der Kick sein oder ein echtes Fiasko werden. Am besten tasten Sie sich schrittweise voran: Erzählen Sie ihr, was Sie als Nächstes mit ihr machen werden. Flüstern Sie ihr zum Beispiel schon beim Küssen ins Ohr, dass Sie sie gleich ausziehen und überall küssen werden. Sagen Sie ihr, was Sie an ihr schön finden, wie gut sich etwas anfühlt und so weiter. Wenn Sie darauf gut reagiert, können Sie mit steigender Erregung auch »schmutziger« in Ihrer Wortwahl werden oder in Fantasiegeschichten einsteigen. Finden Sie heraus, worauf Sie stehen, fragen Sie sie, wovon sie heimlich träumt –

wenn sie Ihnen das nicht beantworten kann oder will, fragen Sie sie zum Beispiel, ob sie sich schon mal vorgestellt hat, dass sie beim Sex beobachtet wird oder ob sie gern Sex mit mehreren Männern oder mit Frauen hätte, ob sie heimlichen Sex in der Öffentlichkeit heiß findet oder was auch immer.

Übertreiben Sie aber nicht mit dem Fragen – wenn Sie etwas finden, worauf sie positiv reagiert, tasten Sie sich hier einfach weiter vor. Erzählen Sie ihr eine Fantasie, eine Geschichte, die dazu passt, während Sie sich streicheln und küssen oder während Sie mit ihr schlafen.

Testen Sie, auf welche Ausdrücke und Bezeichnungen sie besonders reagiert und vergessen Sie nicht: Je stärker die Erregung ist, desto »stärker« darf die Wortwahl sein. Was im Moment höchster Erregung antörnt, kann jedoch in einer früheren Phase eher Lachkrämpfe oder sogar Ablehnung und Scham auslösen.

Koitus

Es gibt auch hier grundsätzlich zig Varianten und jede Frau hat in verschiedenen Situationen verschiedene Vorlieben – dies sind nur Beispiele, was Sie tun können, um positive Effekte zu erzielen:

Wenn es so weit ist, können Sie auch hier das »Zappeln-lassen-Spiel« spielen: Dringen Sie zunächst nur ein winziges Stück weit mit Ihrer Penisspitze in sie ein und ziehen Sie sich wieder zurück. Machen Sie das mehrmals hintereinander – variieren Sie dabei die Länge der Pausen zwischen einer bis zu fünfzehn Sekunden, bis Sie sie erneut »anstupsen«. Sie werden merken, dass die Frau daraufhin immer stärker erregt und auch feuchter wird. Das ist eine gute Methode, um erneut die Kombination »Erregung + Sehnsucht« zu entfachen und es ist nicht selten, dass eine Frau daraufhin direkt einen Orgasmus bekommt, wenn Sie nach zwanzig oder dreißig Mal dann urplötzlich ganz in sie eindringen.

7. SCHRITT: DAS HANDWERKSZEUG

Variieren Sie Ihre Stöße – zum Beispiel fünfmal sanft und einmal fest oder in Dreier-Wellen – dreimal tief und fest und dann dreimal sanft oder sehr schnell und dann plötzlich innehalten und sehr langsam werden, sehen Sie ihr dabei in die Augen und sagen Sie nichts.

Fassen Sie ihre Arme an den Handgelenken und halten Sie sie über ihrem Kopf fest – so als wäre Sie an das Bettgestell gefesselt, oder umfassen Sie sie um den Rücken und die Taille ganz fest und drücken Sie sie an sich.

Wenn Sie die Stellung wechseln, tun Sie das nicht mechanisch und schnell, sondern leiten Sie es ein dadurch, dass Sie langsamer werden und mehr küssen und streicheln, oder lassen Sie es auch mal ganz und verharren Sie einfach küssend und streichelnd für ein paar Minuten in Ihrer Partnerin.

Im Kamasutra gibt es eine Übung, bei der der Mann über Stunden nahezu regungslos in seiner Partnerin bleibt und sie nur liebkost und sich nur dann bewegt, wenn der Penis wieder weich zu werden droht. Es soll für eine tiefere spirituellere Verbindung der Liebenden sorgen.

Egal was Sie auch tun: Wichtig ist dabei immer, dass Sie nicht einfach drauflosrammeln, sondern bedenken, dass die Stimulation ihrer Vagina das Geringste ist, was Sie beim Sex für Ihre Partnerin tun können.

In den meisten Pornos endet der Sex damit, dass der Mann der Frau sein Sperma ins Gesicht spritzt und sie es freudestrahlend empfängt. Im wahren Leben finden die meisten Frauen das nicht so toll ... Es gibt auch Frauen, die finden es eklig, Sperma in der Vagina zu haben, wieder andere machen sich Sorgen darum, dass sie schwanger werden könnten, wenn er nur ein paar Tropfen auf ihr verliert, und wieder andere finden es sexy und erregend zu schlucken.

Sollten Sie unsicher sein, zu welcher Sorte Frau Ihre aktuelle Geschlechtspartnerin gehört, fragen Sie sie einfach! Machen Sie nie den Fehler, einer Frau ins Gesicht zu spritzen, ohne sie vorher um »Erlaubnis« gefragt zu haben.

Weitere Tipps für ein interessantes, erregendes Liebesspiel:

- Verwenden Sie für das Petting oder das Vorspiel handwarmes Öl. Übergießen Sie sich und ihre Partnerin damit großzügig und massieren Sie sich gegenseitig von Kopf bis Fuß. (Achtung – Unterlage!) Schlafen Sie miteinander, solange Sie noch »glitschig« sind. (Aber Vorsicht: Öl macht Kondome porös und damit unsicher.)
- Verbinden Sie Ihrer Partnerin die Augen und berühren und küssen Sie sie an unterschiedlichen Stellen. Hauchen Sie ihr in den Nacken oder zwischen die Beine, streichen Sie mit Pinseln oder Federn und anderen Hilfsmitteln oder auch mit Eiswürfeln über ihre Haut und variieren Sie die Stellen, die Abstände und die Art der Stimulation immer wieder.
- Vereinbaren Sie mit ihr, dass Sie sich eine Stunde lang nur streicheln und berühren dürfen – nicht küssen und nicht eindringen.
- Schicken Sie ihr schon am Mittag eine »unanständige« SMS und erwarten Sie sie am Abend bei Kerzenschein nackt im Bett, sagen Sie ihr, sie solle sich für Sie ausziehen.
- Wenn Sie sich im Sommer mit ihr verabreden, bitten Sie sie darum, ein Kleid zu tragen ohne Höschen darunter. (Nur wenn sie gern Kleider oder Röcke trägt und wenn das nicht Ihr erstes Date ist natürlich!)
- Sorgen Sie auch für Geschmackserlebnisse – füttern Sie sie mit Erdbeeren, Schokolade, Pudding oder benutzen Sie Sprühsahne dekorativ an diversen Körperstellen.
- Wenn Sie einen stabilen Esstisch haben, denken Sie mal über seine sexuelle Eignung nach.

- Setzen Sie sich auf einen Stuhl und lassen Sie Ihre Partnerin mit dem Gesicht zu Ihnen gewandt auf Ihnen Platz nehmen und Sie reiten. (Achtung: Das klappt nur, wenn die Höhe des Stuhls zur Länge der Beine Ihrer Partnerin passt und entsprechend stabil ist.) Umfassen Sie ihren Po und unterstützen Sie ihre Bewegungen dabei.
- Flüstern Sie Ihrer Partnerin ab und zu mal ins Ohr, wie scharf sie ist oder wie sehr Sie sie begehren – und zwar in Situationen, wo Sex gerade nicht möglich ist (im Restaurant, auf Partys, während Sie bei Verwandten zu Besuch sind und so weiter).
- Laden Sie sie zu kleinen Spielchen ein: Behandeln Sie sie wie eine ungezogene Schülerin, die jetzt »nachsitzen« muss, oder tun Sie so, als seien Sie sich gerade erst begegnet und würden sie jetzt direkt beim ersten Treffen verführen. Tun Sie so, als sei es Ihr erstes Mal überhaupt und lassen Sie sich von Ihrer Partnerin verführen. Wenn Ihre Partnerin den entsprechenden Humor dafür hat, spielen Sie doch mal den Handwerker, wenn Sie nach Hause kommen, und lassen Sie sich von der einsamen Hausfrau verführen oder erwarten Sie sie als ihr Sexsklave. Achten Sie bei solchen Aktionen darauf, dass sie zwar überrascht wird, aber weiß, dass heute irgendetwas passieren soll – nichts ist tödlicher für die gemeinsame Sexualität als eine peinliche Situation.

SEXUELLE TABUFRAGEN

Mit diesen Informationen und Anregungen haben Sie alles, was Sie brauchen, um ein großartiger Liebhaber sein zu können. Es gibt in Bezug auf Sex jedoch noch ein paar weitere Aspekte, über die Männer und Frauen nicht sprechen, obwohl es sie brennend interessiert, und wenn man darüber spricht, häufig doch nicht ganz ehrlich ist.

Kommt es auf die Größe an?

Häufig taucht in Internetforen, Medien und Gesprächsrunden die Frage auf, ob es auf die Größe ankommt. Immer wieder gibt es gute Argumente dafür, etwa dass Frauen ja in der Vagina nicht so viele Nerven hätten und die Größe daher nicht entscheidend sei und so weiter. Nun, ich habe ein paar gute und ein paar schlechte Nachrichten für Sie: Die Wahrheit ist, dass Frauen fast ausnahmslos große Schwänze toll finden.

Das ist die schlechte Nachricht, jetzt kommen die guten: Ist ein Penis so groß, dass er der Frau schon wehtut, ist das auch kein Gewinn. In vielen Stellungen ist ein großer Penis für Frauen geradezu schmerzhaft und sie werden auch empfindlicher, wenn sie kurz hintereinander mehrmals Sex haben – so kann auch ein kleinerer Penis große Gefühle hervorrufen. Grundsätzlich mögen Frauen das Gefühl, von Ihrem Partner »ausgefüllt« zu werden – egal ob es dabei ein objektiv großer Penis ist oder nicht.

Letztlich ist es eine Frage der Kompatibilität: Genau wie es Männer mit kurzen, langen, dicken oder dünnen Penissen gibt, gibt es Frauen mit großen und kleinen Vaginas, großen und kleinen Schamlippen und unterschiedlich tief sitzenden G-Punkten.

Die meisten Frauen, die ich kenne, vertreten allerdings tatsächlich die Meinung, dass der Sex mit Männern mit kleineren Penissen auf Dauer befriedigender sei, weil »kleinere Männer« sich mehr Mühe geben würden beim Sex und fantasievoller seien, während Männer mit großen Penissen sich oft einfach nur auf ihr großes Ding verlassen würden.

»Zu groß« gibt es im Grunde nicht – es sei denn, Ihr Penis ist tatsächlich länger als 30 Zentimeter oder Sie schaffen es nicht,

Ihre Partnerin genug zu erregen. Überlegen Sie mal: Bei einer Geburt passt sogar der Kopf eines Säuglings durch den Scheidenkanal! Ist eine Frau also entsprechend erregt und feucht, kann sie auch einen großen Penis aufnehmen. In seltenen Fällen ist es möglich, dass eine Frau trotz starker Erregung nicht feucht genug wird – das hat dann tatsächlich medizinische Gründe und kann ärztlich behandelt und kurzfristig auch mit Gleitgel »überwunden« werden.

Glücklicherweise wissen Sie ja auch bereits, dass die Fantasie und das Gefühl Ihrer Partnerin eine noch viel größere Rolle spielen als die Größe ihres Penis. Stimulieren Sie ihre Fantasie – dann ist die Größe nur eine Nebensache.

Was ist mit Analsex?

Das Thema Analsex ist auch heute noch ein großes Tabu – vor allem in Beziehungen darüber zu sprechen scheint sehr schwierig zu sein. Es gibt Frauen, die fürchten oder ekeln sich vor Analsex, andere wiederum finden es toll und wissen nicht, wie sie es sagen sollen. Das ist ja nun auch nicht gerade ein Thema für den Sonntagskaffee: »Du sag mal, stehst du eigentlich auf Analsex?«

Eine gute Möglichkeit ist, sich beim Sex langsam heranzutasten: Wenn Sie Ihre Partnerin in der Hündchenstellung von hinten stoßen, werden Sie langsamer und spreizen Sie ihre Pobacken – das ist nicht nur für Sie ein scharfer Anblick, es fühlt sich für Ihre Partnerin auch plötzlich ganz anders an. Streicheln Sie dann mit einem Finger über ihren Anus – wenn sie das geschehen lässt oder sogar erregter davon wird, ist das ein positives Zeichen. Befeuchten Sie Ihren Finger und reiben Sie ihren Anus und dringen Sie ein ganz kleines Stück ein. Das sollte für das erste Mal wahrscheinlich genügen – fragen Sie Ihre Partnerin nach dem Sex, wie ihr das gefallen hat, und überlegen Sie gemeinsam, ob

Sie weitere Erfahrungen damit machen möchten. Sollten Sie sich dafür entscheiden, besorgen Sie sich unbedingt ein vernünftiges Gleitmittel; es gibt entsprechende Gels in Drogerien und Fachgeschäften oder bei Versandhändlern. Bitte beachten Sie, dass Öl Latex angreift und porös macht, so dass es nicht für die Verwendung mit Kondomen geeignet ist.

Schützen Sie sich und Ihre Partnerin!

Wenn Sie mit einer Frau schlafen, verwenden Sie so lange ein Kondom, bis Sie wirklich, wirklich, wirklich sicher sind. Aids ist dabei noch lange nicht das einzige Kriterium, wenn es um »Sicherheit« geht: Geschlechtskrankheiten wie Syphilis oder Gonorrhö, die schon als fast ausgestorben galten, tauchen heute sogar wieder vermehrt auf. Es sterben mehr Menschen an Hepatitis B als an allen anderen Geschlechtskrankheiten zusammen. Außerdem gibt es eine Reihe so genannter HP-Viren, die bei Frauen zu Gebärmutterhalskrebs und zu Unfruchtbarkeit führen können. Sorgen Sie deshalb für Sicherheit, bis Sie sicher sind.

Sicher sind Sie:
- wenn Sie beide einen Aidstest gemacht haben
- wenn Sie sicher sein können, dass weder Sie noch Ihre Partnerin irgendeine andere Geschlechtskrankheit haben könnte (Tripper, Herpes oder Feigwarzen erkennt man oft nicht auf den ersten Blick, sie sind aber allesamt unschön, schmerzhaft und leider auch weit verbreitet)
- wenn Sie ganz sicher sein können, dass jedwede andere Verhütungsmethode, die Sie beide benutzen, wirklich verlässlich angewandt wird und sicher ist
- wenn Sie in Kauf nehmen würden, mit dieser Frau ein Kind zu zeugen

Denken Sie daran, dass Geschlechtskrankheiten wie Aids, Hepatitis und die anderen genannten sich nur deshalb ausbreiten können, weil jeder glaubt, dass *ihm* das schon nicht passieren würde. Vielleicht wissen Sie ja sogar, mit wem Ihre Sexpartnerin in den letzten zwölf Monaten Sex hatte – aber wissen Sie denn auch, mit wem die Sexpartner der Partnerin in den zwölf Monaten vorher Sex hatten? Wissen Sie, mit wem die Menschen, mit denen Sie vorher Sex hatten, davor geschlafen haben? Und die wiederum? Wohl kaum.

Und bedenken Sie auch bei aller Erregung, dass es niemandem hilft, wenn plötzlich ein Kind entsteht, das eigentlich keiner oder nur einer von Ihnen haben wollte.

Absolute Beginner – das allererste Mal

In meinen Kursen begegne ich immer mal wieder so genannten »Absolute Beginners«: Männer, die – obwohl häufig schon über 25 – noch nie Sex mit einer Frau hatten. Die Gründe dafür sind unterschiedlich und mannigfaltig und es gibt inzwischen sogar im Internet Selbsthilfegruppen dafür. Der Druck auf diese Männer ist vergleichsweise stark. Zum einen ist der Druck von innen da, endlich, endlich, endlich mal Sex zu haben. Zum anderen ist der vermeintliche Druck von außen sehr stark: Wenn ein Mann von sagen wir mal 28 Jahren eine Frau kennenlernt und es intim wird, glaubt der Mann, dass die Frau von ihm erwartet, dass er weiß, »wie es geht«. Er hat Angst, etwas falsch zu machen und er hat Angst, sich vor der Frau zu blamieren.

Es gibt mehrere Möglichkeiten, dieser Angst zu begegnen: Entweder man nimmt seinen Mut zusammen und »gesteht« der Frau, die man mag, seine Jungfräulichkeit – damit findet man auch direkt heraus, ob sie »die Richtige« ist (nämlich wenn sie Verständnis hat). Oder man entledigt sich seiner Jungfräulichkeit mit einer netten, aufgeschlossenen Frau, die nur Sex sucht oder die das beruflich macht. In vielen männlichen Köpfen ist eine Prostituierte eine Drogensüchtige oder eine abgehalfterte Schlampe oder eine Frau, die dumm ist und zur Prostitution gezwungen wird. Tatsächlich ist es aber so, dass eine große Zahl der Prostituierten offenbar tatsächlich nur »Gelegenheitsprostituierte« sind – zum Teil sogar Studentinnen, die sich ihr Studium damit finanzieren, oder »Hobbyhuren«, die sich ihre Kunden sorgfältig aussuchen und es praktisch finden, für Sex auch noch bezahlt zu werden. Man findet solche Frauen sehr leicht mit etwas Recherche im Internet – und es ist bestimmt für jeden Absolute Beginner eine einfühlsame Sexpartnerin dabei, die ihm zeigt, was er wissen muss.

Ich hoffe, dass nun auch Ihre wichtigsten Fragen beantwortet sind und Sie wissen, was Sie zu tun haben – jetzt fehlt Ihnen nur noch die passende Frau dazu ...

8. SCHRITT: GELEGENHEITEN SCHAFFEN UND NUTZEN

Wie Mann Frauen kennenlernt

Es ist so weit: Sie wissen nun alles, was Frauen gut finden und was Sie brauchen, um Erfolg bei Frauen zu haben. Jetzt fragt sich nur noch: Wo sind die Frauen?

In meinen Flirttrainings mache ich regelmäßig die Erfahrung, dass Menschen zu mir kommen, weil sie lernen wollen, mit einer bestimmten Verhaltensweise und bestimmten Sätzen einen bestimmten Menschen oder einen Typ Mensch, der ihnen gefällt, zu beeindrucken und für sich zu gewinnen. Ich vergleiche sie dann gern mit Möchtegern-Konzertpianisten: Sie kommen zu mir, um ein Klavierkonzert vor wichtigem Publikum geben zu können – aber sie spielen sonst nie. Wie sind die Chancen, wichtiges Publikum zu beeindrucken, wenn man sonst nicht spielt? Wie gut wären Sie, wenn zu Ihrer Nervosität wegen der Wichtigkeit noch die Tatsache hinzukommt, dass Sie nie üben?

Mit Frauen zu flirten ist eine Fähigkeit, die Sie nicht einfach an- und abschalten können. Sie brauchen Übung darin, genau wie bei jeder anderen Sache, die Sie je gelernt haben: Wenn Sie leicht und zahlreich Frauen kennenlernen möchten, wenn Sie locker flirten können möchten – und das müssen Sie im Grunde tatsächlich, wenn Sie auf der Suche nach Ihrer Traumfrau sind oder mehr Sex mit attraktiven Frauen haben möchten –, darf die Kontaktaufnahme zu einer Frau für Sie nichts Außergewöhnliches, nichts Besonderes und schon gar nichts Bedrohliches sein. Es sollte alltäglich sein, etwas, das Sie genauso selbstverständlich machen wie Zähne putzen oder Schuhe binden. Erinnern Sie sich noch daran, wie Sie gelernt haben, Schuhe zu binden oder Rad zu fahren? Wie kompliziert das zunächst erschien und wie sehr Sie sich konzentrieren mussten? Heute geht es ganz von selbst – Sie denken überhaupt nicht mehr darüber nach. Sie haben es so viele Tausend Mal gemacht, dass es zu einer ganz natürlichen Fähigkeit, zu einer unbewussten Kompetenz geworden ist.

Das Schwierige am Flirten ist ja, dass es eine Kunst ist, die Balance zu halten: Frauen wollen nicht angemacht werden. Wir wollen nicht das Gefühl haben, dass ein Mann uns anspricht und dann volltextet, nur weil wir eben gerade hier sind und der Mann bei uns versucht, irgendeine Masche abzuziehen, mit der er uns ins Bett quatschen kann. Wir hassen so etwas. Auf der anderen Seite maulen wir aber auch herum, wenn wir am Wochenende mit unseren Freundinnen ausgehen und nicht einen einzigen Mann kennengelernt haben und auch keiner uns überhaupt nur zu beachten schien. Weil wir aber diese Anmachen nicht mögen, machen wir es den Männern leider häufig sehr schwer:

- Wir erwidern keinen Blickkontakt.
- Wenn wir mal beim Hinsehen erwischt werden, schauen wir sofort weg.
- Wir lächeln vage in Richtung Decke anstatt in Richtung des Mannes, der uns gefällt, und erscheinen grundsätzlich lieber desinteressiert und gelangweilt als freundlich und interessiert.

Lieber Mann, all das ist nur Show. Es ist eine Show, die über die Unsicherheit der Frau hinwegtäuschen und feige, dumme und langweilige Männer auf Abstand halten soll. Zwar wartet jede Singlefrau irgendwie auf ihren Traumprinzen – aber sie erwartet nicht, dass sie ihn am Freitagabend in der Kneipe oder am Dienstagmorgen im Bus kennenlernt. Sie erwartet allerdings schon, dass sie am Freitagabend in der Kneipe dumm angemacht werden könnte und Dienstagmorgen im Bus von irgend so einem Heini genervt wird. Genau deshalb ist der Schlüssel »Sicherheit« so wichtig. Das unverbindliche Flirten mit der Inkaufnahme des kompletten Risikos ist der Weg, diese Sicherheit zu erlangen.

Sie haben inzwischen die Entscheidung getroffen, weder feige noch langweilig noch dumm zu sein. Sie sind von dieser Show also ab sofort überhaupt nicht mehr beeindruckt! Sehen Sie es mal so:

 Jede Frau ist eine Gelegenheit, aber nur wenige dieser Gelegenheiten führen zu etwas – also ist es umso wichtiger, viele Gelegenheiten zu nutzen, damit Sie am Ende das gewünschte Ergebnis erzielen.

Einige Männer, die Schwierigkeiten mit dem Flirten haben, sind grundsätzlich eher kontaktarm: Sie haben wenige Freunde und häufig überhaupt keine weiblichen Freunde. Kontakt zu fremden Menschen macht sie eher nervös, sie haben Angst, etwas falsch zu machen, oder schlichtweg wenig Interesse an Menschen, die ihnen nicht attraktiv erscheinen. Sehen sie eine Frau, die ihnen gefällt, wachen sie kurz aus dem Koma auf und verspüren den Wunsch, diese Frau kennenzulernen. Leider haben sie durch ihre mangelnde Übung im Umgang mit fremden Menschen und Frauen keine Ahnung, wie sie das anstellen sollen. Zu der Verkrampfung aufgrund der Angst vor Ablehnung und Blamage gesellt sich dann noch die Scham, weil man gerade auch noch erregt wurde durch den Anblick der attraktiven Frau, und das Desaster ist komplett. Seltsamerweise kommen aber die wenigsten dieser Männer auf die Idee, erst mal eine Grundsicherheit im Umgang mit anderen Menschen und speziell mit Frauen aufzubauen – nein, sie senken den Kopf, richten den Blick auf Kniehöhe und schlurfen davon. Mit jeder dieser Begegnungen werden sie unsicherer, fühlen sich schlechter sowie unattraktiver und sie werden noch mutloser – und noch kontaktärmer.

Doch auch weniger schüchternen Männern will es oft gerade wegen dieser sexuellen Komponente nicht gelingen, beim Anblick einer Frau entspannt und normal zu bleiben. Der Grad der Nervosität und der damit verbundenen Sprachlosigkeit steigt mit der Attraktivität der Frau und der damit verbundenen Erregung. So als wäre es verboten, diese Frau sexy zu finden.

Bleiben Sie cool: Es ist eine von der Natur gewollte Reaktion, dass Sie erregt werden, wenn Sie eine Frau sehen, die Ihnen gefällt. Es ist sehr sinnvoll, wenn Sie in der Lage sind, diesen Impuls im Griff zu haben, und die Frau ansprechen anstatt anspringen, doch es ist eine psychologische oder erzieherische Fehlleistung, wenn Sie sich deswegen schämen. Das ist häufig das Erfolgsgeheimnis von Männern, die scheinbar mühelos mit Frauen flirten. Merken Sie sich:

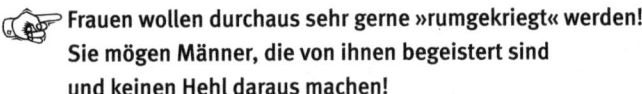
> **Frauen wollen durchaus sehr gerne »rumgekriegt« werden!
> Sie mögen Männer, die von ihnen begeistert sind
> und keinen Hehl daraus machen!**

Tun Sie also niemals so, als hätten Sie überhaupt kein sexuell motiviertes Interesse an einer Frau, wenn das gar nicht stimmt, denn so landen Sie entweder auf der »Kumpelschiene« oder die Frau spürt, dass etwas nicht stimmt, fühlt sich unwohl und gibt Ihnen direkt den Laufpass.

Erinnern Sie sich an den Denkfehler, dass Frauen nicht so sehr auf Sex aus wären? Dieser Denkfehler ist schon vielen Männern zum Verhängnis geworden: Radiomoderator Michael zum Beispiel hatte in seiner Sendung stets eine große Klappe, aber Frauen gegenüber brachte er kaum einen Ton raus. Sein Hauptproblem erkannte ich schon nach wenigen Sätzen. Er sagte: »Ich will die Frauen ja nicht ins Bett kriegen.«

Und genau weil er das nicht wollte, kriegte er auch nie eine Frau ins Bett. Die Wahrheit jedoch war, dass er natürlich sehr gern eine Frau (auch) ins Bett kriegen wollte, aber davon ausging, dass Frauen das eben nicht wollten. So fühlte er sich vor jedem Flirtversuch wie ein schäbiger kleiner Gauner, der jetzt eine Frau belästigen und irgendwie überrumpeln müsste. Er hatte das Gefühl, ein Bedürfnis zu haben, das die Frauen ganz und gar nicht mochten. Kein Wunder, dass er sich meist gar nicht traute, zu flirten.

Wir veränderten schrittweise seine Perspektive – zunächst korrigierten wir den Satz auf ein »Ich will die Frau nicht *nur* ins Bett kriegen« – das passte gut, denn tatsächlich suchte Michael seine »Traumfrau« für eine feste Beziehung. Natürlich wollte er mit dieser Frau auch Sex haben, aber er wollte eben auch wirklich eine Beziehung mit Liebe, Treue, Spaß und allem, was dazugehört. Als Nächstes fragte ich ihn, ob er so schlecht im Bett sei, dass es für eine Frau einen Grund gäbe, das zu vermeiden. Nachdem wir ausgiebig über meine Frage gelacht hatten, schlug ich ihm ein Experiment vor: Um seine Angst zu überwinden, sollte er einige Frauen ansprechen und einen wirklich blöden Spruch bringen. Er lautete: »Hi, ich bin Michael – ich bin echt nett und gut im Bett!«

Zunächst protestierte er natürlich. Ich fragte ihn, was er zu befürchten habe, und er erwiderte, dass die Frauen ihn sicher mindestens ohrfeigen würden dafür. Nachdem ich ihm versprach, dass ich in der Nähe bleiben und mich im Notfall dazwischenwerfen würde, und er sich auch noch mal klarmachte, dass ich ihm nichts ohne Grund vorschlug, willigte er schließlich ein. Das war seine Befreiung! Anfangs war er verkrampft und nervös, doch nachdem er sich das erste Mal getraut hatte, ging er immer lockerer auf immer mehr Mädchen zu, denn alles, was passierte, war, dass die jungen Frauen lachten und kicherten oder ihm allenfalls sagten, dass er mit einem solchen Spruch bei ihnen nicht landen würde. Manche jedoch unterhielten sich sogar mit ihm und erzählten ihm, mit welchen Sprüchen andere Männer so ankämen. Er merkte, dass selbst mit einem so dämlichen Spruch keine seiner Horrorvisionen von Ohrfeigen, Ablehnung und Zurückweisung eintrat. Im Gegenteil – da er nicht wirkte wie jemand, der Frauen mit plumpen Sprüchen anmacht, wurden die Frauen eher neugierig und sie erzählten ihm bereitwillig, was sie gern hören wollten. Direkt am selben Abend noch ging er aus und begann, mit Frauen zu flirten. Er merkte, dass er mit Charme, Komplimenten, Aufmerksamkeit und einer Spur Frechheit gut ankam und dass er es sogar darauf anlegen konnte, die Frau ins Bett zu kriegen, weil viele Frauen das überhaupt nicht schlimm finden, ganz im Gegenteil: Viele Frauen gehen gern mit einem charmanten, aufmerksamen und lustigen Mann wie ihm ins Bett – selbst wenn er nicht ihr Traummann ist oder sie nicht seine Traumfrau.

Doch auch Michael hatte schnell gelernt: Wenn etwas gar nicht funktioniert, dann sind es »Sprüche«. Es gibt zwar tatsächlich ganze Bücher mit Flirtsprüchen, doch ein »Spruch« funktioniert fast nie, weil er nicht authentisch ist.

Wenn Sie eine Frau ansprechen, dann sollte es so sein, dass es zur Situation, zu ihr und zu Ihnen passt – und am besten wäre es, wenn sie sogar noch nie auf diese Weise angesprochen wurde. Dafür jedoch braucht man ein Gespür und dieses Gespür entwickelt man nur durch Aufmerksamkeit und Übung.

Lernen Sie von den Frauen

Eine kleine »Übung«, die ich häufig in meinen Flirttrainings anwende, ist, dass meine Teilnehmer Menschen des anderen Geschlechts befragen sollen, wie diese flirten und wie sie gern angeflirtet werden möchten. Viele Teilnehmer haben Angst vor dieser Aufgabe und finden das peinlich. Wer sich jedoch traut, kommt stets positiv überrascht zurück in den Seminarraum, denn die meisten Menschen und vor allem Frauen beantworten diese Frage sehr gern und beginnen dann manchmal sogar tatsächlich zu flirten. Frauen sind gern hilfsbereit und wenn ein Mann einer Frau gegenüber offen bekennt, dass er sich im Umgang mit Frauen verbessern möchte, wissen fast alle Frauen das zu schätzen und sind äußerst offen und gesprächsbereit.

Überhaupt wären Sie sehr überrascht darüber, wie nett viele Frauen sind, wenn man sie freundlich und normal anspricht. Viele Frauen sind misstrauisch gegenüber fremden Männern, weil einige davon sich benehmen wie Geistesgestörte, die seit Jahren keine Frau mehr gesehen haben ...

Überwinden Sie Ihr »Überlebensprogramm«

Wenn Sie sehr schüchtern sind und bisher kaum oder gar nicht flirten, ist es wichtig, dass Sie zunächst Ihre Scheu verlieren: Sie müssen es schaffen, dass Kontakt zu Frauen ganz normal für Sie wird. Solange ein Gespräch mit einer fremden Frau für Sie noch eine Ausnahme ist, wird Ihr Instinkt diese Situation als »gefährlich« beurteilen und Ihr Körper wird Adrenalin ausschütten. Haben Sie jedoch eine zu große Menge Adrenalin im Blut, lähmt das Ihr Sprachzentrum. Adrenalin sorgt in der Regel für die Aktivierung der Urinstinkte zur Lebensrettung:

- Flucht
- Angriff
- Totstellen

Keines dieser drei Programme ist geeignet, um eine Frau kennenzulernen.

Machen Sie sich klar, dass vermutlich acht von zehn Frauen Sie nicht kennenlernen möchten – und das hat nichts mit Ihnen zu tun: Es ist ganz normal! Einige Frauen, die Ihnen gefallen, sind wahrscheinlich schon in einer Partnerschaft, einige andere haben gerade Liebeskummer, Ärger im Job, Hass auf Männer, Kopfschmerzen, gleich eine Verabredung, sind schon verliebt, sind gerade abgelenkt oder unaufmerksam oder haben eben einfach keine Lust, gerade jetzt und hier einen Mann kennenzulernen ... oder aber: Die Frau hat einen anderen Geschmack und Sie sind eben nicht ihr Typ – das kommt vor. Da Sie selbst aber, weil Sie diese zehn Frauen kennenlernen wollten, vermutlich dreißig bis achtzig andere Frauen ignoriert haben, die wiederum nicht Ihr Typ waren, ist das doch wohl nur fair.

Einen Grund zur Ablehnung gibt es noch, der mit Ihnen zusammenhängen kann: Sie stellen sich mangels Übung bei einem Flirt so dämlich an, dass die Frau das Interesse an Ihnen verliert oder Sie für einen Stalker hält. Beginnen Sie also mit etwas, das Ihnen nicht so viel Angst macht. Eine gute Methode, um Schüchternheit zu überwinden und locker zu werden, ist »Lieblingskunde werden« – und das geht so:

Es dauert je nach Art des Geschäfts oder Lokals und der Frequenz Ihrer Besuche zwei bis sechs Wochen. Wählen Sie ein Café, einen Laden oder irgendeine andere Lokalität in Ihrer Nähe. Als Erstes brauchen Sie den Namen der Dame, die Sie bedient. Wenn sie kein Namensschild hat, fragen Sie sie danach. Wenn sie wissen möchte, warum Sie das wissen wollen, dann sagen Sie ihr, Sie kommen gern hierher und möchten wissen, mit wem Sie es zu tun haben. Oder machen Sie ihr ein kleines Kompliment und sagen Sie, Sie möchten wissen, von wem Sie Ihren Freunden morgen vorschwärmen ... Ja, das ist ganz schön dick aufgetragen – aber wissen Sie, was das Gute daran ist? Die Dame arbeitet mehrere Stunden täglich an diesem Ort und kaum jemals interessiert sich jemand für sie als Mensch. Die meisten Kunden behandeln sie wie einen Automaten, viele sagen nicht mal »bitte« oder »danke«, manche sind sogar unfreundlich, pampig oder sogar gemein. Sie aber, Sie sind freundlich, Sie sind aufmerksam und bringen Abwechslung und echtes Interesse mit. Da Sie jedoch Kunde sind, werden Sie – selbst wenn die Dame zunächst irritiert sein sollte – in jedem Fall professionell freundlich behandelt. Sie müssen auch nicht besonders nervös sein, denn in jedem Fall ist es ja »nur« der Supermarkt, die Bäckerei oder das Café – es ist keine »ernsthafte« Situation, sondern nur eine Übung. Kunden oder Gäste sind in der Regel für Mitarbeiterinnen »tabu«, aber genau deshalb können sie sich oft leicht auf einen unverbindlichen kleinen Flirt einlassen.

Wichtig ist nun: Merken Sie sich den Namen, stellen Sie sich eventuell selbst auch vor (oder heben Sie sich das für das nächste Mal auf). Wenn Sie die Dame noch nicht so häufig gesehen haben, fragen Sie, ob sie jetzt regelmäßig dort ist oder ob Sie sich beim nächsten Mal schon wieder an jemand anderes gewöhnen müssen – das bringt Humor in die Situation und vermutlich wird sie Ihnen sagen, wie oft und wann sie dort arbeitet. Sollte sie das nicht tun, fragen Sie ruhig danach. Wenn Sie die Dame das nächste Mal antreffen, begrüßen Sie sie mit ihrem Namen. Fragen Sie, wie es ihr heute geht und danach, was sie Ihnen heute empfehlen kann (nach einer Empfehlung zu fragen ist ein Kompliment an die Person). Verabschieden Sie sich mit »Bis zum nächsten Mal« oder »Bis morgen« oder Ähnliches. Beim nächsten Mal wiederholen Sie diese Prozedur. Sollte die Dame bei den nächsten Besuchen oder Einkäufen »zufällig« besonders gut aussehen – ist sie vielleicht etwas mehr geschminkt, hat die Haare besonders schön, trägt (falls das möglich ist) irgendetwas, das auffälliger sexy ist als bisher – ist das vielleicht gar kein Zufall: Wenn wir von jemandem Wertschätzung, Lob und positives Interesse erhalten, möchten wir etwas dafür tun, dass wir mehr davon bekommen. Sollte Ihnen also etwas auffallen, was ein Kompliment wert ist: Machen Sie eines. Spätestens nach der fünften Begegnung sind Sie »Lieblingskunde«.

Das Gute an dieser Sache ist, dass Sie Ihre Lieblingsbäckereiverkäuferin nicht »betrügen«, wenn Sie auch der Lieblingskunde der Kellnerin im Café an der Ecke oder der Kassiererin in der Kantine werden. All diese Damen müssen eigentlich von Berufs wegen nett zu ihren Kunden sein – und manchmal ist das ganz schön schwer und ermüdend. Ein Kunde, der mal ein nettes Wort oder einen Scherz auf den Lippen hat, kann ein echter Tagesretter sein – und Sie können ganz ungefährlich Ihren Charme entwickeln und mutiger werden im Umgang mit Frauen, denn diese Frauen tun Ihnen nichts.

Überwinden Sie Ihre Bedürftigkeit

Ein wichtiger Punkt für den Erfolg eines Flirts ist, nicht bedürftig zu sein oder zu wirken. Das ist leichter gesagt als getan: Wie soll man nicht bedürftig sein, wenn man ein Bedürfnis hat? Wir alle haben Bedürfnisse – nach Liebe, nach Sex, nach Nähe und Intimität, nach Zärtlichkeit oder einfach nach jemandem, der uns zuhört oder mit uns redet.

Je weniger Sie flirten, desto wichtiger wird der einzelne Flirt für Sie und desto mehr erhoffen Sie sich, dass dieser Flirt Ihnen gelingen mag und die Frau positiv auf Sie reagiert, und desto größer wird die Angst, zu versagen, und die Enttäuschung, wenn es nicht so läuft, wie Sie es sich vorgestellt haben. Sie können sich das vorstellen wie eine Spirale, die immer enger wird, und die Angst, zu versagen, wird dabei immer größer und damit auch Ihre Bedürftigkeit.

Diese Bedürftigkeit können Sie nur abstellen, wenn Sie ab sofort mit vielen Frauen in Kontakt kommen. Fordern Sie nicht gleich alles von sich, sondern steigern Sie sich langsam, aber kontinuierlich. Beginnen Sie mit etwas, vor dem Sie wenig oder keine Angst haben müssten. Je nach Grad Ihrer Schüchternheit könnte das sein:

- Üben Sie doch erst mal eine Woche lang, Frauen anzusehen, ohne Panik zu bekommen.
- In der Woche danach suchen Sie Blickkontakt.
- In der nächsten Woche denken Sie sich ein »Hallo« dazu, wenn Sie ein Frau ansehen.
- Danach sagen Sie »Hallo« im Vorbeigehen, ohne auf etwas zu warten.
- Wenn Sie das geschafft haben, beginnen Sie Frauen anzusprechen und kurze Gespräche ohne weitere Absicht zu führen (etwa über das Wetter, den Weg, die Umgebung etc.).
- Gewöhnen Sie sich an, attraktive Frauen grundsätzlich mit dem Gedanken »Hey, du gefällst mir!« anzusehen.
- Führen Sie jeden Tag mindestens ein Gespräch mit einer Frau – egal wo oder worüber –, ohne dass Sie ein weiteres Ziel verfolgen.

Je nachdem wie schüchtern Sie sind, können Sie an jeder Stelle dieser Punkte einsteigen. Fällt Ihnen Blickkontakt leicht, dann beginnen Sie mit dem Grüßen.

Trainieren Sie sich selbst, grundsätzlich positiv und einladend auf Frauen zu reagieren statt ängstlich und abweisend oder gar nicht.

Lassen Sie Gespräche mit Frauen zu einem ganz normalen und üblichen Teil Ihres Alltags werden, aus dem nicht zwangsläufig ein Flirt, ein Date oder mehr werden muss, weil es durch dieses neue Verhalten so viele Chancen gibt, dass Sie gar nicht jede ergreifen müssen.

Werden Sie zum Beispiel erst mal Lieblingskunde und / oder Lieblingskollege und dann trauen Sie sich an »fremde« Frauen heran. Viele Frauen, die ich kenne, sind in ihrer Freizeit sehr aktiv und äußern immer wieder Bedauern, dass sie dabei dennoch so wenige Männer kennenlernen. Sie fragen sich, wo denn all die Singlemänner wären – die können doch nicht alle nur beim Fußball sein? Nein, das sicher nicht – aber wo sind sie dann? Wo sind Sie denn zum Beispiel die ganze Zeit? Bei der Arbeit, zu Hause, bei Freunden?

Wenn Sie es tatsächlich darauf abgesehen haben, mehr Erfolg bei Frauen zu haben, dann müssen Sie zwangsläufig einen Teil Ihrer Zeit dazu einsetzen, dort zu sein, wo Sie Frauen begegnen. Gewöhnen Sie sich nicht nur an, häufiger auszugehen, sondern nutzen Sie alle Gelegenheiten. Nutzen Sie auch Ihre angestrebte Lebensverbesserung dazu, Orte und Veranstaltungen zu besuchen, bei denen Sie Frauen kennenlernen.

WO MANN FRAUEN TRIFFT

Um Frauen kennenzulernen, muss Mann dorthin gehen, wo sich Frauen aufhalten. Klingt absurd einfach und scheint dennoch unglaublich schwierig zu sein, sonst würde es ja an den nachfolgenden Orten von Männern nur so wimmeln – tut es aber nicht!

Die nachfolgenden Möglichkeiten sind eine Auswahl an Orten und Veranstaltungen, wo sich immer ein Überschuss an Frauen befindet. In der Regel ist die Mehrzahl dieser Frauen dort sogar Single – Sie werden bald feststellen warum und einen »Riecher« dafür entwickeln. Geben Sie nicht gleich auf, wenn Ihr erster Versuch vielleicht nicht zum gewünschten Erfolg führt. Wenn Sie dort nicht die »Sorte« Frau vorfinden, die Sie sich vorstellen, passen Sie Ihr Suchmuster dem an, was Sie sich wünschen. Wo würde eine Frau, die so ist, wie Sie sie sich vorstellen, wohl hingehen?

Und lassen Sie den Kopf nicht hängen, wenn Sie beim ersten Mal nicht sofort von Frauen umringt werden – Frauen haben einen Riecher dafür, ob ein Kerl nur irgendwo ist, weil er hofft, dort schnell eine Frau »abzuschleppen«, oder ob er Spaß hat und daneben auch noch charmant, interessant und witzig ist. Also haben Sie Spaß – der Rest kommt nach und nach.

Kurse, Seminare, Weiterbildung, Kultur

Kurse zur Persönlichkeitsentwicklung oder zum Thema Kommunikation, Glück, Lebensführung oder Spiritualität sind wahre Paradiese für Singlemänner, denn sie sind meist übervoll mit Singlefrauen, die sich hier die Zeit vertreiben oder sich selbst finden möchten, um endlich auch ihren Seelenpartner zu finden. Ich war kürzlich auf einem Seminar zum Thema »Positives Denken« und stellte fest, dass von circa 120 Besuchern fast 100 weiblich waren. Viele davon waren Single und besuchten das Seminar, weil sie meinten, dass es nicht schaden könne, optimistischer denken zu können – vor allem wenn man auf Partnersuche sei. Viele dieser Frauen waren attraktiv und ich sah einige, die am Abend des Seminars auch einem One-Night-Stand nicht abgeneigt gewesen wären. Nur leider gab es dort scheinbar keinen Mann, der das zu nutzen verstanden hätte ... Die wenigen Singlemänner, die dort waren, beschränkten sich auch während der Party eher auf Herumstehen und Dumm-aus-der-Wäsche-Schauen, während sich die Frauen beim Tanzen vergnügten und immer ausgelassener wurden.

Auch Kurse an Volkshochschulen oder in Stadtteil- und Gemeindezentren sind meist überwiegend von (Single-)Frauen frequentiert: In einem Goldschmiedekurs sind von 15 Teilnehmern in der Regel 14 weiblich – und der eine Mann macht den Kurs, um ein Geschenk für seine Partnerin zu schmieden. Viele Frauen besuchen Kurse für Kunsthandwerk zum »Schnuppern« und zum Zeitvertreib.

Ein Mann wäre dort direkt »Hahn im Korb« und hätte gute Chancen auf das eine oder andere Date. Auch Sprachkurse sind bei Frauen sehr beliebt, weil sie im nächsten Urlaub gern bes-

8. SCHRITT: GELEGENHEITEN SCHAFFEN UND NUTZEN

ser zurechtkommen möchten oder einen heimlichen Traum vom Auswandern träumen.

In vielen Orten und Städten gibt es Theatergruppen und moderne Chöre, die nahezu ausnahmslos männliche Verstärkung suchen: Meine Freundin Christine ist in einer Impro-Theater-Gruppe, die fast ausschließlich aus attraktiven, gebildeten Singlefrauen zwischen 27 und 38 besteht und sich männliche Verstärkung wünscht.

Auch tanzen zu lernen ist eine wunderbare Möglichkeit, sportliche und geistige Betätigung mit dem Kennenlernen von Frauen zu verbinden. Tanzpartner sind gesucht und Sie bestimmen mit der Art des Tanzes, den Sie wählen, auch ein wenig den Typ und das Temperament Ihrer Zielgruppe mit. Sie können zum Beispiel ganz klassisch in einer Tanzschule Standard und Latein lernen oder aber in speziellen Tanzschulen und Bars Salsa oder Tango. In vielen Städten gibt es auch Rock'n'Roll-Clubs und es ist inzwischen auch eine regelrechte Swing-Welle ausgebrochen. Die Fans dieser Tanzstile feiern sogar eigene Partys, wo sich die Gäste im Stil der jeweiligen Zeit kleiden und die Frauen sich tatsächlich gerne auch ein wenig »altmodisch mädchenhaft« benehmen. Wenn Sie sich gern als Cowboy verkleiden, könnten Sie auch einem Square-Dance-Verein beitreten. Es gibt unglaublich viele Nischen auf dem Parkett des Tanzens und jeder findet das, was am besten zu ihm passt. Das Interessante an solchen Szenen – egal ob Salsa, Tango, Swing oder Square Dance – ist, dass man leicht Menschen kennenlernen kann, wenn man selbst aufgeschlossen ist und diese auch auf den diversen Veranstaltungen und Bällen immer wieder trifft. Viele Tanzschulen bieten kostenlose Schnupperstunden oder günstige Schnupperkurse – schnuppern Sie sich doch mal durch die unterschiedlichen Stile, um zu sehen, was und wer Ihnen gefällt.

In Kochkursen herrscht fast immer Frauenüberschuss und hier können Sie noch etwas dazulernen, womit Sie nicht nur Ihre eigene Lebensqualität steigern, sondern in Zukunft auch Frauen beeindrucken können – die meisten Frauen finden es sehr sexy, wenn ein Mann gut kochen kann! Ein Betreiber einer Kochschule hat mir einmal gesagt, dass er viel mehr Single-Kochkurse anbieten könnte, wenn sich mehr Männer anmelden würden, denn die Frauenplätze seien meist sofort ausgebucht, während man die entsprechende Anzahl an Männern nur gerade so zusammenbekommt.

In vielen Städten gibt es privat geführte Kochschulen, aber auch Volkshochschulen bieten immer wieder interessante Kurse und auch einige Restaurants oder Geschäfte für Küchenbedarf haben Programme. Zwar müssen Sie für einen Kochkurs auch schon 60 bis 100 Euro ausgeben, doch ist das kaum mehr als der Preis für ein Abendessen zu zweit – und hier können Sie nicht nur mit einer Dame essen, sondern gleich mit mehreren, während Sie bereits zusammen gekocht und etwas gelernt haben. Das erste Date ist damit quasi schon gelaufen. Oder tauschen Sie mit den Leuten, die Ihnen besonders sympathisch waren, Adressen aus und verabreden Sie sich zum weiteren »Üben« am eigenen Herd – eine tolle Möglichkeit, sich unverbindlich besser kennenzulernen und den Kontakt zu intensivieren.

Veranstaltungen im Bereich Literatur und Theater sind ebenfalls eine Goldgrube für das Kennenlernen von Frauen: Bei den Hamburger Lesetagen stelle ich regelmäßig fest, dass dort kaum ein Singlemann, dafür aber reichlich Singlefrauen im Publikum sitzen. Dieses Lesefestival ist jedes Jahr sehr gut besucht und man kann anhand der Themen im Programmheft vorher schon sehen, welche Art Frau man wo treffen kann. In vielen Städten gibt es ähnliche Veranstaltungen wie Literaturfestivals oder Lesungen in Buchhandlungen.

Suchen Sie eine Frau mit Humor, dann gehen Sie zu einer Lesung, wo ein humorvolles Buch vorgestellt wird. Oder gehen Sie zu einer Lesung, wo aus einem Frauenroman gelesen wird, da

8. SCHRITT: GELEGENHEITEN SCHAFFEN UND NUTZEN

haben Sie Auswahl ohne Ende und die Frauen werden es lustig finden, wenn Sie ehrlich sind. Setzen Sie sich dabei in die Mitte zwischen all diese Frauen und beobachten Sie genüsslich, was um Sie herum passiert. Wenn eine Frau Sie anspricht, was Sie dort wollen oder ob Ihre Freundin Sie hergeschleppt hat, sagen Sie ganz ehrlich und mit ein wenig »Schalk im Nacken«, dass Sie auf der Suche nach der richtigen Frau sind und sich dachten, dass das ein guter Ort wäre, um Frauen zu treffen.

Auch das Theater ist unter Umständen ein guter Ort, denn auch hier sind die meisten Männer in Begleitung einer Frau und die Singlefrauen sind allenfalls mit ihrer Freundin dort. Natürlich ist hier das Theater selbst und das Stück entscheidend für die »Art« der Frauen, die Sie kennenlernen können: Eine leichte Komödie zieht andere Frauen an als ein Drama. Eine kleine Off-Bühne hat ein anderes Publikum als das städtische Theater.

Lesungen und Theaterstücke sind je nach Anspruch an das Publikum auch wunderbar geeignet, um intelligente, gebildete Frauen kennenzulernen – und man hat sofort das passende Thema: das Stück, das gespielt wird, oder das Buch, aus dem gelesen wird. Frauen mögen es, wenn sie nach ihrer Meinung gefragt werden, und unterhalten sich sehr gern mit Männern über das, was sie gerade gemeinsam erleben. Es ist ein nettes, interessantes und völlig »unaufdringliches« Gespräch. Wenn Sie sich in der Pause bereits gut unterhalten haben, spricht nichts dagegen, vielleicht nach dem Stück noch einen »Absacker« in einem nahe gelegenen Lokal zu nehmen, um sich über das Ende zu unterhalten.

Ein Blick in die Zeitung oder eine Recherche in Veranstaltungsmagazinen lohnt sich also. Geben Sie nicht zu früh auf, wenn beim ersten Besuch nicht gleich die Traumfrau in Sicht ist. Viele Männer sind sehr ungeduldig und so verzweifelt auf der Jagd nach einer Frau, dass sie alles andere nicht wertschätzen können. Je stärker Ihre Bedürftigkeit und Ihr Zwang sind, jetzt und hier unbedingt eine Frau kennenlernen zu müssen, desto schwerer machen Sie es sich selbst. Die meisten Frauen scheinen eine Art Radar für verzweifelte Männer zu haben, und es könnte leicht passieren, dass solch ein Mann noch nicht mal in einer Damensauna einer Frau begegnen würde, weil die sofort in Deckung geht, wenn so ein Mann auf der Bildfläche erscheint. Nehmen Sie diese Möglichkeiten also auch immer als Teil Ihrer Selbst- und Lebensverbesserung wahr: Im schlimmsten Fall haben Sie vielleicht keine interessante Frau kennengelernt, aber dafür Ihren Horizont erweitert und wieder etwas Neues zu erzählen.

Kaufen Sie Bücher in Buchläden

Vielleicht haben Sie sich dieses Buch im Internet bestellt oder geschenkt bekommen. Bei Ihrem nächsten Buchkauf allerdings sollten Sie unbedingt einen Buchladen aufsuchen. Nicht nur weil es sehr viele sehr süße Buchhändlerinnen gibt, sondern auch, weil man in Buchläden ganz wunderbar »klasse Frauen« kennenlernen kann. Die Mehrheit der Bücher wird nach wie vor von Frauen gekauft – also ist die Mehrheit der Kundschaft in einem Buchladen ganz automatisch weiblich. An der Abteilung, in der Sie eine Frau sehen, können Sie bereits Rückschlüsse auf Ihren Charakter, Ihren Geschmack oder auch Ihre Lebenssituation ziehen. (Also Vorsicht vor Frauen beim Suchtratgeber-Regal!)

Viele Buchhandlungen haben inzwischen gemütliche Leseecken zum Schmökern, manchmal sogar schon kleine Café-Bereiche, wo man es gut aushalten und sich näherkommen kann.

Gute Gesprächsthemen finden Sie hier direkt vor Ihrer Nase: Sprechen Sie über die Bücher, die Sie sich gerade ansehen oder die die Dame kaufen möchte. Sprechen Sie darüber, was Sie neulich gelesen haben, und fragen Sie nach weiteren Tipps. Geben Sie vor, ein Buch für eine Bekannte kaufen zu wollen, die ein ähnlicher Typ Frau ist, und fragen Sie nach einer Empfehlung oder geben

8. SCHRITT: GELEGENHEITEN SCHAFFEN UND NUTZEN

Sie einfach selbst eine. Fragen Sie doch mal eine Frau: »Kann ich Ihnen helfen?«, und wenn sie (mal wieder) sagt: »Nein, danke, ich schau nur«, sagen Sie »Ich auch!« oder »Schade!«. Vermutlich wird sie daraufhin einigermaßen verwirrt sein. Wunderbar – das ist Ihr Moment:

Normalerweise kennen wir Frauen zwei verschiedene Situationen in einem Buchladen: Wenn dort ein Mann ist, der es auf uns abgesehen hat, dann wird er uns irgendeine Frage über das Buch in unserer Hand stellen oder (ganz dämlich) nach der Uhrzeit fragen. Wir überlegen uns vorher bereits (denn meist haben wir *ihn* längst gesehen), ob wir reagieren oder nicht. Wenn uns aber ein Mann fragt, ob er uns helfen kann, dann ist er Mitarbeiter des Ladens. Wenn diese beiden Dinge aber nicht zusammenpassen, funktioniert unser übliches Reaktionsschema (Vorsicht und Abwehr) nicht.

Der beste Moment, eine Frau kennenzulernen, ist, wenn sie verwirrt ist. Wenn alles so abläuft, wie es immer abläuft, ist unsere Reaktion schon vorgeplant – so wie wir losfahren, wenn eine Ampel grün wird, und anhalten, wenn sie rot ist. Im Umgang mit anderen Menschen gibt es auch viele Situationen, die sich immer wieder ähnlich zutragen, und auch hier ist unsere Reaktion schon vorgeplant – auch wenn wir uns hinterher manchmal über verpasste oder verspielte Chancen ärgern.

Gerade Frauen haben bei verpassten Flirtchancen oft eine prima Ausrede: »Na, wenn ich es ihm wert gewesen wäre, hätte er sich nicht so einfach abwimmeln lassen«, obwohl sie sich vielleicht kurz vorher noch über die Aufdringlichkeit mancher Männer beschwert haben. Also hilft nur eines: Nutzen Sie die Momente weiblicher Verwirrung, um ihr zu zeigen, dass Sie nicht abgewimmelt werden müssen. Daraus können sich immer wieder interessante und amüsante Situationen ergeben. Testen Sie verschiedene Läden und verschiedene Zeiten, bis Sie finden, wonach Sie suchen.

Frühstücken Sie öfter in Cafés und besuchen Sie Kaffeehausketten

Cafés sind großartige Orte, um Frauen kennenzulernen. Viele Frauen haben in der Nähe ihres Arbeitsplatzes und ihrer Wohnung jeweils einen Stammladen, in dem sie sich morgens einen Kaffee oder ein kleines Frühstück holen oder ihre Mittagspause verbringen. Viele Frauen lieben es, sich einen nervigen Tag mit einer kleinen Sünde im wahrsten Sinn des Wortes zu versüßen. Am Wochenende findet man ebenfalls viele Frauen in Cafés oder Filialen von Kaffeehausketten – mal mit anderen Singlefreundinnen, mal allein beim Zeitunglesen.

Meist machen diese Frauen den Eindruck, dass sie nicht gestört werden möchten – lassen Sie sich davon nicht täuschen, denn auch hier ist es lediglich mal wieder ein Schutzschild. Sie möchten tatsächlich nicht gestört werden, sie möchten auch auf keinen Fall gelangweilt werden – aber sie möchten ganz sicher unterhalten werden und bestimmt möchten sie den Mann ihres Lebens kennenlernen. Also finden Sie raus, ob Sie das sein könnten.

Eine gute Methode ist es, in einigen Cafés zunächst »Lieblingskunde« zu werden, denn Ihre »Lieblingsmitarbeiterin« kennt die meisten Stammkunden und kann sehr hilfreich sein, wenn es darum geht, neue Bekanntschaften zu machen.

Auch hier könnten Sie die Chance nutzen, eine Frau ein wenig zu verwirren und etwas zu sagen, was sie noch nie gehört hat. Wenn Sie eine Frau sehen, die Sie noch nie dort gesehen haben, fragen Sie sie, ob sie Stammkundin sei. Vermutlich wird sie mit »nein« antworten – fragen Sie sie, was Sie tun müssten, damit sie es wird. Die Frau wird in diesem Moment glauben, dass Sie wahrscheinlich der Besitzer des Cafés sind. Klären Sie sie erst nach ihrer Antwort auf, dass Sie »nur« ein Stammgast sind, der sie gern öfter hier sehen würde. Vergessen Sie nicht, siegessicher zu lächeln dabei ... Dann laden Sie die verblüffte Lady auf einen Kaffee ein – was sich gut trifft, wo Sie beide schon mal da sind, und lernen Sie sich kennen!

Zeit in Cafés zu verbringen hat viele Vorteile: Auch wenn Sie nicht jeden Tag Ihre Traumfrau dort treffen, haben Sie die Gelegenheit, Menschen zu beobachten und Ihre Wahrnehmung zu schärfen. Ein Café ist ein guter Ort, die eigene Aufmerksamkeit zu trainieren – viele Flirtchancen entgehen Ihnen, weil Sie nicht aufmerksam genug sind. Die erste Regel meiner Flirttrainings ist: Aufmerksamkeit. Viele Menschen – Männer wie Frauen –, die darunter leiden, dass sich angeblich niemand für sie interessiert, erfahren durch die Aufmerksamkeitsübungen, dass sie selbst ihre Umwelt nicht wirklich wahrnehmen.

Wenn Sie damit beginnen, wirklich bewusst Ihre Umgebung und die Menschen darin zu sehen und anzusehen, werden sich Ihre Flirtchancen drastisch erhöhen.

Lesen Sie auch ruhig die Frauenzeitschriften, die Sie in Cafés vermutlich finden werden, die meisten davon enthalten sehr aufschlussreiche Artikel für Sie, in denen es darum geht, wie eine Frau ihren Traummann findet oder wie Beziehung gelingt. Es kann nicht schaden, zu wissen, wie und womit Frauen sich in Sachen Liebe, Sex und Partnerschaft beschäftigen.

Tun Sie etwas für Ihren Körper

Dass Frauen es mögen, wenn Männer sich pflegen und gut anfühlen, ist kein Geheimnis, dass man aber, während man etwas dafür tut, ganz wunderbar Frauen kennenlernen kann, scheint vielen Männern nicht klar zu sein. Dabei spreche ich nicht unbedingt von Fitness-Centern, auch wenn sich hier durchaus die eine oder andere Gelegenheit ergeben sollte. Wenn Sie vielleicht bereits Mitglied in einem Fitnessclub sind, dann beachten Sie mal das Kursprogramm Ihres Clubs. Es gibt bestimmte Kurse, die besonders von Frauen in Anspruch genommen werden: Step-Aerobic oder Pilates zum Beispiel. Sie müssen nicht zwangsläufig einen solchen Kurs besuchen, aber seien Sie vorher und hinterher in der Nähe des Kursraumes – viele Frauen machen sich vor dem Kurs bereits an den Geräten warm oder trainieren hinterher noch andere Körperpartien. Stellen Sie Fragen zu den jeweiligen Kursen und geben Sie ruhig zu, wenn Sie »Bewegungs-Legastheniker« sind ... Das wird die Frau sicher zum Lachen bringen und wie Sie ja bereits wissen, ist das stets ein gutes Zeichen.

Ein noch besserer Ort, um Frauen kennenzulernen – und zwar fast ohne männliche Konkurrenz –, sind Schulen und Kurse für Yoga, Qigong und andere fernöstliche Entspannungs- und Trainingsmethoden. Seltsamerweise werden diese hocheffektiven Praktiken von Männern meist ignoriert, weil sie ihnen zu »spirituell«, zu »weibisch« oder sonst irgendwie suspekt erscheinen. Wenn Sie sich jedoch darauf einlassen, haben Sie die Chance, etwas Neues zu lernen, und wahrscheinlich sind Sie Hahn in einem Korb voller Hennen mit Sympathie-Bonus: Endlich mal ein Mann, der etwas für sich tut und nicht immer nur Gewichte stemmt.

Die meisten Anbieter solcher Kurse veranstalten Schnupperstunden. Erkundigen Sie sich danach und besuchen Sie eine – so können Sie schnell feststellen, ob Ihr Typ Frau dort vertreten ist und ob die Methode Ihnen liegt oder nicht. Lassen Sie sich von den anwesenden Frauen helfen und Sie werden sehen, wie leicht es ist, in Kontakt zu kommen.

Übrigens: Yoga soll den sexuellen Fähigkeiten eines Mannes sehr zuträglich sein – viele Frauen, vor allem die, die selbst Yoga machen, wissen das. Außerdem macht Yoga den Körper geschmeidig und biegsam – Sie können sich also vielleicht vorstellen, welche Vorteile das für Sie haben kann, eine Frau kennenzulernen, die seit vielen Jahren Yoga macht.

Es gibt im sportlichen Bereich zahlreiche Möglichkeiten, nette Frauen kennenzulernen – achten Sie auf Aushänge in Cafés, Supermärkten oder Drogerien, auf Kleinanzeigen in Stadtmagazinen oder auf Veranstaltungskalender: Häufig sind es Gruppen mit einem Überschuss an Singlefrauen, die Mitstreiter suchen beim Laufen, Walken, Joggen, Wandern und sonstigen Sport- und Bewegungsarten.

Märkte und gute Lebensmittelgeschäfte

Abgesehen von der Tatsache, dass Frauen Männer mögen, die einen gesunden und vitalen Eindruck machen, können Sie schon den Einkauf nutzen, um Frauen kennenzulernen. Eine gesunde, vitale Frau achtet auf ihre Ernährung und kauft ihre Lebensmittel meist möglichst frisch und gesund ein, was den Umkehrschluss zulässt, dass Sie dort, wo Sie frische und gesunde Lebensmittel finden, auch entsprechenden Frauen begegnen. Tatsächlich fällt mir immer wieder auf, dass ich in dem Biosupermarkt in meiner Nähe und im Feinkostladen mehr attraktive Menschen sehe als bei den Billigdiscountern.

Ein ganz besonders ansprechender Ort für gute Lebensmittel und ebenso gute Frauen sind die Wochenmärkte in Städten: Für viele Frauen ist es ein Vergnügen, am Wochenende über einen Wochenmarkt zu schlendern. Häufig gibt es irgendwo einen Stand, der frischen Kaffee ausschenkt – Sie kennen das Spiel ja bereits: Werden Sie Lieblingskunde – und Sie kennen bald den ganzen Markt.

Ein weiterer guter Ort, um interessante Frauen kennenzulernen, sind Märkte für Kunsthandwerk. Viele Frauen lieben es, sich auf Märkten mit ungewöhnlichem Schmuck oder kleinen Geschenken für Freundinnen einzudecken. Solche Märkte gibt es zu allen Jahreszeiten, meist an Wochenenden in Stadtteil- und Gemeindezentren, Kunstgalerien und Museen und sie werden in aller Regel in der Zeitung angekündigt. Suchen Sie nach einem Geschenk für Ihre Mutter und kommen Sie ins Gespräch mit den überwiegend weiblichen Herstellerinnen – beziehen Sie dann Kundinnen in die Gespräche mit ein. Sie werden erstaunt sein, wie leicht das ist, und Ihre Mutter wird erstaunt sein, wie liebevoll und individuell Ihre Geschenke plötzlich sind. Na, wenn das kein Mehrwert ist. Je nach Geschmack besuchen Sie ruhig auch mal Mittelaltermärkte oder Weihnachtsmärkte, schauen Sie sich um, wo in Ihrer Nähe regelmäßig solche Veranstaltungen sind – es wird nicht lange dauern, bis Sie etwas für Ihren Geschmack gefunden haben.

Auch manche Flohmärkte sind gut geeignet, um aufgeschlossene, nette Frauen zu treffen – nicht nur unter den Kundinnen: Viele meiner Freundinnen schließen sich einmal pro Jahr zusammen und verkaufen Dinge, die sie nicht mehr brauchen auf einem Flohmarkt. Achten Sie also nicht zu sehr auf die Stände, sondern vor allem auf die Verkäuferinnen: Viele von ihnen wollen nicht nur ihr altes Teeservice, sondern auch sich selbst an den Mann bringen. Außerdem vertreiben sich auch viele Singlefrauen den Sonntagvormittag damit, über einen Flohmarkt zu schlendern und vielleicht ein Schnäppchen zu machen.

Gehen Sie doch mal raus!

Gerade schöne Sommertage bieten Ihnen reichlich Gelegenheit – nicht selten habe ich als Single an schönen Tagen mein Buch auf einer Parkbank oder am Elbstrand gelesen. Natürlich weil es draußen so schön war – aber auch, weil es sich gut anfühlte, nicht allein auf dem Balkon zu sitzen, sondern unter Menschen zu sein.

Parks sind wunderbare Orte für das Studium zwischenmenschlichen Verhaltens, aber auch, um Menschen kennenzulernen. Noch leichter wird es, wenn Sie einen Helfer haben. Ein Helfer könnte beispielsweise ein Freund sein, der weiß, dass Sie gern jemanden kennenlernen möchten, und Ihnen hilft, mit anderen ins Gespräch zu kommen, ohne dass es nach Anmache aussieht. Noch leichter wird es, wenn Sie Gemeinsamkeiten mit anderen finden können – beispielsweise wenn Sie mit der netten Frauengruppe anbändeln, die auch gerade Ruderboote ausleihen möchte.

Eine weitere sehr gute Möglichkeit, nette Frauen kennenzulernen, ist ein Hund – natürlich nur, wenn Sie Hunde mögen. Sie müssen sich dazu keinen eigenen Hund anschaffen: Es reicht, wenn Sie sich für Hunde interessieren. In vielen Parks gibt es Zonen für Hunde – nehmen Sie entspannt am Rand einer solchen Zone Platz und beobachten Sie ganz in Ruhe das Geschehen. Wenn Ihnen ein Frauchen gefällt, fragen Sie sie nach ihrem Hund. Sagen Sie zum Beispiel, dass Sie selbst gern einen Hund hätten, und lassen Sie sich über die Vorteile bestimmter Rassen aufklären. Fragen Sie das Frauchen, wie sie es schafft, trotz Berufstätigkeit dem Hund gerecht zu werden, und Sie werden direkt erfahren, ob sie einen Partner hat, was oder wo sie arbeitet und so weiter.

Es gibt auch viele Tierheime und Hundebesitzer, die heilfroh sind, wenn ab und an jemand kommt und sich einen Vierbeiner zum Gassigehen »ausleiht«. Beachten Sie jedoch, dass die Rasse des Hundes einen Einfluss auf Ihren ersten Eindruck hat. Mein Mann und ich besaßen lange Zeit sowohl einen kleinen frechen Jack Russel Terrier als auch einen großen schwarzen Königspudel. Je nachdem mit welchem Hund jeder von uns gerade unterwegs war, wurden wir von anderen Menschen völlig unterschiedlich angesehen und behandelt. Leihen Sie sich daher vielleicht nicht unbedingt einen Pitbull oder einen Rottweiler aus ...

**Finden Sie Gelegenheiten,
bei denen Frauen Männer kennenlernen wollen!**

Das klingt jetzt vielleicht erst einmal seltsam – doch überlegen Sie mal: Wenn Frauen häufig misstrauisch sind oder sich leicht von etwas anderem ablenken lassen, bedeutet das, dass viele Situationen im Alltag es schwierig machen, eine Frau kennenzulernen. Es gibt allerdings einige Situationen, wo Frauen regelrecht darauf aus sind, einen Mann kennenzulernen, und genau diese Situationen sollten Sie nutzen. Zugegeben: Diese Gelegenheiten lauern nicht an jeder Straßenecke, aber wenn Sie Ihnen begegnen, sind Ihre Chancen auf einen Flirt sehr hoch.

Eine der besten Gelegenheiten (von Männern fast immer stark unterschätzt) ist der Junggesellinnen-Abschied. Vielleicht kennen Sie das aus Ihrer Stadt (oder der Stadt in Ihrer Nähe): Regelmäßig am frühen Samstagabend bereits stürmen bunt und meist albern kostümierte Frauengruppen die Fußgängerzonen und Ausgehviertel. Eine von ihnen wird bald heiraten und muss heute noch mal richtig einen draufmachen. Damit der Abend nicht allzu teuer wird, hat sie meist einen Bauchladen dabei und versucht, kleine Geschenke oder Küsse zu verkaufen. Vielen Männern ist das peinlich und sie machen einen großen Bogen um diese Gruppen. Klar, die Dame ist ja schließlich schon vergeben!

Ging es Ihnen bisher auch so? Denken Sie nach: Die Braut selbst ist tatsächlich so gut wie unter der Haube – all ihre Freundinnen »feiern« das. Und jede (!) dieser Freundinnen, die noch Single ist, wird an diesem Abend sehr bereit sein, neue Männerbekanntschaften zu machen, denn was sie ganz deutlich vor sich sieht, ist die Hochzeitsfeier, wo sie neben irgendeinen verschrobenen Freund des Bräutigams gesetzt wird und neidisch zu all ihren Freundinnen mit Partner schielt und sich fragt, wann sie endlich jemanden findet. Alle Freundinnen in Partnerschaft wünschen sich an genau diesem Abend auch, dass die Singlefreundinnen endlich einen Mann finden mögen, weil Einladungen zum Abendessen viel netter sind, wenn das Verhältnis der Geschlechter am Tisch in etwa gleich ist und sich dann niemand wie das fünfte Rad am Wagen fühlen muss.

All das ist den Ladys meist gar nicht so bewusst – aber machen Sie die Probe: Wenn Sie dem nächsten Junggesellinnenabschied begegnen, stellen Sie sich der Aufgabe und fragen Sie mit einem Lächeln, wer von den Damen denn noch zu haben sei. In 95 Prozent aller Fälle werden die bereits »vergebenen« Frauen die

8. SCHRITT: GELEGENHEITEN SCHAFFEN UND NUTZEN

Singles nach vorne schubsen. Wählen Sie eine aus, sagen Sie: »Du gefällst mir! Sehen wir uns wieder, wenn all das hier vorbei ist?«, und lassen Sie sich die Telefonnummer geben.

Weitere Gelegenheiten, bei denen Frauen gern Männer kennenlernen möchten, sind zum Beispiel der Karneval oder Fasching: Achten Sie auf die Kostüme, denn sie verraten viel über die geheimen Wünsche und Sehnsüchte oder das »Potenzial« ihrer Flirtpartnerin – allerdings wird dieses Potenzial häufig nicht ausgelebt im Alltag: Die Tigerfrau vom Rosenmontag muss nicht zwangsläufig eine Wildkatze im Bett sein, doch ein Nonnenkostüm ist vielleicht nur Ironie der Trägerin. Achten Sie darauf, dass Sie selbst ansprechend und typgerecht kostümiert sind: Die wenigsten Männer sehen in einem Hasenkostüm wirklich sexy aus, wer sich als Außerirdischer verkleidet, wirkt schnell wie ein »Nerd« und ein Cowboyhut steht nicht jedem ... Ansprechende Kostümierungen sind zum Beispiel Pirat oder fescher Matrose, oder gehen Sie als maskuline Filmfigur – zum Beispiel als Mafiaboss, Joker, Blues Brother oder Easy Rider. Je nach Typ können Sie auch als Alice Cooper, John Travolta, als Frau (ja, wirklich – Frauen finden das sehr spannend) oder als Prinz gehen – nur bitte nicht als Prinz Charles und auch bitte nicht als Frosch. Und wenn Ihnen so gar nichts einfallen will, kämmen Sie sich einen Seitenscheitel, tragen Sie eine Hornbrille und ein weißes Hemd und gehen Sie als Clark Kent. Weil Sie recht normal aussehen werden, gibt es sicher Nachfragen von den Damen und damit haben Sie gleich Gesprächsstoff, wenn Sie angesprochen werden. Dass Sie tatsächlich Superman sind, werden Sie der Frau sicher noch beweisen können.

Auch Flirtpartys, Single-Events und Single-Urlaube sind Gelegenheiten, bei denen Frauen gern Männer kennenlernen möchten. Immer wieder höre ich von Veranstaltern, dass es dort eine Menge toller Frauen, aber nur sehr wenige tolle Männer gibt, weil die interessanten Männer glauben, das sei aussichtslos, albern oder unangenehm.

Die Frauen scheinen da anderer Auffassung zu sein – einige meiner Klientinnen sagten mir, eine Singlereise sei doch allemal besser als in irgendeinem Hotel unter Familien oder Rentnern Urlaub zu machen – selbst wenn der Traummann nicht dabei ist, hat man doch zumindest eine gute Zeit gehabt und neue Bekanntschaften gemacht.

Viele Männer machen den Fehler, dass Sie bei diesen »gezielten« Veranstaltungen nur darauf konzentriert sind, ob eine Traumfrau dabei ist, und alle Frauen, die nicht wie Julia Roberts oder Gisele Bündchen aussehen, erst mal komplett ignorieren. Da Frauen sich nicht so gern ignorieren lassen, gibt es für die »normalen« Frauen keinen Grund, freundlich zu diesen Männern zu sein und Bekanntschaft schließen zu wollen. Der erste Eindruck ist bei den meisten Menschen nicht sofort atemberaubend – manchmal braucht es ein bisschen Zeit, sich zu entdecken. Die meisten glücklichen Paare, die ich kenne, wären nicht sofort im ersten Moment übereinander hergefallen, als sie sich sahen. Wenn Sie also ständig damit beschäftigt sind, Frauen auf ihre Tauglichkeit in puncto Schönheitsideal abzuchecken, werden Sie nirgendwo besonders erfolgreich sein, denn Sie werden keinen besonders guten Eindruck bei den Frauen machen, die damit keine Veranlassung haben, Ihnen ihre »Schokoladenseiten« zu zeigen.

Ich bemerke diesen Effekt sehr häufig in meinen Trainings: Am ersten Trainingstag betreten die Teilnehmer den Raum, schauen sich um – und man kann die Gedanken förmlich hören. Es ist eine Mischung aus Erleichterung, weil es schlimmer hätte kommen können, und Enttäuschung, weil unter den 15 Teilnehmern nicht 14 verzweifelte Supermodels sitzen und die Männer auch nicht aussehen wie Mischungen aus George Clooney und Orlando Bloom. Doch dauert es nicht lange, bis die Teilnehmer Gemeinsamkeiten finden, ihren Humor offenbaren können, sich nach und nach entspannen und sich bis Ende des Trainings mit jeder Stunde sympathischer werden. Nicht selten treffen sich die

Teilnehmer noch nach Wochen oder schreiben sich – manchmal ergibt sich sogar eine Beziehung aus einem meiner Seminare.

Das soll nicht heißen, dass Sie ab sofort jede Frau – auch wenn Sie Ihnen überhaupt nicht gefällt – kennenlernen müssen, aber bleiben Sie fair und offen für Erfahrungen. Wenn Sie erwarten, eine Frau zu finden, in die Sie sich direkt auf den ersten Blick verlieben können, dann muss diese Frau sich eigentlich auch auf den ersten Blick in Sie verlieben können. Wenn Sie eher jemand für den zweiten Blick sind, sollten Sie auch den Frauen einen zweiten Blick schenken. Single-Events und Single-Urlaube sind dafür ideal, weil die Frauen dort bereit sind, sich kennenlernen zu lassen.

Probieren Sie es doch mal aus – was haben Sie zu verlieren? Sie brauchen ja nicht zwanzig tolle Frauen auf einmal – erst mal eine wäre doch ein guter Anfang!

Schauen Sie sich auch an Ihrem Arbeitsplatz um

Es kann sich durchaus lohnen, am eigenen Arbeitsplatz aufmerksamer zu sein und ein wenig zu flirten. Auch wenn Sie nicht in einem Großkonzern beschäftigt sind oder vielleicht an Ihrem Arbeitsplatz sonst nur Männer arbeiten, gibt es Möglichkeiten, die Sie bisher wahrscheinlich nicht bemerkt haben: Selbst wenn es in Ihrer Firma oder im näheren Umfeld nur eine einzige Frau gibt und die fast siebzig und verheiratet ist – behandeln Sie sie aufmerksam, charmant und freundlich, denn:

1. Das ist Training.
2. Sie hat vielleicht eine Tochter, Nachbarin, Nichte oder junge Freundin, die Ihre Kragenweite sein könnte. Frauen erzählen einander von netten Männern, die sie kennen.
3. Es hebt auch Ihre Stimmung, wenn eine Frau sich freut, Sie zu sehen, selbst wenn Sie nicht Ihr Typ ist.

Rund um Ihren Arbeitsplatz können Sie immer wieder Frauen begegnen: in der Kantine, beim Bäcker, im Kopierladen, während der Mittagspause, bei Seminaren, auf Geschäftsreisen. Gehen Sie im Kopf mal einen Arbeitstag oder einen Monat durch und überlegen Sie, wo Sie überall auf Frauen treffen könnten, die sie bisher vielleicht gar nicht beachtet haben. Ein Freund von mir arbeitet in einem medizinischen Labor, in dem nur Männer arbeiten – aber das Labor darf die Kantine des Krankenhauses mitnutzen. Früher brachte er sich meist ein Pausenbrot von zu Hause mit – heute isst er in der Kantine und lernt nette Ärztinnen und Krankenschwestern kennen. Auch wenn dort bisher keine der Frauen sein Typ war, macht es ihm Spaß, sich in der Mittagspause mit Frauen zu unterhalten und mehr über sie zu erfahren, ohne den Druck, dort »etwas erreichen« zu müssen.

Peter, einer der Teilnehmer eines Flirtcamps, schrieb mir später, dass er auf meine Anregung hin grundsätzlich freundlicher und aufmerksamer zu allen Frauen gewesen sei, die ihm bei der Arbeit begegneten. Da er in einem Großkonzern arbeitete, waren das nicht wenige, und er hatte die meisten bis dahin mehr oder weniger neutral behandelt oder sogar ignoriert, weil er nichts mit ihnen zu tun hatte oder wusste, dass sie sowieso verheiratet oder vergeben waren. Nun machte er diese Unterschiede nicht mehr – er schaute allen Frauen, die ihm entgegenkamen, freundlich ins Gesicht und grüßte oder machte sogar kleine Komplimente. Peter bot seine Hilfe an, wenn er in Nachbarbüros Papierstaus oder andere kleine Alltagsschwierigkeiten bemerkte, und machte nette Bemerkungen, wenn eine Kollegin etwas anhatte, das ihm besonders gefiel. Es dauerte nicht lange, da ließen sich viele seiner Kolleginnen (selbst die vergebenen) Vorwände einfallen, um ihn in seinem Büro zu besuchen, sie brachten ihm Kaffee und manchmal sogar Kuchen und kleine Geschenke und gingen ganz allgemein auf ihn zu. Das alles entwickelte sich in nur wenigen Wochen – Peter war völlig perplex und freute sich schon jeden Morgen auf die Arbeit.

Das Letzte, was ich von ihm hörte, war, dass er mit einer Kollegin aus einer anderen Abteilung zusammengekommen ist. Offenbar hatte es sich herumgesprochen, dass da im sechsten Stock ein toller Mann zu haben sei. Auch so kann es eben funktionieren.

Das kann ein wichtiger Aspekt Ihres Trainings sein: Lernen Sie, nicht direkt aufzugeben und abzuwinken, wenn Ihnen nicht sofort die Traumfrau über den Weg läuft. Mit recht hoher Wahrscheinlichkeit sind Sie trotz aller Verbesserungsarbeit nicht sofort auf den ersten Blick als Traummann zu erkennen. Seien Sie also fair und geben Sie den Frauen dieselbe Chance, die Sie sich auch wünschen: Seien Sie freundlich, entspannt, neugierig und aufmerksam zu allen Frauen und finden Sie heraus, wie Sie wirken und was Ihnen Spaß macht.

Nutzen Sie jede Gelegenheit!

Wenn Sie lernen, jede Gelegenheit für einen »Miniflirt« zu nutzen, werden Sie erst feststellen, wie unendlich viele Gelegenheiten es tatsächlich gibt, und Sie werden nicht mehr den Druck haben, aus jeder Gelegenheit direkt etwas machen zu müssen. Halten Sie sich nicht nur an einen der letzten Vorschläge, sondern gewöhnen Sie sich an, alle mehr oder weniger stark zu beachten. Richten Sie Ihr Leben danach aus, dort zu sein, wo die Sorte von Frauen ist, die Ihnen gefällt. Nicht nur einmal im Monat oder einmal die Woche, sondern immer wieder und zu den verschiedensten Gelegenheiten.

Belassen Sie es manchmal einfach bei einem Lächeln, einem Blickkontakt, einem Gruß oder einem Kompliment. Reden Sie ein, zwei, drei Sätze mit einer Frau über das, was Sie gerade sehen, und wünschen Sie dann noch einen schönen Tag. Sie haben jeden Tag zig kleine Gelegenheiten, die Sie nicht nutzen, weil Sie nicht wissen wie oder weil Sie sich nur geringe Chancen ausrechnen. Als Folge davon muss dann diese eine etwas bessere Gelegenheit, die einmal im Monat auftaucht, unbedingt genutzt werden und sie muss auf Biegen und Brechen ein positives Ergebnis bringen ... und genau deshalb kommt in diesem Moment dann nur Schwachsinn aus Ihrem Mund – oder gar nichts.

Marco hatte ein solches Problem, das für ihn nach und nach zu einer echten Belastung wurde: Er hatte sehr hohe Ansprüche an die Attraktivität einer Frau und es war meist nur eine unter Tausend, die ihm wirklich gefiel. Da er so hohe Ansprüche hatte, ignorierte er in der Regel die anderen 999 Frauen und Gelegenheiten, die sich jeden Tag boten. Stand dann aber eine solche Traumfrau vor ihm, war er so nervös, so angespannt und so verklemmt, dass er keinen vernünftigen Ton herausbrachte – was total bescheuert und entsprechend wenig attraktiv wirkte. Da er einsam und frustriert war, ließ er sich dennoch manchmal auf Frauen ein, die seinem Schönheitsideal nicht entsprachen, ihn aber »aussuchten« und haben wollten, denn er sah recht gut aus. Da diese Frauen ihm nichts bedeuteten, konnte er locker bleiben. Er hatte ein paar Mal Sex mit ihnen oder kurze Beziehungen, weil eben »gerade nichts Besseres da war«, bis ihn die Lust verließ. Weil er nicht wusste, wie er eine solche Beziehung beenden sollte – denn immerhin war das ja auch besser als nichts –, begann er, die Frauen nachlässig und schlecht zu behandeln. Er benahm sich wie ein echtes Arschloch und fühlte sich dabei gleichzeitig mies, was zur Folge hatte, dass sein Selbstwertgefühl und seine Selbstachtung noch weiter sanken und er sich seinen Traumfrauen gegenüber noch schlechter und minderwertiger fühlte. Er begann, die Frauen zu verachten, die sich für ihn interessierten, und die zu fürchten, für die er sich interessierte. Diese Kombination führte dazu, dass er sich nach und nach immer seltsamer benahm und wenn er sich doch mal traute, den Mund aufzumachen, wie ein Psychopath wirkte. Leider machte es für ihn überhaupt keinen Sinn, zu allen Frauen aufmerksam und freundlich zu sein, auch wenn er danach nicht mit ihnen ins Bett ging. Er wollte nur nett zu Frauen sein, die für ihn auch sexuell interessant waren. Ich wünsche ihm weiterhin alles Gute.

Seien Sie nicht dumm! Eine Frau ist eine Frau ist eine Frau:

- Lernen Sie, wie Frauen auf Sie reagieren.
- Lernen Sie, dass jede Frau eine Gelegenheit ist, Ihr Flirtverhalten und Ihren Charme zu entwickeln und zu trainieren.
- Lernen Sie, dass Flirten – egal mit wem – Ihre Laune hebt und Sie mit guter Laune attraktiver auf die Frauen wirken, die Ihnen gefallen.
- Lernen Sie, dass es so viele Gelegenheiten gibt, dass Sie nicht mit jeder Frau sofort Telefonnummern und Körperflüssigkeiten austauschen müssen.
- Lernen Sie, Gelegenheiten zu erkennen und selbst zu schaffen.
- Nehmen Sie am Leben teil, anstatt immer nur auf der Jagd zu sein.

Nutzen Sie auch kleine Gelegenheiten!

Jeder Mensch hat jeden Tag zig kleine Gelegenheiten, um Kontakt und Ansprache zu trainieren. Die wenigsten Menschen nutzen das – und hoffen einfach, dass sich irgendetwas verändert. Sie können aber nicht erwarten, dass Ihr Flirtverhalten sich verbessert, wenn Sie es nicht trainieren. Sie können nicht erwarten, dass Sie mehr Flirtmöglichkeiten haben, wenn Sie nicht lernen, Gelegenheiten zu sehen und selbst zu schaffen.

Je mehr Sie tun, desto einfacher wird es für Sie! Es lohnt sich, auch die kleinste Gelegenheit zum Kontakt zu nutzen – auch wenn Sie im ersten Moment nichts mit Ihrem Ziel zu tun zu haben scheint.

In meinen Flirttrainings frage ich meine Teilnehmer regelmäßig, was sie brauchen, um einen Flirtversuch zu erkennen bzw. was der potenzielle Flirtpartner tun müsste, damit sie sich zum Flirten ermutigt fühlen würden. Alle Teilnehmer sollen sich kurze Notizen auf einem Haftnotizzettel machen und diesen dann vorne auf einer Tafel anbringen. Ich habe inzwischen eine große Sammlung dieser Zettel. Seltsamerweise steht auf allen in etwa dasselbe: Alle Menschen, egal ob weiblich oder männlich, brauchen und wünschen sich ein Signal vom anderen. Sie warten auf ein Zeichen von positivem Interesse: ein Lächeln, ein Nicken, eine Erwiderung des Blickkontakts, eine wie auch immer geartete Einladung des anderen.

Stellen Sie sich einen Raum voller Menschen vor – vielleicht ein Café oder eine Bar. Die Hälfte der Menschen in diesem Raum ist Single und möchte gern jemanden kennenlernen. Also wäre es sehr sinnvoll, miteinander in Kontakt zu kommen – vielleicht mit einem kleinen Flirt … Und alle sitzen da und warten auf ein Signal. Alle sitzen und warten darauf, dass ein anderer ihnen zeigt, dass er oder sie Interesse hat. Alle sitzen da und warten darauf, dass irgendein anderer irgendetwas tut. Doch keiner tut etwas – denn alle warten ja …

Natürlich wartet man in Wirklichkeit nicht die ganze Zeit – in den meisten Situationen ist man mit anderen Dingen beschäftigt: Im Supermarkt suchen Sie die Produkte auf Ihrer Einkaufsliste zusammen, an der Tankstelle tanken Sie, im Bus oder in der Bahn hängen Sie Ihren Gedanken nach oder lesen und so weiter. Häufig sind wir abgelenkt und erwarten schlichtweg nicht, dass sich jetzt eine Gelegenheit ergeben könnte. Und genau weil wir sie nicht erwarten, sind wir so unvorbereitet, wenn die Gelegenheit dann plötzlich da ist.

Mark erzählte im Training seine Geschichte so: Es war bereits kurz vor acht, als er einen Supermarkt stürmte, um noch einige Zutaten für seine Grillparty am nächsten Tag zu besorgen – er hatte es denkbar eilig. Irgendwo zwischen den Gängen stand plötzlich eine wunderschöne und sehr sympathische Frau vor ihm und frage ihn, ob er vielleicht wüsste, wo sie Tomatenmark finden könnte.

Völlig in Eile und leicht genervt gab er Auskunft und beeilte sich, seine Einkaufsliste abzuarbeiten. Als er dann seinen Einkauf in den Kofferraum packte und sich ins Auto setzte, traf es ihn plötzlich wie ein Schlag – wie hatte er sich gerade dieser supersüßen Frau gegenüber verhalten? War er denn von allen guten Geistern verlassen? Sie war genau sein Typ gewesen! Und dann so eine Steilvorlage: Sie fragte ihn, Mark, nach Tomaten*mark*! Er musste unwillkürlich lachen über den Spruch, den er hätte bringen können, und er war sich sicher, dass er sie – vorausgesetzt sie war auch Single – leicht zu seiner Grillparty hätte einladen können. Er kam sich vor wie ein Idiot – und buchte sofort am selben Abend einen Kurs bei mir, damit ihm so was nie wieder passieren würde.

Tatsächlich ist mangelnde Aufmerksamkeit im Alltag der Flirtverhinderer Nummer eins! Wenn Sie Ihre Perspektive verändern, wird sich unter Umständen auch sehr viel an Ihrem Leben verändern: Betrachten Sie Ihren Alltag doch mal durch die Brille eines Gelegenheitssuchers – fahnden Sie in Ihrem Tagesablauf nach Frauen, an denen Sie sich ausprobieren können. Nicht mit dem Ziel, dass dabei unbedingt ein Date oder überhaupt irgendetwas herausspringen muss, sondern einfach, um sich daran zu gewöhnen, Gelegenheiten zu erkennen und zu nutzen und sicherer zu werden:

→ Nehmen Sie Frauen im Supermarkt wahr: Betrachten Sie sie, fragen Sie, wie sie das eine oder andere in ihrem Einkaufswagen zubereiten oder wie das schmeckt. Grüßen Sie die Kassiererin freundlich und bewusst, wünschen Sie beim Gehen einen schönen Tag.

→ Schauen Sie sich in Ihrer Mittagspause in der Kantine oder wo Sie sonst essen um: Sind dort immer dieselben Leute? Wer isst mit wem? Sind das Paare oder Kollegen? Woran erkennen Sie das? Setzen Sie sich auch mal woanders hin. Wenn Sie eine Dame allein an einem Tisch sehen, fragen Sie, ob sie noch auf jemanden wartet oder ob Sie sich den Tisch und einen Teil der Pause teilen möchte.

→ Achten Sie in Bus und Bahn auf Ihre Mitfahrerinnen: Meistens sehe ich in der U-Bahn Menschen, die einen genervten, gestressten, müden oder sogar traurigen Eindruck machen. Doch häufig hat das nur damit zu tun, dass man irgendwelchen Gedanken nachhängt oder schlicht genervt oder gestresst ist – doch niemand ist das wirklich gern. Ich liebe es, mit ausgesprochen guter Laune in die U-Bahn zu steigen und andere Menschen anzustecken damit. Das gelingt sicher nicht bei allen, aber doch bei einigen, und steigert meine eigene Laune noch weiter.

→ Achten Sie an Tankstellen und Autowaschanlagen auf Frauen, die vielleicht sogar Hilfe brauchen können: Ölstand, Reifendruck, das Ausklopfen von Fußmatten – ich selbst habe oft genug etwas ratlos oder überfordert vor meinem Auto gestanden, doch die Männer um mich herum hatten kein Auge dafür … Sie starrten wie hypnotisiert auf die Zapfsäule oder steckten ihren Kopf ins Handschuhfach.

Wenn alle Menschen ein Signal brauchen, um zu erkennen, dass es hier die Möglichkeit zu einem Flirt gäbe, dann werden Sie doch zum Signalgeber!

Es gibt jeden Tag tausend kleine Gelegenheiten, wenn man die Augen aufmacht. Doch seien Sie nicht enttäuscht, wenn die

Frauen in Ihrer Umgebung ab und an einfach zu abgelenkt sind, um Ihre Signale zu bemerken: Wenn eine Frau am Samstagnachmittag in die Stadt geht, um ein Paar Schuhe zu kaufen, ist alles interessant, was wie Schuhe aussieht. Sehen Sie nicht wie Schuhe aus, fallen Sie also quasi automatisch durch das Raster. Die Frau erwartet in diesem Moment keinen Flirt und wird deshalb eventuell Ihren Flirtversuch gar nicht bemerken. Machen Sie sich nichts draus!

Beginnen Sie doch damit, Frauen nach dem Weg zu fragen. Fragen Sie zum Beispiel, ob es in der Nähe einen empfehlenswerten Buchladen oder einen guten Imbiss gibt. Wenn die Frau aufgeschlossen und freundlich ist, können Sie ja direkt noch nach einer Empfehlung fragen – also zum Beispiel, welches Buch sie selbst gerade liest und ob es gut ist oder was sie gern isst und wo man das bekommt. Wenn sie darauf Gesprächsbereitschaft signalisiert, laden Sie sie ein mitzukommen. Das wird sehr häufig nicht klappen, aber das macht nichts – machen Sie sich einen Spaß und einen Sport daraus, Sie haben nichts zu verlieren. Die »normale« Quote ist folgendermaßen:

→ Von zehn Frauen, die Sie ansprechen, geben Ihnen je nach Tageszeit und Ort drei bis sechs eine Antwort.
→ Von zehn Frauen, die Ihnen eine Antwort geben, ist etwa die Hälfte – also fünf – dabei freundlich und aufgeschlossen.
→ Von zehn Frauen, die freundlich und aufgeschlossen sind, haben vermutlich vier bis fünf tatsächlich einen guten Tipp und eine verwendbare Antwort für Sie.
→ Von zehn Frauen, die mit Ihnen ins Gespräch kommen und tatsächlich eine gute Empfehlung haben, gehen vermutlich zwei spontan mit Ihnen mit. Vermutlich eine wäre bereit, Sie später woanders zu treffen, und gibt Ihnen ihre Telefonnummer.

Das wäre normal – probieren Sie aus, wie Ihre »Erfolgsquote« ist, und versuchen Sie sie zu steigern. In jedem Fall lernen Sie so eine Menge Frauen kennen und Sie entfernen sich schnell vom tödlichen Gefühl der Bedürftigkeit, das Ihnen bisher die meisten Gelegenheiten ruiniert hat. Wenn Sie spüren, dass Sie weniger bedürftig sind und lockerer sein können, beginnen Sie nach und nach damit, gezielter auf Frauen zuzugehen, vor allem auf die, die Ihnen tatsächlich gefallen. Machen Sie einfach dasselbe wie immer!

Onlinedating

Das Internet ist ein guter und »ungefährlicher« Ort, um schnell viele Frauen kennenzulernen. Viele und vor allem auch viele »gute« Frauen probieren es immer wieder auch mal im Internet. Dabei gilt: Die Art der Frau passt in der Regel zur Art der Partnerbörse. Gut ausgebildete, erfolgreiche, intelligente – und entsprechend interessante, aber meist auch anspruchsvolle – Frauen mit ernsten Absichten finden Sie in der Regel auf den kostenpflichtigen, teuren Plattformen wie »ElitePartner«, »Parship« oder »First Class Date«. Der Nachteil bei diesen Portalen ist, dass die Kontaktaufnahme etwas dauert, die Frauen sehr anspruchsvoll sind und die Teilnahme recht teuer ist. Häufig sind dort zu Beginn keine Fotos zu sehen und es kann schnell enttäuschend sein, wenn der viel versprechende Inhalt so gar nicht nach Ihrem Geschmack verpackt ist. Wenn Sie ernsthaft eine Partnerin suchen, sind diese Anbieter zwar durchaus renommierte und gute Adressen, doch zum »Üben« sollten Sie es sich vielleicht etwas einfacher machen: Auf kostenlosen Flirtportalen kann auch direkt gechattet werden, man sieht, wer online ist, und kommt leicht in Kontakt. Achten Sie jedoch auch hier auf ein gewisses Niveau. Inzwischen sind fast alle Onlinedating-Anbieter schon mal getestet worden, aufschlussreicher als das

Urteil der Stiftung Warentest sind meist jedoch die Nutzertests bei den Vergleichsportalen. Generell gilt: Erwarten Sie nicht unbedingt, hier Ihrer Traumfrau zu begegnen – auch wenn das manchen Menschen tatsächlich passiert sein soll. Betrachten Sie es lediglich als Übungsplattform und als Chance, schneller an ein Date zu kommen und sich die Zeit zu vertreiben. Ich kenne nicht wenige Menschen, die durch die Erfolgsgeschichten anderer zu hohe Ansprüche an Onlinedating hatten und schnell noch frustrierter waren als vorher. Sehen Sie es deshalb lieber locker.

Wenn Sie zum Beispiel mit Ihrer Selbst- und Lebensverbesserung noch nicht ganz fertig sind, können Sie hier schon mal üben, wie es wäre wenn. Viele Frauen langweilen sich an manchen Abenden zu Hause, fühlen sich einsam und sind einem Onlineflirt nicht abgeneigt. Flirten Sie, seien Sie auch mal frech und erzählen Sie, was Sie in nächster Zeit vorhaben. Machen Sie der Frau Komplimente oder necken Sie sie ein bisschen, stellen Sie ihr Fragen und schauen Sie, wie weit Sie gehen können. Im Schutz der anfänglichen Anonymität können Sie es riskieren, mutiger zu sein als bisher. Nur bitte: Belügen Sie eine Frau nicht absichtlich und machen Sie ihr nie falsche Hoffnungen!

Das klingt jetzt vielleicht fies, aber wenn Sie sehen möchten, wie es nicht geht, besorgen Sie sich ein Bild von einer attraktiven Frau und melden Sie sich als Frau an mit dem Hinweis, offen für eine Affäre zu sein. Ihre männlichen Geschlechtsgenossen werden Ihnen daraufhin haufenweise Beispiele geben, wie es nicht geht, und Sie werden sehr viel besser verstehen, warum so viele Frauen so misstrauisch sind.

Das Internet ist eine Art Paradoxon, wenn es um zwischenmenschliche Kontakte geht: Es ist einerseits extrem direkt und nah und dabei gleichzeitig anonym und unpersönlich. Das macht es gleichzeitig sehr einfach und sehr schwer: Sie können um so vieles leichter Kontakt aufnehmen als in der realen Welt – doch dieser Kontakt ist dafür häufig nur wenig verbindlich und auch nicht sehr vertrauenswürdig. In einem Moment schüttet man einem völlig Fremden sein Herz aus oder kommuniziert geheime Sehnsüchte – im nächsten Augenblick kann der Kontakt weg sein oder stellt sich als »Fake« heraus: Vielleicht ist die Person nicht echt oder einige wichtige Fakten sind erfunden oder geschönt. Viele meiner Klienten berichten mir von abenteuerlichen Erlebnissen mit Onlinedates, die so ganz anders verlaufen sind, als man sich das vorstellte.

Ganz gleich, wie und wo Sie Onlinedating ausprobieren, vergessen Sie nicht, dass hinter den Profilen in der Regel reale Menschen stehen – und manchmal reale Menschen mit realen Problemen. Als ich zu Singlezeiten mit Onlinedating experimentiert habe, hatte ich interessante Erlebnisse: Ein Mann, der mit mir chatten wollte, wurde sehr schnell sehr aufdringlich und nennen wir es mal »persönlicher«, als mir lieb war – als ich den Kontakt daraufhin mit der Begründung abbrach, dass er mir zu weit ginge, begann er mich regelrecht zu stalken, indem er sich mit anderen Profilen anmeldete, um immer wieder Kontakt mit mir aufnehmen zu können. Ich war daraufhin sehr froh, dass ich online nie meinen vollen Namen und meinen echten Beruf genannt habe, und meldete mich bei dem Anbieter komplett ab, um dieser Bedrängung zu entgehen.

Ein anderer Mann nannte mir seinen Namen und zeigte auch Fotos von sich – eines Abends chattete ich mit ihm und ich merkte bald, dass er offensichtlich ziemlich betrunken war. Glauben Sie mir, betrunken zu chatten ist genauso dumm, wie betrunken eine Frau in einer Kneipe anzusprechen. Man hört beim Chat zwar nicht, ob Sie lallen – aber Sie geben eine Menge dummes Zeug von sich, ohne es zu merken. Das war diesem Mann anschließend so peinlich, dass er den Kontakt abbrach und sich nie wieder bei mir meldete. Wie dumm nur, dass ich mich heute immer noch an ihn erinnere – wo er doch inzwischen mit dem Studium fertig ist und eine Freundin von mir unterrichtet. Ich konnte mir das

Lachen kaum verkneifen, als sie mir von ihm erzählte, und ich bemerkte, dass ich ihn längst besser kannte, als ihm lieb sein dürfte.

Ein Bekannter von mir hatte einen so interessanten intimen Onlinekontakt zu einer Dame aufgebaut, dass die beiden sich nicht erst in einem Café oder im Park treffen wollten – er lud sie direkt zum selbst gekochten Abendessen zu sich nach Hause ein. Was für eine böse Überraschung, als vor der Tür dann eine Frau stand, die etwa zehn Jahre älter und gut 20 Kilo schwerer war als die Frau, in die er sich online schon ein wenig verliebt hatte. Sie hatte gehofft, dass ihre Persönlichkeit und ihre gemeinsame Wellenlänge übertünchen könnten, dass sie ganz offensichtlich gelogen hatte, was ihr Äußeres anging. Mein Bekannter tat etwas sehr Konsequentes: Er sagte ihr, dass er nie eine Beziehung auf Basis einer Lüge beginne, und schloss die Tür einfach wieder. Doch er war für Wochen sehr geknickt und tief enttäuscht.

Wenn Sie Onlinedating ausprobieren möchten, müssen Sie zunächst die richtige Plattform für sich finden: Probieren Sie ruhig das eine oder andere aus und nutzen Sie Testangebote. Doch schauen Sie sich immer zuerst die Geschäftsbedingungen der Anbieter an, denn auch hier gibt es viele schwarze Schafe. Suchen Sie dort, wo Frauen nach Männern wie Ihnen suchen würden – es macht keinen Sinn, Geld für ein Gesuch in einem Portal für Akademiker auszugeben, wenn Sie kein Akademiker sind. Komplett kostenlose Flirtportale sind zwar einfach und schnell zugänglich, beinhalten aber häufig auch viele unseriöse Angebote.

Der erste Eindruck zählt im Internet noch stärker als in der realen Welt, weil Sie hier noch schneller »weggeklickt« werden. Was Sie im echten Leben durch Ihr Auftreten erreichen können, müssen Sie online durch die Kombination aus Foto und Text erreichen.

Der erste Eindruck setzt sich zusammen aus dem Foto und – falls die Plattform das ermöglicht – dem »Nickname«, den Sie wählen: Das ist das Erste, was eine Frau von Ihnen wahrnimmt und woraus sie Rückschlüsse auf Ihren Charakter und Ihren Stil zieht. Achten Sie deshalb darauf, dass der Nickname Sie nicht in irgendein Klischee steckt und es Frauen leicht macht, Sie sympathisch zu finden und anzusprechen: Ihr Vorname + ein Hobby ist zwar nicht der Gipfel der Kreativität, aber es ist hundertmal attraktiver als zum Beispiel »wilderhengst« oder »hoffnungslos« oder »baerchenxy« oder gar irgendetwas Kryptisches, was zufällig entstanden ist, als Sie auf die Tastatur gehauen haben.

Ihr Foto wird über Ihren Erfolg beim Onlinedating entscheiden: Ist das Foto für Frauen nicht attraktiv, werden Sie genauso schnell aussortiert, wie Sie es andersherum tun. Es muss ansprechend, freundlich, interessant sein – aber auch hier nicht witzig nur um des Gags willen. Bewerbungsfotos, Fotos vor oder in Luxuskarossen, mit anderen Frauen oder mit Promis, in Verkleidungen oder beim Trinken funktionieren nicht. Am besten funktionieren Fotos, auf denen Sie freundlich oder lachend in die Kamera schauen und so aussehen, als könnte man mit Ihnen Spaß haben.

Beschreiben Sie sich und Ihr Leben bildhaft. Zählen Sie nicht einfach irgendwelche Hobbys auf und vermeiden Sie alle Klischees und Beschreibungen, die sich in allen anderen Profilen wiederholen. Die Welt scheint voll zu sein mit romantischen Spaziergängern, die bei Sonnenuntergang Rotwein vorm Kamin trinken wollen – welche Frau soll das noch glauben?

Wenn Sie gern angeln, beschreiben Sie, warum Sie das tun und wie schön das ist, was Sie daran genießen und was Sie mit einer Frau anstellen würden, wenn Sie sich kennenlernen. Seien Sie dabei nicht zu ausschweifend – es soll noch Raum für die Fantasie der Frauen bleiben – und machen Sie Frauen lieber neugierig. Dasselbe gilt für das erste Anschreiben – seien Sie persönlich und interessiert, aber nicht zu detailliert. Wenn Sie einer Frau zu Beginn gleich Ihren Lebenslauf und alles, was es über Sie zu wissen gibt, um die Ohren hauen, was soll sie dann noch fragen? Worauf soll sie neugierig werden?

Achten Sie bei allem immer peinlich genau auf eine korrekte Rechtschreibung: Die Rechtschreibung in Ihrem Profil und Ihren E-Mails sagt dasselbe über Sie aus wie die Sauberkeit Ihrer Kleidung im echten Leben. Sie wirken ungepflegt, wenn Sie schlampig schreiben. Wenn Sie unsicher sind, jagen Sie Ihre Texte durch eine Rechtschreibprüfung oder lassen Sie sie von jemandem lesen, der gut ist darin.

Doch am allerwichtigsten ist: Bleiben Sie nicht zu lange im Internet stecken – alle Portale versprechen eine große Auswahl und beste Möglichkeiten, dennoch sind das nur Marketingversprechen und das Internet ist einer der größten Zeiträuber überhaupt.

 Das Internet ist ein Ort, an dem Sie »ungefährlich« üben können – mehr sollten Sie nicht darin sehen.

Es gibt dagegen in der realen Welt viele Orte, die deutlich vielversprechender sind, weil das Verhältnis Männer zu Frauen günstiger für Sie ist und Sie all Ihre Persönlichkeit und Ihren neuen Mut in die Waagschale werfen können.

Bauen Sie sich Netzwerke auf

Immer wieder treffe ich auf Männer, die so verzweifelt auf der Suche nach einer Partnerin sind, dass sie alle Menschen, die nicht als Partnerin infrage kommen, direkt ignorieren. Das ist ein fataler Fehler, denn genau das begünstigt ihr Gefühl von Einsamkeit, ihre Verzweiflung und ihre Bedürftigkeit.

Einer meiner ersten Klienten war ein Doktor der Chemie, er war Mitte dreißig und hatte bereits eine Halbglatze, die er allerdings durch mehr oder weniger geschicktes Verteilen seines Resthaars zu verbergen versuchte. Er war relativ klein und dabei eher schmächtig. In der Beratung erzählte er, dass es für ihn sehr schwierig sei, eine passende Frau zu finden, da er stets sein Studium und seine Doktorarbeit an erste Stelle gesetzt hatte. Jetzt habe er eine gute Stelle an einem Institut, an dem aber leider fast nur Männer arbeiteten, und er habe in der neuen Stadt auch außer seinen Kollegen keine Freunde. Um Frauen kennenzulernen, gab er Kontaktanzeigen auf und wenn ihm die Zuschrift einer Frau gefiel, traf er sich zum Beispiel zu einem Spaziergang im Park. Das ist im Grunde so weit in Ordnung – es gab nur zwei Probleme: Der Herr Doktor war so schüchtern, dass er es kaum wagte, eine Frau zu fragen, ob sie ihn wiedersehen wolle – traute er sich doch mal und die Frau gab ihm grünes Licht, dann wartete er darauf, dass sie ihn anrief. Seltsamerweise passierte das nie.

Den meisten Männern ist das klar – falls es Ihnen nicht klar sein sollte: Frauen rufen Männer nicht an. Zumindest nur sehr, sehr ungern. Und wenn überhaupt, dann rufen sie einen Typen an, der ihnen seit Tagen den Schlaf raubt. So ein Typ war Herr Doktor aber nicht. Er hätte sich weiter um die Frau bemühen müssen – aber er dachte, er würde aufdringlich wirken, wenn er die Frau auch noch anriefe, nachdem er ja schon gefragt hatte, ob sie sich erneut treffen wollten.

Das zweite Problem war, dass er dadurch keinerlei »normale« soziale Kontakte außerhalb seines Kollegenkreises hatte. Er war einsam, hatte wenig zu erzählen und keine Ahnung davon, wie man mit einer Frau umgeht. Ich schlug ihm vor, zwei Fliegen mit einer Klappe zu schlagen: Wenn er einen Tanzkurs besuchte, würde er etwas Sinnvolles für den Umgang mit Frauen lernen und könnte dabei gleichzeitig auch noch Frauen kennenlernen. Das erschien ihm jedoch zunächst sehr ineffizient: Bei einem Tanzkurs sind doch höchstens zwanzig Frauen und man wisse doch gar nicht, ob die überhaupt Single wären ...

Mein Freund Carsten war da deutlich schlauer: Über seinen Tanzkurs lernte er ein paar Frauen kennen, die zwar entweder nicht Single oder nicht sein Typ waren, ihn aber dafür auch

8. SCHRITT: GELEGENHEITEN SCHAFFEN UND NUTZEN

nicht sehr nervös machten. Nach einigen Tanzstunden fragte er in die Runde, ob sie nicht Lust hätten, auch mal außerhalb der Tanzschule tanzen zu gehen – auch einige der männlichen Tanzschüler hatten dazu Lust. Es bildete sich bald eine kleine Gruppe von Leuten, die sich mochten und ab und zu zusammen tanzen gingen. Eines Tages schlug Carsten vor, sich sonntagmorgens in einem angesagten Café zum Brunch zu treffen und doch ruhig auch »Nichttänzer« aus dem eigenen Freundeskreis mitzubringen. Er selbst brachte einen Arbeitskollegen mit und die Tanzfreunde luden ihrerseits Bekannte ein, die Carsten kennenlernen konnte. Das Band zwischen manchen der Tanzfreunde wurde zu einer Freundschaft und sie luden sich gegenseitig zu Geburtstagen ein. So lernte Carsten weitere Menschen aus dem Umfeld der Tanzfreunde kennen und sogar Freunde von Freunden. Innerhalb eines Jahres hatte er so inzwischen gut fünfzig Menschen kennengelernt – seine Traumpartnerin war noch nicht dabei, doch er hatte nicht mehr das Gefühl, einsam zu sein. Er traf manchmal sogar zufällig im Alltag Leute, die er kannte, und wenn er ein Date hatte, war er locker und entspannt. Die Tatsache, dass er keine Beziehung hatte, rührte nicht daher, dass es keine Gelegenheit gegeben hätte, sondern dass er tatsächlich auch wählerischer geworden war. Er hatte durchaus Frauen getroffen, die an ihm interessiert waren, aber er wollte nicht einfach die Nächstbeste – er wollte eine Frau, die wirklich zu ihm passte. Er hatte in dieser Zeit auch ein paar kleine Affären gehabt, aber nie den Fehler gemacht, zu glauben, dass daraus eine Beziehung werden sollte, einfach deswegen, weil er nicht mehr bedürftig war. Da er selbst auch immer wieder gute Vorschläge für gemeinsame Aktivitäten machte, war er inzwischen sehr beliebt und wurde gern zu Festen und Partys eingeladen. Als er bei einer Geburtstagsfeier Beate, die Arbeitskollegin der Schwester eines Freundes, traf, war es um ihn geschehen: Sie schien genau das zu sein, was er sich gewünscht hatte. Als er sich beim Gastgeber nach ihr erkundigte, schmunzelte der nur und meinte, seine Schwester hätte die Kollegin mitgebracht, weil sie geglaubt hatte, dass sie und Carsten vielleicht zusammenpassen könnten. Ein Volltreffer, wie sich bald herausstellen sollte.

Teilen Sie die Welt nicht ein in Frauen, die als Partnerin infrage kommen könnten, und andere, die es nicht tun, sondern seien Sie offen für Bekanntschaften, Freundschaften, Affären und alles, was dazwischen liegt. Die meisten Freundschaften zwischen Männern und Frauen basieren darauf, dass er es eigentlich auf sie abgesehen hat, sie ihn aber nicht attraktiv findet und ihm deshalb »Freundschaft« anbietet. Frauen können durchaus akzeptieren, wenn ein Mann ihnen Freundschaft anbietet. Wer weiß, vielleicht haben Sie ja auch einen netten Arbeitskollegen, der »der Richtige« für eine solche Freundin sein könnte.

9. SCHRITT: SICH NÄHERKOMMEN

Wie Mann eine Frau erobert

Wenn Sie nachhaltig Erfolg bei Frauen haben möchten, müssen Sie es schaffen, eine Frau nicht nur anzusprechen, sondern sie auch zu begeistern und zu erobern. Es geht darum, sich näherzukommen und ein gutes Gefühl im anderen auszulösen. Eine Frau wird Ihnen körperlich näherkommen wollen, wenn Sie das Gefühl hat, dass Sie sich auf vielen Ebenen nahe sind und sie diese Nähe genießt.

Ich habe in meinem Leben wahrscheinlich so um die hundert Dates und eine Menge Flirts gehabt. Ich kann nicht bei allen sagen, warum es »gefunkt« hat oder eben nicht, aber doch immerhin bei den meisten. Und mit jedem Mal habe ich etwas dazugelernt: Jedes Zusammentreffen von zwei Menschen besteht immer zu einem Teil aus »Fakten«, aber auch noch aus etwas anderem, das ich der Einfachheit halber jetzt einfach mal »Magie« nennen möchte.

Die »Fakten« sind schnell aufgezählt – es ist im Grunde all das, was in den letzten Kapiteln erklärt wurde: ein möglichst ansprechendes Äußeres und ein attraktives, einladendes Verhalten. Die Magie besteht aus mehreren Komponenten, die zum Teil nicht so leicht erklärbar und manchmal gar nicht beeinflussbar sind: Es ist eine Mischung aus dem »richtigen« Zeitpunkt, der Stimmung, in der beide Menschen sind, ihrer Lebenssituation, äußeren Einflüssen, der Ausstrahlung und nicht zuletzt der Chemie: Forschungen haben in den letzten Jahren erwiesen und mehrfach bestätigt, dass wir uns unseren idealen Partner zum Beispiel auch mit der Nase suchen. Die sogenannten Pheromone sind bewusst nicht wahrnehmbar, geben unserem Instinkt jedoch deutliche Signale, ob ein Mensch mit uns kompatibel wäre oder nicht. Das mag durchaus stimmen, doch es ist nur ein Faktor von vielen. Diese sogenannte »Chemie«, die stimmen muss, ist immer eine Mischung aus tatsächlichen biochemischen Abläufen und der Kompatibilität der anderen Komponenten – eben Magie. Manchmal ist es nur ein bestimmter Moment oder ein Satz, der etwas in uns bewegt, das uns magisch zu einem anderen Menschen hinzieht.

Nicht zu unterschätzen ist dabei auch die Macht der Projektion: Wenn Menschen sich begegnen, dann projizieren sie ihre Wünsche, Vorstellungen und Sehnsüchte, aber auch ihre Ängste und Sorgen auf diesen anderen Menschen. Je nachdem, was das Aussehen, Verhalten und die Ausstrahlung des anderen am meisten bedient, das wird aktiviert. Das hat auch viel damit zu tun, welche Erfahrungen die Menschen in ihrem Leben bisher gemacht haben.

Ein kleines Beispiel: Sie beschäftigen sich mit meinen Vorschlägen und sind schon bald locker, mutig und attraktiv. Bei einem Treffen mit einer Frau, die Ihnen gefällt, sind Sie ein perfekter Gentleman – Sie sind charmant, witzig und aufmerksam. Dummerweise hat diese Frau eine signifikante schlechte Erfahrung mit einem Mann gemacht, der ganz ähnlich war wie Sie jetzt. Irgendwann machen Sie den entscheidenden »Fehler«, ohne es zu wissen: Es kann ein Satz oder auch nur eine Geste sein, die sie »wiedererkennt« – genau das hat »er« auch immer gemacht oder gesagt. In diesem Moment werden all der Schmerz, all das Leid, all die Angst, die dieser andere Mann bei dieser Frau ausgelöst hat, reaktiviert und auf Sie projiziert.

Wenn Sie Glück haben, ist das das Ende Ihrer Begegnung. Wenn Sie Pech haben, wird diese Frau vom Ehrgeiz gepackt, die schmerzhafte Begegnung mit dem anderen Mann mit Ihnen zu heilen und zu korrigieren. Sie wird alles daransetzen, mit Ihnen zusammenzukommen, und Sie werden alle Vorwürfe, alles Misstrauen und all die Aggression »erben«, die eigentlich für diesen anderen Mann gedacht waren. Hat dieser Mann ihr zum Beispiel Blumen mitgebracht, wenn er sein schlechtes Gewissen nach dem Fremdgehen beruhigen wollte, werden Sie dieser Frau niemals Blumen schenken können, ohne dass sie misstrauisch wird und Untreue oder andere »Gefahren« wittert.

Die Projektion kann aber auch etwas sehr Vorteilhaftes sein. Nämlich dann, wenn Hoffnungen und Wünsche auf Sie projiziert werden, denen Sie entsprechen können und wollen und die zu dem passen, was Sie sich vorstellen (und demnach auch projizieren).

Es geht also immer wieder darum, ob die Gesamtheit zweier Menschen in ihrem Sein, Denken und vor allem Tun zueinander passt. Das bedeutet wiederum auch, dass Sie nicht allein für das Gelingen oder Misslingen eines Flirts oder eines Dates verantwortlich sind. Es bedeutet allerdings auch, dass Sie im Grunde immer das bekommen, was Sie »verdienen«: Es geht nicht darum, welchen Spruch Sie draufhaben, wie gut Sie sich mit Wein auskennen, welches Parfum Sie benutzen. Es geht nicht darum, ein guter Schauspieler zu sein. Es geht darum, dass Sie echt sind.

Ganz gleich, wie gut Sie sich »benehmen« können, das verborgene Unbewusste wird klammheimlich und ganz nebenbei immer die richtigen Signale aussenden und genau die Frauen anziehen, die zu Ihrer wahren Natur passen. Deshalb und nur deshalb lohnt es sich, all diesen »Aufwand« zu betreiben, wirklich mutig und wirklich stilsicher und wirklich respektvoll gegenüber Frauen zu werden und all die anderen Dinge zu befolgen, die dieses Buch Ihnen bisher vorgeschlagen hat: weil eine »Self-fulfilling prophecy«, eine sich selbst erfüllende Prophezeiung, gerade dann ganz besonders gut funktioniert, wenn sie im Verborgenen

9. SCHRITT: SICH NÄHERKOMMEN

wirkt. Wenn Sie insgeheim also immer noch glauben: »alle Frauen sind …«, dann werden Sie weiterhin Frauen anziehen, die das Potenzial für Ihre Überzeugung haben, und Sie werden durch Ihr (unbewusst gesteuertes) Verhalten genau dieses Potenzial in der Frau aktivieren, Ihrer Überzeugung auch zu entsprechen.

Ich bekam kürzlich eine E-Mail von einem Leser meines Blogs, der mir sagte, dass es Schwachsinn sei, was ich »verbreiten« würde: Er würde es immer wieder erleben, dass Frauen ihn toll fänden, aber sich eben nicht in ihn verlieben würden, sondern nur mit ihm befreundet sein wollten. Das habe einen ganz einfachen Grund: Frauen stünden nun mal auf Arschlöcher und sie würden ausschließlich von ihrem primären Geschlechtsorgan gesteuert, wenn es um die Partnerwahl ginge – das sei einfach widerwärtig.

Da frage ich mich natürlich: Wenn er so ein solider, ehrenwerter Mensch mit hohen Moralvorstellungen ist, wieso ist er dann sauer darüber, dass Frauen nicht ihm schlafen wollen? Warum freut er sich nicht über die vielen Freundschaften, die er mit Frauen haben könnte? Er war wütend auf Frauen und verachtete sie, weil sie Sex wollten – aber eben nicht mit ihm. Deshalb begann er, es nur noch auf Sex anzulegen – und das wiederum klappte dann zum Teil sogar. Doch die Frauen, die mit ihm schliefen, verachtete er noch mehr, weil sie mit ihm schliefen, ohne dass er vorher verständnisvoll, liebenswürdig und arschkriecherisch war. Also nur eine Frau, die auf innere Werte und Romantik steht und die man zum Sex überreden muss, ist eine gute Frau!?

Wenn Ihnen immer wieder etwas passiert, das Sie nicht haben wollen, kramen Sie mal in der Kiste mit den Glaubenssätzen! Sie bekommen im Grunde immer wieder genau das geliefert, was Sie bestellen. Das, was Sie fürchten, genau wie das, was Sie hassen. Solange Sie selbst Misstrauen oder sogar Hassgefühle und Angst spüren, wenn es um Frauen oder Liebe geht, werden Sie immer wieder »bedient« damit. Ihre Bemühungen, das zu überspielen, sind meist vergeblich: Frauen riechen Angst, Notgeilheit und Falschheit schon von Weitem. Ein Mann, der aus Ihrer Sicht vielleicht zunächst wie ein Arschloch wirkt, ist meist ehrlicher als ein Mann, der nett und harmlos zu wirken versucht, um endlich auch mal zwischen den Schenkeln einer Frau zu landen.

Wie eine Frau mit dem, was sie erspüren kann, umgeht, hängt davon ab, welchen Mustern sie folgt, was sie heilen, erfahren, verdrängen oder erleiden möchte. Da alles auf der Welt immer in Resonanz zueinander passiert, löst jede Begegnung eine Reihe von Ereignissen aus. Ganz gleich, wie Sie sich verhalten: Ihr Gegenüber wird die eigenen Muster und Möglichkeiten aus der Kiste holen und das »liefern«, was »passt«.

Das besonders »Gemeine« daran ist, dass viele unserer Resonanzmuster uns in der Regel gar nicht bewusst sind. Sie fallen höchstens dadurch auf, dass uns »immer wieder dieselbe Scheiße« passiert. Das wird so lange so weitergehen, bis Ihnen selbst klar geworden ist, warum *ausgerechnet Ihnen ausgerechnet das immer und immer wieder* passiert, und Sie die Glaubenssätze loslassen, die dazu führen, dass die Resonanz immer wieder dieselbe oder zumindest ähnlich ist – beziehungsweise, bis Sie gelernt haben, dass der Schmerz, den Sie spüren, nicht von einer Frau verursacht wird, sondern von Ihnen selbst.

Bis dahin versuchen Sie sich zu entspannen. Natürlich ist es viel leichter gesagt als getan, ruhigzubleiben und die Frauen nicht so ernst zu nehmen. Eine unumstößliche Wahrheit, die ich wohl mit den meisten »Pickup-Artists« teile, ist jedoch, dass Frauen Männer mögen, die sich selbst nicht so ernst nehmen und die nicht so tun, als würde ihr Leben von der Gunst oder Zuneigung einer Frau abhängen.

Die meisten Ratgeber für Männer zeigen Ihnen, wie Sie möglichst schnell bei einer Frau landen. Natürlich kann ich das auch – es erfordert wie gesagt Übung, doch es ist nicht weiter schwer, wenn Sie »im Training« sind. Es kann jedoch in den meisten Fällen sehr sinnvoll sein, es etwas langsamer angehen zu lassen und nicht bei jeder Frau mit der Tür ins Haus oder besser gesagt ins Bett zu fallen:

 Lernen Sie eine Frau erst kennen, bevor Sie sich mit ihr einlassen.

Frauen Freundschaft anzubieten ist grundsätzlich eine gute Methode, um sich Vertrauen, aber auch Zeit zu verschaffen. Ein sehr guter Freund von mir musste einmal sehr darunter leiden, dass er eine Frau optisch so reizvoll fand, dass er sich glückselig wähnte, als zwischen den beiden sofort eine starke Anziehungskraft bestand und sie schon beim ersten Date im Bett landeten. Obwohl der Sex gerade zu fantastisch war, hatte er ein seltsames Gefühl. Die Glückshormone jedoch machten ihn blind und er war so froh, endlich eine so interessante Frau gefunden zu haben, dass er das Gefühl als übertriebene Vorsicht beiseiteschob. Es sollte sich im Laufe der nächsten Monate herausstellen, dass die Frau, die ihn zunächst angezogen hatte wie ein Magnet, starke psychische Probleme hatte. Die Beziehung zu ihr entwickelte sich zu einer rasanten Achterbahnfahrt, bei der es leider nach und nach immer weiter abwärts ging: Sie war krankhaft eifersüchtig, hatte keinerlei Selbstvertrauen und wurde bei jeder Kleinigkeit zur Furie mit anschließendem Heulkrampf. Mehrfach bedrohte sie ihn mit dem Küchenmesser. Außerdem drohte sie ihm, sich umzubringen und ihm die Schuld dafür zuzuschieben. Danach gab es immer wieder Phasen, wo sie sich entschuldigte und ganz normal wirkte. Es gab natürlich auch tollen Versöhnungssex, doch mit der Zeit wurde auch der Sex weniger und irgendwann gab es nur noch Versöhnungssex nach ihren Ausbrüchen und irgendwann gab es nur noch Ausbrüche. Die meisten seiner Freunde hatten sich inzwischen zurückgezogen, weil die neue Freundin sie nicht mochte und sie das auch spüren ließ oder weil er selbst sie vor den Kopf gestoßen hatte, wenn er das unmögliche Verhalten seiner Freundin verteidigte. Er kam in eine Situation, wo er das Gefühl hatte, außer ihr kaum noch jemanden zu haben, und wo er ständig von Schuldgefühlen geplagt wurde, weil er Angst hatte, dass sie sich etwas antun könnte. So wurde aus einem Date mit schnellem Sex eine qualvolle Beziehung, an deren Ende er sich selbst in ärztliche Behandlung begeben musste. Insgesamt hat ihn das einige Freunde, seine Gesundheit und fast zwei Jahre seines Lebens gekostet. Im Nachhinein erzählte er mir, wie sehr er es bereute, dass er sich so schnell auf diese Frau eingelassen hatte. Wenn er zunächst nur eine Freundschaft mit ihr angestrebt hätte, wäre ihm viel Ärger erspart geblieben.

Ein anderer guter Bekannter von mir zog um und hat tatsächlich seinen Namen ändern lassen, weil es die einzige Möglichkeit war, wirklich auf Dauer die Stalkerin loszuwerden, die er mal so süß gefunden hatte.

Natürlich sind das Ausnahmen – aber es kommt vor. Frauen zunächst etwas besser kennenzulernen und ihnen von vorneherein einfach Freundschaft anzubieten ist sehr nützlich – nicht nur für die Erweiterung des Freundeskreises oder zum Schutz vor psychisch gestörten Frauen.

Machen Sie keinen Hehl aus Ihren Absichten – egal ob es Affären sind oder ob es eine Beziehung ist – und bieten Sie dennoch einfach nur Freundschaft an. Die Frau wird sich entspannen und wahrscheinlich sogar neugierig, denn zum Leidwesen vieler Männer unterstellen Frauen Männern unbewusst sehr häufig, dass sie nur darauf aus wären, sie ins Bett zu kriegen und sonst gar nichts. Bieten Sie einer Frau jedoch von vornherein nichts weiter als Freundschaft an, wird sie sich insgeheim fragen: »Warum will dieser Mann, der eindeutig eine Affäre / eine Beziehung sucht, jetzt ausgerechnet mit mir nur eine Freundschaft haben?«

Noch interessanter wird das Spiel, wenn Sie merken, dass die Frau Ihnen wirklich gefällt, dass sie nicht nur hübsch anzuschauen ist, sondern auch Humor und Intellekt besitzt und auch sonst Ihre Kragenweite zu sein scheint. Dann können Sie nämlich ein Spiel spielen, das Frauen sonst spielen: das Spiel der widersprüchlichen Botschaften.

Kennen Sie das von Frauen? Sie sagen das eine, meinen aber scheinbar etwas anderes. Sie sagen Ja, meinen aber eigentlich Nein. Sie sagen Nein und wollen aber zu einem Ja »überredet« werden. Ja, widersprüchliche Botschaften sind eine Spezialität von Frauen! Es hat mit folgenden Dingen zu tun:

1. Frauen sind oft hin und her gerissen sind zwischen dem, was ihre Erziehung und ihr Kopf ihnen sagen, was »richtig« oder »anständig« wäre, und dem, was ihr Körper und ihre Lust gern möchten.
2. Frauen kommunizieren immer das, was sie gerade in diesem Moment denken und fühlen – also nicht unbedingt das Ergebnis ihrer Gedanken, sondern lediglich einen Ausschnitt aus einem Prozess.
3. Frauen entscheiden sich nur ungern und hoffen eigentlich, dass ein Mann ihnen einen so guten Vorschlag macht, dass sie sich nach kurzem Zieren (es soll ja nicht billig wirken) darauf einlassen können.

Wenn Sie einer Frau sagen: »Hey, ich glaube, wir könnten großartige Kumpels werden!«, und sie im nächsten Moment an sich heranziehen und ihr einen Kuss geben, wird sie äußerst verwirrt sein – und neugierig. Wenn Sie ihr unterstellen, dass sie offenbar mehr will als Freundschaft, indem Sie zum Beispiel sagen: »Hast du mir etwa gerade auf den Hintern gestarrt? Ich dachte, wir wären nur Freunde?«, wird sie vermutlich rot anlaufen, egal ob sie tatsächlich gestarrt hat oder nicht – und bei nächster Gelegenheit wird sie starren (Verwenden Sie das also nur, wenn der Blick auf Ihren Hintern sich lohnt!). Sie könnten ihr auch sagen, sie solle sich zu Ihrem nächsten Date nicht so schick machen, damit sie

Sie nicht auf komische Gedanken bringt ... was glauben Sie, was vermutlich passiert?

Frauen lieben es, ein bisschen ungezogen zu sein – und sie lieben es, wenn Männer sie dazu herausfordern. Machen Sie sich bitte klar: Eine Frau tut sich sehr schwer damit, einen (fremden) Mann aus freien Stücken zu verführen. Sie will unter keinen Umständen die Verantwortung für eine sexuelle Interaktion tragen. Wahrscheinlich hängt das damit zusammen, dass man für sexuell sehr aktive Frauen auch heute noch so humorvolle und schmeichelhafte Bezeichnungen wie Nymphomanin, Nutte, Flittchen, Schlampe oder Hure findet – und das will keine Frau über sich hören. Sie wird sich daher normalerweise immer zieren und darauf warten, dass Sie sie dazu verführen, etwas Unanständiges zu tun.

Und wenn das für Sie vielleicht momentan völlig absurd klingt: Das ist Ihr Job! Genau das ist das Spiel – genau das ist auch der Inhalt jedes Flirts: Sie weiß es und Sie wissen es auch, aber Sie tun beide so, als ob Sie es nicht wüssten und als ob Sie nicht wüssten, dass der andere es weiß.

Sehen Sie es als ein Balzritual, genau wie im Tierreich – doch anstatt herumzutanzen und sich auf die Brust zu schlagen oder Ihre Federn aufzuplustern, wird von Ihnen verlangt, die Frau dazu zu verführen, etwas »Unanständiges« zu tun, und die volle Verantwortung dafür zu übernehmen.

Sie wird Sie vielleicht sogar dafür beschimpfen: »Das ist alles deine Schuld! Du hast mir viel zu viel Sekt eingeschenkt und dann hast du mich auch noch herausgefordert! Du Mistkerl!«, aber glauben Sie mir, sie meint es nicht ernst ... Sollten Sie je in so einer Situation sein, lächeln Sie die Frau verschmitzt an und erklären Sie ihr, dass Sie ihr einfach nicht widerstehen konnten – ihr und ihrem unbändigen Wunsch, ein unanständiges Mädchen zu sein. Sie müssen die Frau dazu verführen, Sie zu verführen. Genau das wollen wir!

Wenn Sie das verstanden und geschafft haben, werden auch die Treffen mit Frauen sehr viel einfacher und angenehmer für Sie sein. Glauben Sie es oder nicht: Dating kann, bis Sie »die Richtige« gefunden haben, ein angenehmes Hobby sein, wenn Sie es »richtig« angehen!

TIPPS FÜR GELUNGENES DATING

In den vergangenen Kapiteln habe ich Ihnen schon reichlich Beispiele gegeben, wie »Mann« es machen könnte und wie besser nicht. Viele Männer, die es schaffen, ein Date mit einer Frau zu haben, sind sehr nervös deswegen – und der Druck, dass man ihnen diese Nervosität nicht ansehen soll, macht es nur noch schlimmer.

Das »perfekte Date«, das ich Ihnen auf der Seite 154 beschrieben habe, muss nun wirklich nicht in allen Punkten genau so ablaufen (im Anhang finden Sie die Reaktionen der Frauen, die diesen Abschnitt vorab gelesen und beurteilt haben). Das »unperfekte Date« jedoch war ein Beispiel für alles, was Frauen irritiert, verunsichert oder sogar abstößt.

Wenn ein Mann und eine Frau das erste Mal aufeinandertreffen, ist das wie ein erster Eignungstest: Genau wie bei einem Vorstellungsgespräch geht es nicht nur darum, dass Sie sich möglichst gut darstellen, sondern genauso sehr darum, ob das, was »angeboten« wird, überhaupt zu Ihnen passen könnte und Ihren Vorstellungen entspricht.

Ich benutze deshalb im Coaching gern den Vergleich mit dem Vorstellungsgespräch im Job: Lustigerweise sehen sich die meisten Menschen dabei unbewusst direkt in der Rolle des Bewerbers. Wie wäre es denn aber, wenn Sie sich mal in der Rolle des »Arbeitgebers« sehen würden? Wie würde sich Ihr Denken und

Ihr Verhalten verändern, wenn Sie sich vorstellen, dass Sie eine Stelle an eine geeignete Bewerberin zu vergeben hätten? Und im Grunde haben Sie das ja auch: Sie haben eine Stelle zu vergeben für eine Freundin, eine Geliebte, eine Partnerin, eine Affäre oder eine Ehefrau. Sie haben etwas anzubieten, und je mehr Sie mit Ihrer Lebensverbesserung vorankommen, umso attraktiver wird das »Angebot« – und damit steigt normalerweise auch die Anzahl und die »Qualifikation« der »Bewerberinnen«.

Machen Sie sich doch mal den Spaß und überlegen Sie sich eine Stellenbeschreibung. Was erwarten Sie von einer »Bewerberin«? Welche »Qualifikationen« sollte sie mitbringen und warum? Welche Entwicklungsmöglichkeiten gibt es auf der Stelle? Wie möchten Sie die offene Stelle gern besetzen und warum sollte sich eine Frau gerade bei Ihnen »bewerben«?

Wenn eine Firma eine Stelle zu besetzen hat und Bewerber einlädt, prüft man diese zwar auf Herz und Nieren, ob sie geeignet sind, man achtet aber auch darauf, ein gutes Bild von sich selbst abzugeben und dem Bewerber die Firma und die Stelle schmackhaft zu machen. Wenn man nicht zusammenkommt, bleibt man so wenigstens in guter Erinnerung und verbucht es unter »Public Relations«. Dazu gehört auch, dass man Bewerbern keine falschen Hoffnungen macht und Absagen zeitnah, freundlich und wertschätzend formuliert. Machen Sie es ebenso!

Ganz gleich, was Sie suchen, es ist relativ unwahrscheinlich, dass die erste Bewerberin wirklich sofort und direkt auf Ihre »Stellenbeschreibung« passt (falls doch: Halleluja! Wow!). Es kann also eine Weile dauern, bis Sie eine Kandidatin finden, die in die »nächste Runde« kommt (und das auch möchte), und auch da wird vielleicht nicht die Erstbeste gleich die Richtige sein. Das könnte sich für Sie jetzt sehr mühsam anhören – oder auch sehr reizvoll. Wenn es mühsam klingt, kramen Sie ein weiteres Mal in der Kiste mit den alten Glaubenssätzen. Wenn es reizvoll klingt: Herzlichen Glückwunsch, Sie haben es wohl verstanden. Es bedeutet nichts anderes als: Sie werden in nächster Zeit sehr viele Abenteuer erleben. Sie werden viel Zeit mit attraktiven Frauen verbringen und ausprobieren können, was zu Ihnen passt und wie Sie ankommen.

Start Play!

Trauen Sie sich zum Beispiel auch mal ohne großes Tamtam mit Frauen auszugehen: Verabreden Sie sich zu Veranstaltungen, zu denen Sie sowieso gehen wollten (Konzerte, Theater, Kino, Feste, Wanderungen und so weiter), doch einfach locker mit einer Frau, die Sie vielleicht bei Freunden, im Arbeitsumfeld oder im Internet kennengelernt haben. Sagen Sie einfach: »Hey, ich gehe am Dienstag zu diesem Konzert, das dir auch gefallen könnte – hast du nicht Lust mitzukommen?« Es ist kein Beinbruch, wenn diese Frau nicht möchte oder wenn sie sogar absagt oder nicht auftaucht – denn Sie wollten sowieso dorthin gehen. Lernen Sie dort eine andere Frau kennen. Sie könnten ihr erzählen, dass Sie eigentlich mit einer Kollegin oder einer Bekannten verabredet waren, aber die hat Sie einfach versetzt ... Und der »Versetzerin« könnten Sie dann erzählen, was sie verpasst hat und dass Sie dort eine tolle Frau kennengelernt haben ... Natürlich wird das nicht immer klappen, aber mal ehrlich: So unwahrscheinlich ist das nicht.

Viele meiner Singlefreundinnen sind frustriert, weil sie nur sehr wenige Dates haben. Sie haben allerdings nur deshalb so wenige Dates, weil sie eben nicht so viele Männer kennenlernen, mit denen sie wirklich ein Date »riskieren« würden, weil sie den Eindruck haben, dass ein Date auch immer gleich mit einer gewissen »Verpflichtung«, einem Druck, einhergeht, dass dabei »etwas herauskommen muss«.

Ich treffe ständig Menschen – und wenn ich diese Menschen sympathisch finde, sehe ich sie gern wieder. Wenn ich einen Bekannten oder einen Kollegen anrufe und sage: »Hey, ich bin am

Donnerstag in der Stadt, hast du Lust, dich mit mir auf einen Kaffee zu treffen?«, oder wenn ich zu jemandem sage: »Am Freitag spielt in meinem Lieblingsclub eine Band, die dir gefallen könnte, und ich stehe auf der Gästeliste – magst du mitkommen?«, dann bedeutet das für mich keine Verpflichtung. Dabei muss überhaupt nichts »herauskommen« außer einer guten Zeit, einem guten Gespräch oder einem lustigen Abend. Im besten Fall hat man etwas Neues über den anderen erfahren und den Kontakt vertieft.

Ihr Leben und das Leben vieler Frauen könnte so viel angenehmer sein, wenn Sie und andere Männer sich ein Herz fassen würden und Frauen, die Ihnen grundsätzlich gefallen, einfach fragen, ob sie Lust hätten, Sie wohin-auch-immer zu begleiten, und einfach eine gute Zeit haben würden. Das ist deutlich weniger verbindlich als ein richtiges Date und Sie haben beide die Möglichkeit, den anderen zu erleben und kennenzulernen. Wenn Ihnen das gefallen hat, steht einem »richtigen« Date dann ja auch nichts mehr im Weg. Ich will damit nicht sagen, dass Sie Dates vorerst vermeiden sollen oder dass Sie jede Frau ausgiebig kennenlernen und in Ihre Freizeitplanung einbinden müssten. Es ist nur eine Möglichkeit, Ihr Leben abwechslungsreicher zu gestalten und das Zusammentreffen mit Frauen auf eine ganz normale, »unspektakuläre« Ebene zu bringen, die Leichtigkeit und eine gewisse Selbstverständlichkeit transportiert.

Natürlich werden auch diese Frauen versuchen, Sie zu testen. Diese »Tests« steuert eine Frau meist gar nicht bewusst – deshalb sollten Sie ihr nicht böse sein. Wenn es für Sie normal geworden ist, Frauen zu treffen, zu daten und mit ihnen zu flirten, werden Sie über das schmunzeln, was Sie heute vielleicht noch fertig macht. Und bis dahin: Nehmen Sie es wie ein Mann!

Das gilt nicht nur für ein erstes Treffen oder ein Date, das gilt im Grunde für jede Beziehung mit einer Frau, egal welche Art von Beziehung das ist. Das erste Treffen ist dabei jedoch richtungweisend: Eine Frau wird von den ersten fünf Minuten mit Ihnen ableiten, wie der Rest ihres Leben mit Ihnen aussehen könnte – und wahrscheinlich hat sie damit sogar recht.

Timing ist beim Dating ein wichtiger Faktor: Wenn es sich nicht vermeiden lässt, dass Sie ein »klassisches erstes Date« in einem Café oder einer Bar haben, halten Sie es von vornherein eher kurz. Gefällt Ihnen die Frau, haben Sie ihr beim nächsten Date noch viel zu erzählen und Sie haben keine Zeit verschwendet, wenn Sie beide nicht das sind, was Sie sich vorstellen.

Sind Sie eher auf einen One-Night-Stand aus, dann wechseln Sie möglichst bald den Ort des Geschehens: Schlagen Sie zum Beispiel einen Spaziergang vor und besuchen Sie dann ein weiteres Café oder gehen Sie spontan in ein Museum, eine Ausstellung, einen Bücherladen – seien Sie kreativ, aber vor allem: Sorgen Sie für Abwechslung. Je mehr verschiedene Orte Sie aufsuchen und je mehr Erlebnisse Sie miteinander haben, umso vertrauter miteinander werden Sie sich fühlen: Unser Gehirn speichert nicht die Dauer einer Begegnung, sondern die unterschiedlichen Eindrücke – wenn Sie also mehrere verschiedene Orte aufsuchen, werden Sie das Gefühl haben, sich schon länger zu kennen. Das kann sehr hilfreich sein, wenn Sie schnell zur Sache kommen wollen.

Für alle, die etwas mehr Zeit haben, gilt: Eine Frau datet einen Mann nur ein zweites Mal, wenn sie

1. ihn gut findet und besser kennenlernen will.
2. sich nicht sicher ist und ihn besser kennenlernen will.

Eine gute Idee für das zweite Date ist daher, etwas gemeinsam zu unternehmen: Sitzen Sie sich nicht nur starr gegenüber, sondern tun Sie etwas, seien Sie aktiv. So erhalten Sie voneinander nicht nur die Informationen, die Sie im Gespräch geben, sondern Sie haben auch die Möglichkeit, die Frau zu erleben und sich selbst zu zeigen. Machen Sie vielleicht eine Bootstour, eine Radtour oder machen Sie irgendeinen Kurs zusammen – etwas Sportliches vielleicht oder schlendern Sie über einen Jahrmarkt und probieren Sie verschiedene Fahrgeschäfte aus.

Sorgen Sie in jedem Fall für Abwechslung: Wenn Ihr erstes Date etwas Aktives war, sollte Ihr zweites Date ein nettes Abendessen oder eine Verabredung zum Brunch sein – und umgekehrt. Ob Ihr zweites Date gut läuft, erkennen Sie daran, dass die Frau viel lacht, ab und zu auch mal schweigt und Körperkontakt sucht. Sorgen Sie dafür, dass sie viel Gelegenheit dazu findet.

Eine Frau datet einen Mann nur ein drittes Mal, wenn sie

1. ihn gut findet und noch besser kennenlernen will – dann datet Sie ihn an einem öffentlichen Ort.
2. ihn gut findet und ihm näherkommen möchte – dann schlägt sie ein Treffen zu Hause vor.

Fast alle Frauen zwischen 19 und 59, mit denen ich darüber gesprochen habe, sind sich einig: Beim dritten Date muss »was passieren« – sonst passiert gar nichts mehr. Soll heißen: Wenn eine Frau Sie ein drittes Mal datet, dann will sie zum Beispiel auch küssen. Wenn Sie es an diesem Tag oder Abend nicht gebacken kriegen, wird es schwierig, nicht auf der Freundschaftsschiene zu landen.

Die nachfolgenden Regeln gelten daher nicht nur für ein erstes Date – sehen Sie sie als eine Art »Gebrauchsanweisung für Dates mit Frauen«. Ich bin sicher, dass nicht alle Regeln Sinn für Sie machen werden – für eine Frau allerdings machen sie sehr viel Sinn. Probieren Sie es einfach aus und genießen Sie den Erfolg.

1. Fragen Sie nicht, machen Sie lieber Vorschläge oder sagen Sie einfach, was Sie fühlen bzw. denken.

Viele Männer machen den Fehler, zu zaghaft zu sein aus Unsicherheit, ob die Frau sie überhaupt mag. Wenn Sie jedoch gute Vorschläge und klare Ansagen machen oder einfach sagen, was Sie fühlen, ist das schon ein Grund mehr, Sie zu mögen. Ein weiterer Vorteil ist, dass Sie auf solche Aussagen viel schwerer eine negative Reaktion bekommen können als auf eine geschlossene Frage. Hier einige Beispiele:

Falsch:
Gibst du mir deine Telefonnummer?
Wollen wir uns mal treffen?
Was möchtest du unternehmen?
Bin ich dir sympathisch?
Könntest du dir mehr mit mir vorstellen?

Richtig:
Lass uns Telefonnummern austauschen!
Ich möchte dich gern wiedersehen!
Wollen wir spazieren gehen oder etwas trinken?
Ich mag dich!
Ich möchte dich besser kennenlernen!

Erkennen Sie den Unterschied? Die zweiten Varianten wirken viel selbstsicherer und auch sympathischer: Sie wissen, was Sie wollen, und Sie sagen, was Sie denken. Diese Beispiele passen zum Anfang einer Begegnung mit einer Frau – aber auch später, in Beziehungen, kommt es immer wieder gut an, wenn Sie Aussagen, Vorschläge und Ansagen machen anstatt zu fragen: »Wie hättest du es denn gern?«

Fragen Sie zum Beispiel nicht: »Hast du Lust, ins Kino zu gehen?«, sondern sagen Sie: »Komm, im Kino läuft heute XYZ – lass uns hingehen!« Fragen Sie nicht: »Wo möchtest du gern essen gehen?«, sagen Sie: »Wie wär's mit diesem netten kleinen spanischen Lokal?« Selbst wenn Ihre Partnerin dann sagt, dass sie auf Spanier keine Lust hat, wird sie dankbar sein für Ihre Initiative.

Wenn ein Mann immer nur fragt, scheint es, als hätte er keine eigenen Ideen, keine eigene Meinung oder nur wenig Selbstvertrauen. Wie ich zu Beginn des Buchs schon sagte: Wir Frauen sind heutzutage selbstständig, weil wir das Gefühl haben, dass wir es sein müssen. Wir möchten uns aber auch sehr gern mal (ver)führen lassen. Interessanterweise finden häufig gerade die Frauen, von denen man es am wenigsten erwarten würde, es ganz spannend, wenn ein Mann sich nicht an sie ranhängt und sie als Lebens- und Eventplanerin bestätigt, sondern eigene Ideen und Vorschläge hat und umsetzt – und sie belohnen den jeweiligen Mann in der Regel reichlich dafür …

Auch Aussagen über Ihren Gefühlszustand verschaffen Ihnen bei den Frauen Pluspunkte. Frauen kommunizieren beständig so miteinander: Sie erzählen, was sie empfinden, und die Freundin stimmt ein und bestätigt, ergänzt, erzählt von sich. Möchten Sie also wissen, ob eine Frau, die Sie mögen, Sie auch mag, sagen Sie ihr einfach: »Ich mag dich!«, oder sagen Sie ihr, was Sie an ihr mögen. Antwortet Sie nur mit »Das ist nett« oder »Ähm … schön«, wissen Sie, dass es nicht ganz so gut für Sie läuft. Noch wahrscheinlicher ist allerdings, dass diese Gefühlsäußerung dazu führen wird, dass Ihr Sympathie-Bonus bei der Frau allein schon durch die Aussage steigt.

Hören Sie auf, zu fragen oder sich fragen zu lassen. Selbst aktiv zu werden – das ist die eigentliche »Verführung«. Frauen möchten sehr gern verführt werden, nicht nur zum Sex, sondern auch zu anderen Dingen: zu Dummheiten, zum Essen oder Trinken, zum Naschen, zum Ausgehen … Frauen finden es herrlich, wenn jemand zu ihnen sagt: »Komm, lass uns Spaß haben!«

2. Seien Sie interessiert, aber nicht therapeutisch.

Bei einem ersten Treffen sind die meisten Menschen aufgeregt. Sie sprechen dann meist über etwas, mit dem sie sich auskennen.

9. SCHRITT: SICH NÄHERKOMMEN

Bei Männern ist das sehr häufig der Job, Sport und Fakten, Fakten, Fakten. Bei Frauen sind es meist Gefühle und Beziehungen – dummerweise dann gern auch Ex-Beziehungen. Viele Männer haben es schon erlebt, dass Frauen ihnen ihr Herz ausschütteten und sich hinterher zwar wohlfühlten, aber den Mann nicht attraktiv fanden. Das ist relativ normal – weil wir uns so darüber freuen, dass ein Mann uns endlich mal zuhört und wir ihm alles anvertrauen können, dass wir das mit Sex nicht »kaputt machen« möchten …

Wenn ich für jedes Mal, wo ein Mann – egal ob Bekannter, Klient oder einfach nur jemand, der mir seine Meinung kundtun wollte – mir diese Geschichte erzählt hat, auch nur einen Euro bekommen hätte, hätte ich jetzt bereits ein Haus im Süden oder einen Mercedes SL. Nein, das stimmt nicht. Ich hätte das Haus *und* den Mercedes. Das Symptom ist so verbreitet, dass ich es kaum glauben kann. Natürlich finden wir es toll, wenn ein Mann gut zuhören kann. Natürlich finden wir es toll, wenn ein Mann verständnisvoll ist. Aber Himmel noch mal – wenn ein Mann mit uns schlafen möchte, uns aber stattdessen gegenübersitzt, verständnisvoll nickt, mit den Augen rollt und seufzt, während wir etwas erzählen, was eigentlich gar nicht hierher gehört, was wir nur tun, weil wir irgendwie unsicher sind und nicht mehr über Job oder Sport oder »Hobbys« reden wollen und uns dabei irgendwie in unseren seelischen Abgründen oder Enttäuschungen verlaufen haben, und wenn er nur zuhört und Verständnis hat und nichts unternimmt – was sollen wir denn dann bitte tun?

Sollen wir so etwas sagen wie: »Pass auf, Junge, wir können jetzt so weitermachen: Ich schütte dir mein Herz aus, weil du so wirkst, als würdest du drauf stehen, dann werde ich an all meine Exfreunde erinnert und völlig abgetörnt, und wir beide werden niemals Sex haben – oder: Du nimmst jetzt meine Hand, küsst sie, küsst dann mich und sagst mir, dass du eine tolle Idee hast, was wir jetzt machen können, damit ich all das vergesse.«

Tappen Sie nicht in diese Falle, nur weil Sie ihr zeigen wollen, dass Sie ein guter Zuhörer sind! Wenn eine Frau anfängt, Ihnen von Beziehungen, Trennungen, Herzschmerz, Leid und Sehnsucht zu erzählen – hören Sie nicht stundenlang aufmerksam zu, sondern ergreifen Sie ihre Hände und sagen Sie ihr, dass Sie sich freuen über so viel Vertrauen und Ehrlichkeit ihrerseits, dass Sie sie verstehen und dass sie das alles jetzt vergessen soll und einen wunderbaren Tag oder Abend mit Ihnen haben wird.

Auch wenn Sie in einer Beziehung sind: Wenn eine Frau Ihnen von ihren Sorgen erzählt, will sie keine Lösung (!) dafür und sie will auch keinen Therapeuten. Sie will einen Mann, der sie in den Arm nimmt und sie dann fragt: »Was würde dir jetzt guttun?«, oder ihr einfach erst mal einen Tee oder ein Glas Wein bringt. Der Wunschtraum jeder Frau! Zeigen Sie Ihr Interesse, indem Sie ihr Fragen stellen. In meinen Trainings fällt mir immer wieder auf, dass vor allem die Männer unglaublich unaufmerksam für das Potenzial einer Unterhaltung sind. Frauen brennen darauf, lechzen danach, dass ein Mann sich mal wirklich für Sie interessiert und nicht nur zustimmend nickt und dann von sich erzählt oder zustimmend nickt und schweigt. Fast jeder Satz, den ein Mensch Ihnen erzählt, hat das Potenzial für eine interessante Unterhaltung, wenn Sie sich Fragen angewöhnen wie:

- Wie bist du darauf / dazu / dorthin gekommen?
- Was fasziniert dich besonders / gefällt dir daran?
- Wo gehst du sonst hin?
- Was machst du, wenn du nicht ...?
- Was macht das mit dir?

Oder schlicht und einfach gesagt: WARUM? Probieren Sie mal aus, die Hintergründe eines Satzes oder einer Geschichte zu erfahren. »Wer fragt, der führt«, heißt es im Verkaufstraining. Also fragen Sie ruhig!

3. Machen Sie Komplimente, ohne zu schleimen.

Wenn Sie einer Frau bei einem Date ein gutes Gefühl geben möchten, machen Sie ihr ruhig Komplimente – aber machen Sie nur welche, die Sie auch ehrlich meinen und bleiben Sie realistisch. Sagen Sie dabei nicht einfach, was Sie sehen – sagen Sie, was das mit Ihnen macht. Sagen Sie also zum Beispiel nicht: »Du hast wunderschöne Augen!« (Wenn es so ist, weiß sie das sowieso, abgesehen davon ist das sehr einfallslos), sondern sagen Sie ihr: »Ich könnte stundenlang in deine Augen schauen!« Aber vor allen Dingen: Kriechen Sie nicht vor ihr herum. Erweisen Sie sich als Gesprächspartner, der ihr gewachsen ist und sich nicht in allem ihrer Meinung anschließt.

Warum stand Jane auf Tarzan? Okay – der Lendenschurz war sexy, aber davon mal abgesehen. Tarzan ist nicht gerade eloquent, aber er rettet sie, er ist ein super Lianenschwinger, er weiß, wo es langgeht, und er interessiert sich wirklich für sie – ohne vor ihr herumzukriechen ... Wenn Sie also mal wieder mit einer Frau zusammen sind und diese Sie mit irgendetwas überfordert, fragen Sie sich einfach: »Was würde Tarzan tun?« Oder Indiana Jones? Oder James Bond? Oder Tyler Durden? Oder Danny Ocean? Oder Han Solo? Es gibt in Filmen eine Menge guter Vorbilder für souveränes Agieren mit Frauen und in diesem Buch eine Menge Ideen! Zeigen Sie ihr einfach offen, dass Sie sie gut finden – nicht mehr, aber auch nicht weniger!

4. Erzählen Sie ihr etwas, das sie interessiert und amüsiert oder »weiterbringt«.

Frauen lieben gute Geschichten und am besten ist es, wenn die Geschichte so bildhaft erzählt wird, dass sie sie miterleben und sich selbst in der Geschichte sehen können.

Der Freund eines Freundes hat mich auf einer Gartenparty dieses gemeinsamen Freundes nachhaltig beeindruckt mit einer

Geschichte. Sie war so faszinierend, so packend, so spannend und so bildhaft erzählt, dass etwa 15 Erwachsene wie gebannt an seinen Lippen hingen. Wir lachten und litten mit ihm und ich konnte es förmlich vor mir sehen, was er erzählte. Als sich am Ende der Geschichte herausstellte, dass das Ganze nur ein Fake war und er es erfunden hatte, kam es auf der Grillparty schlagartig zu Tumulten. Alle hatten so stark mit ihm mitgefiebert, dass die komplette Gruppe – mich eingeschlossen – völlig außer Rand und Band war, als wir erfahren mussten, dass er uns gerade so richtig auf den Arm genommen hatte.

Die Geschichte hat mich jedoch so fasziniert, dass ich sie bis heute fast Wort für Wort nacherzählen kann, und ich erinnere mich sehr gern an diesen Grillabend. Wäre ich nicht bereits glücklich verheiratet, wäre ich sicher versucht gewesen, den Erzähler näher kennenzulernen. Ihre Geschichten erschaffen Bilder und eine ganze Welt im Kopf der Frau, Ihre Welt. Wie ein gemeinsames Wunderland, das nur Ihnen beiden gehört und durch das Sie gehen können, das Sie entdecken und gestalten können, wie es Ihnen gefällt. Sie können Ihre »Herzdame« zu Ihrer persönlichen Titelfigur in dieser Geschichte werden lassen. Wenn Sie es schaffen, einer Frau eine Geschichte zu erzählen, die sie interessant, spannend, faszinierend oder einfach nur schön findet und in die sie sich hineinversetzen kann, haben Sie so gut wie gewonnen.

Und bis Sie eine solche Geschichte auf Lager haben: Es ist völlig in Ordnung, eine Frau zu fragen, worüber Sie sich gern unterhalten möchte. In jedem Fall ist das um ein Vielfaches besser, als über den Job zu reden und oder nur verständnisvoll zu sein.

Eine Frau mag es, wenn ein Mann sie zum Lachen bringt – doch genauso sehr mag sie es, wenn sie etwas dazulernen kann – nicht indem man sie belehrt, sondern indem man ihr etwas erzählen kann, das ihr neu ist und das sie weiterbringt in ihrer persönlichen und spirituellen Entwicklung. Frauen lieben Gespräche, in denen es darum geht, dass man an einem bestimmten Punkt seines Lebens eine Erkenntnis hatte, einen Beschluss fasste, etwas verändert hat oder etwas Wichtiges getan oder erlebt hat, das Sie zu dem hat werden lassen, was Sie heute sind. Allerdings:

5. Erzählen Sie nicht nur, wie Sie sind, sondern seien Sie es!

In jedem Flirttraining geben meine Teilnehmer eine Selbsteinschätzung ab über gute Eigenschaften, die sie haben. Höre ich diese Einschätzungen und vergleiche sie am Ende des Wochenendes mit der Person, die ich kennengelernt habe, bin ich immer wieder irritiert: Da gibt es Menschen, die sich als humorvoll und spontan beschreiben, aber in zwei Tagen nicht einmal etwas Witziges gesagt haben – schon gar nicht spontan. Es gibt Menschen, die sich als zuverlässig und ehrlich beschreiben und sich dann vor Aufgaben drücken, zu spät aus der Mittagspause wiederkommen und fadenscheinige Ausreden dafür erfinden. Ein Bekannter meinte mal zu mir: »Wenn einer dir sagt: ›Ich bin ja ein Mensch, der …‹, solltest du grundsätzlich vorsichtig sein. Denn wenn er wirklich so ein Mensch ist, wieso muss er das dann so betonen – wieso ist er es nicht einfach?« Die meistgenannten Eigenschaften in meinen Trainings sind Ehrlichkeit, Zuverlässigkeit, Offenheit, Treue und Humor. Natürlich sind das genau die Eigenschaften, die Frauen sich wünschen. Nein, es sind die Eigenschaften, die alle Frauen erwarten. Wenn Sie einer Frau klarmachen wollen, dass Sie zuverlässig und ehrlich sind, dann seien Sie zuverlässig und ehrlich, aber reden Sie nicht darüber. Wenn Sie zeigen wollen, dass Sie humorvoll, offen und charmant sind, dann beweisen Sie es einfach – reden Sie nicht nur darüber.

6. Steigen Sie nicht auf Spielchen ein – aber treiben Sie auch selbst keine!

Viele Frauen spielen fortwährend (und meist unbewusst) kleine Spielchen, um sich der Souveränität ihres Partners zu versichern, aber auch um zu testen, was er hinnimmt, wie er sich verhält und manchmal einfach, weil ihnen langweilig ist.

Ein beliebtes Spielchen in der Anfangszeit ist, zu spät zu einem Date zu kommen. Frauen kommen einerseits meist zu spät zu einem Date, weil sie sich komisch vorkommen, wenn sie auf den Mann warten müssen, andererseits aber auch, um zu sehen, wie er reagiert. Wenn es sich dabei nur um fünf bis sieben Minuten handelt, sollten Sie das grundsätzlich ignorieren. Wenn es mehr ist, ohne dass sie sich meldet, fragen Sie scherzhaft so etwas wie: »Na, wer hat dich aufgehalten oder bist du in Wahrheit gar nicht von Natur aus so hübsch?«.

Das wird ihr zeigen, dass Sie ihr Zuspätkommen sehr wohl registrieren, aber sich nicht darüber aufregen. Durch die neckende Bemerkung wird sie sich »ertappt« fühlen und solche Spielchen in Zukunft bleiben lassen. Sie bleiben souverän und haben diesen Test »bestanden«. Wenn eine Frau Sie länger als 15 Minuten warten lässt, *ohne dass sie sich meldet*, haben Sie zwei Möglichkeiten:

1. Sie beginnen mit jemand anderem zu flirten und stellen Ihren Flirt der Zuspätkommerin als neue Bekannte vor, wenn sie endlich auftaucht.
2. Sie gehen irgendwo anders hin oder nach Hause. Rufen Sie sie nicht an, sondern warten Sie, bis sie sich meldet, und teilen Sie ihr freundlich, aber unmissverständlich mit, dass ihr Verhalten sehr unhöflich war und Sie Besseres zu tun haben, als Ihr Leben mit Warten zu verbringen. Das Date findet an diesem Tag nicht mehr statt und nächstes Mal nur, wenn sie pünktlich ist oder sich meldet, wenn sie es nicht schafft.

Nur eine Sache sollten Sie niemals tun: Sie sollten sich nie rechtfertigen und schon gar nicht sollten Sie sich aufregen. Ansonsten entscheiden Sie bitte immer nach Gefühl und Situation.

9. SCHRITT: SICH NÄHERKOMMEN

In zahlreichen Büchern, Foren und Blogs wird diskutiert, wer sich wann bei wem und wie melden sollte. In Amerika gibt es dafür richtige Regeln – ich finde das albern. Wenn zwei Menschen sich kennenlernen und vielleicht tatsächlich beide schon am ersten Abend »Feuer und Flamme« füreinander sind und es kaum erwarten können, sich wiederzusehen – warum sollte er dann zwei Tage warten, bevor er sie anruft? Was für ein Quatsch!

Nehmen Sie all diese – selbst meine – »Regeln« nicht allzu ernst. Sie können Ihnen als Orientierung dienen, falls Sie selbst unsicher sind oder Ihnen (noch) das nötige Fingerspitzengefühl fehlt, aber sie können nie Ihre eigenen Erfahrungen ersetzen (oder verhindern!). Wie heißt es so schön: Lerne die Regeln, damit du sie brechen kannst.

Lassen Sie eine Frau jedoch immer wissen, woran sie ist. Viele Männer glauben, sie müssten einer Frau Liebe vorgaukeln oder versprechen, damit sie Sex mit ihnen hat. So etwas kann Sie in Teufels Küche bringen!

Glauben Sie mir, es gibt viele Frauen, die gern auch einfach nur Sex mit Ihnen haben möchten, wenn der Sex, den Sie versprechen können, gut genug ist. Bei Frauen wird beim Sex eine hohe Menge des Hormons Oxytocin freigesetzt, das für den Wunsch nach Nähe und Bindung sorgt, daher wird es auch »Kuschelhormon« genannt. Der Hormonspiegel senkt sich natürlich nach einer Weile auch wieder ab. Haben Sie einer Frau jedoch, um Sex mit ihr haben zu können, eine Partnerschaft und Liebe in Aussicht gestellt, wird sie sich im Oxytocin-Rausch sehr zu Ihnen hingezogen fühlen und das als Verliebtheit werten. Sie wird alle zukünftigen Handlungen und Aussagen auf Basis dieser Vorannahme bewerten. Sie wird in allem, was Sie tun und sagen, nach einem Funken von Liebe und einem Beweis suchen, dass Sie beide zusammengehören …

Sollte das also nicht Ihr Wunsch sein, können Sie sich viel Ärger ersparen, wenn Sie der Frau, die Sie verführen, sagen, dass es nur um »Spaß« geht. Machen Sie dann bitte auch keine Geschenke und tun Sie nichts Romantisches, weil Sie denken, das wäre einfach nur nett. Wenn Sie Dinge tun, die sonst nur Verliebte tun würden, kann die Frau daraus nichts anderes schließen, als dass Sie heimlich eben doch in sie verliebt sind und es nur nicht zugeben oder wahrhaben möchten. Auch wenn dieser Moment vielleicht einmal unangenehm sein könnte: Machen Sie unmissverständlich klar, wenn es für Sie »nur Sex« war und keine Liebe im Spiel ist, und verhalten Sie sich entsprechend. Ich kenne einige Frauen, die seit Jahren den »Zeichen« von Männern hinterherjagen und hoffen, dass diese sich irgendwann doch noch ihrer Liebe für sie bewusst werden, während die Männer ab und zu für Sex vorbeikommen und sich wundern, dass die Frauen immer unglücklicher werden und beginnen, ihnen Szenen zu machen – nur weil die Männer ihnen Blumen mitgebracht haben, aber nicht zum Frühstück bleiben möchten ...

Machen Sie sich eines klar: Wenn Sie das Gefühl haben, »die Richtige« gefunden zu haben und dieses Gefühl auf Gegenseitigkeit beruht, geht es erst richtig los. Da wird es aber auch erst richtig interessant! Sollte Ihnen das jetzt alles schon viel zu anstrengend vorkommen, sind Sie vielleicht mit einem Hund gut bedient? Frauen sind speziell, ich weiß, doch wenn Sie die Ratschläge aus diesem Buch beherzigen, werden Sie merken, dass es gar nicht so schwierig und anstrengend ist, wie Sie vielleicht glaubten. Frauen tun fast alles für einen Mann, der ihnen gefällt und mit ihnen umzugehen weiß!

10. SCHRITT: WENN ES LIEBE IST

Wie Mann eine Frau (dauerhaft) glücklich macht

Ganz gleich, welche Art von Beziehung Sie mit einer Frau führen wollen, es wird immer wieder zu Situationen kommen, die eine Frau anders sieht als Sie und die dadurch schnell zu einem kommunikativen Minenfeld werden können. Wenn Sie jedoch verstanden haben, worum es dabei jeweils geht, wird es Ihnen deutlich leichter fallen, mit diesen Situationen umzugehen.

Vergessen Sie nicht, dass eine Frau ihre Verhaltensweisen oder Denkmuster nicht bewusst und absichtlich an den Tag legt – es ist eben so. Ich selbst weiß fast alles darüber und benehme mich dennoch immer wieder »seltsam«. Die Kommunikation zwischen Mann und Frau ist ein lebenslanges Abenteuer.

Beziehungen zwischen zwei Menschen können wundervoll sein und diese beiden Menschen stärken und beflügeln. Die Basis jeder guten Beziehung ist Kommunikation und Verständnis. Frauen zu verstehen erscheint vielen Männern schwierig, vielleicht ist es tatsächlich auch gar nicht möglich. Die nachfolgenden Punkte jedoch können Ihnen als eine Art Leitfaden dienen, der in vielen Situationen sehr hilfreich ist. Er gilt für jede Art von Beziehung zu einem weiblichen Wesen. Probieren Sie es aus!

 Entscheiden Sie sich für etwas und stehen Sie zu Ihren Entscheidungen.

10. SCHRITT: WENN ES LIEBE IST

Egal, ob Sie noch in der Dating-Phase sind oder bereits in einer Beziehung oder selbst wenn Sie mit der Frau nur eine Affäre haben: Stehen Sie immer zu Ihren Aussagen und Ankündigungen. Eine Frau braucht keinen Mann, der sein Fähnchen in ihren Wind hängt – sie braucht einen Mann, auf den sie sich verlassen kann. Das bedeutet auch, dass ein Mann

- nicht seine Meinung ändert, nur weil sie eine andere hat.
- sich und seine Meinung nicht rechtfertigt, sondern locker und liebevoll bleiben kann, wenn man unterschiedlicher Meinung ist.
- in allem zu dem steht und das lebt, was er sagt – selbst wenn es ein Nein ist und ihr das eigentlich gar nicht gefällt.
- das macht, was er ankündigt – ganz gleich, wie sie es findet.

Weiter vorne in diesem Buch ging es unter anderem darum, eine eigene Meinung zu haben und zu vertreten, ohne dabei aggressiv zu sein. Das gilt auch für Entschlüsse und Ansagen. Es kann leicht passieren, dass eine Frau Ihnen überaus ambivalente Botschaften sendet – wichtig ist, dass Sie wissen, was Sie wollen, und einfach dazu stehen, ohne dass Sie dabei aggressiv, ängstlich oder beleidigend sind.

Eine Frau wünscht sich einen Mann, der weiß, was er will, und zu sich selbst steht (wankelmütig sein kann sie schließlich auch allein), und sie wird Sie immer wieder auf die Probe stellen. Gerade deshalb ist es so wichtig, dass Sie wirklich wissen, was Sie wollen, und Ihre Persönlichkeit und Ihr Selbstvertrauen festigen: Eine Frau wird Sie kritisieren, anlocken und wegstoßen, warten lassen oder mit (für Sie) seltsamen Fragen konfrontieren – und all das hat nur einen Zweck: Sie möchte sehen, dass Sie sie lieben, aber auch dass Sie stark sind, dass Sie wissen, was Sie wollen, und zu sich selbst stehen. Denn dann kann sie sich entspannen, weil sie weiß, dass sie in guten Händen ist.

 Bleiben Sie souverän, egal was passiert.

Irgendwo habe ich mal gelesen, dass man Frauen in der Anfangsphase wie schwer erziehbare 14-Jährige behandeln soll. Ich musste sehr schmunzeln darüber, doch der Vergleich passt manchmal tatsächlich. Wenn Sie das Gefühl haben, eine Frau benimmt sich gerade wie eine verzogene 14-Jährige, dann benehmen Sie sich wie ein liebender, aber überlegener Vater: Schauen Sie ihr in die Augen, lächeln Sie und sagen Sie ihr, sie solle mit dem Quatsch aufhören.

Wenn sie in diesem Moment zornig ist, wird sie davon erst mal noch wütender werden – das müssen Sie aushalten können. Bleiben Sie ruhig und betrachten Sie sie weiterhin voller Liebe, sprechen Sie weiter mit ruhiger, besänftigender Stimme. Sagen Sie ihr zunächst, dass Sie sie verstehen (auch wenn es gar nicht stimmt) oder wenigstens dass Sie nicht die Absicht hatten, ihre Gefühle zu verletzen (was hoffentlich stimmt), und dass Sie sie lieben. Nach einigen Minuten ist der Sturm vorbei und sie ist wieder »normal« und redebereit.

Die meisten Frauen haben sehr starke Stimmungsschwankungen (ganz besonders stark kurz bevor sie ihre Tage bekommen) – doch ist dies meist so etwas wie der Sturm im Wasserglas. Allerdings ist es wirklich ein Sturm: Eine unbedachte Äußerung und schon sind Sie nicht mehr der Traummann, sondern ein fieser Mistkerl. Von einer Sekunde auf die andere wird Ihre Traumfrau zur Furie oder zur beleidigten Leberwurst. Wenn Sie mit der Frau bereits in einer Beziehung sind, wird sie diese sogar infrage stellen. Wenn Sie jetzt – um der Harmonie willen – versuchen, die Frau möglichst schnell runterzuholen, oder ihr mit »Vernunft« kommen, kann das Ganze eskalieren. Wenn Sie sich ebenfalls zurückziehen, kann es Tage dauern und aus einer Mücke wird ganz schnell ein Elefant.

Für die meisten Männer ist Kritik, ein Streit, eine Auseinandersetzung oder ein »Fehlverhalten« ihrer Partnerin ein Kampf – und diesen Kampf muss Mann gewinnen. Wenn eine Frau ihm einen Vorwurf macht, dann muss er diesen Vorwurf unbedingt abwehren. Er beginnt also, sich zu verteidigen. Er führt Gegenargumente an. Er sucht die Schuld bei ihr oder anderen. Er will diesen Kampf unbedingt gewinnen. Das können Sie so machen … ich kann es allerdings nicht empfehlen, denn wer die Kämpfe gewinnt, verliert in einer Beziehung am Ende alles. Wenn Frauen sich streiten, dann geht es meist um etwas ganz anderes als das, was den Streit angeblich verursacht:

Sie will immer wieder wissen, dass Sie sie lieben.

Wenn Sie mit einer Frau zusammen sind, ist das Wichtigste für sie, dass Ihre Liebe zu ihr echt, wahrhaftig und vor allem beständig ist. Auch wenn Sie ihr gerade einen Diamantring an den Finger gesteckt hätten, könnte sie Ihre Liebe dennoch schon drei Minuten später wieder anzweifeln. Ich verstehe völlig, dass ein Mann angesichts dessen die Welt nicht mehr versteht – es heißt ja nicht umsonst: »Ein Mann, ein Wort.« Eine Frau allerdings denkt so nicht, sie wünscht sich jeden Tag ein Zeichen und einen Ausdruck dieser Verbindung und ihrer aktuellen Qualität. Sie will wissen, ob sie Ihnen noch genügt, ob sie noch gut, jung und schön genug für Sie ist. Sie will wissen, ob Sie auch für sie da sind, wenn sie mal nicht »gut« ist. Sie wird sogar Situationen oder sogar Streite provozieren, nur um zu spüren, dass Sie bleiben. Sie lassen sich nicht abschrecken, Sie lieben Sie wirklich, aber Sie lassen nicht alles mit sich machen. Handeln Sie genauso: Zeigen Sie ihr, dass Sie sie lieben, aber dass Sie deshalb nicht alles mit sich machen lassen. Stehen Sie zu ihr – aber stehen Sie vor allem auch zu sich selbst, so werden Sie ein geliebter und verlässlicher Partner für eine Frau sein.

 **Geben Sie einer Frau Bestätigung und kommunizieren Sie Ihre Gefühle.**

Ich weiß, dass viele Männer nicht gern »Ich liebe dich« sagen. Einer meiner geistigen Vorbilder jedoch, Chuck Spezzano, hat mir kürzlich bei einem Vortrag einen wunderbaren Vergleich dafür an die Hand gegeben. Er sagte: »Viele Männer haben den Standpunkt: ›Warum soll ich ihr schon wieder sagen, dass ich sie liebe? Ich habe es ihr doch neulich gesagt, das kann sie sich doch wohl merken, oder?!‹ Das stimmt, doch die Frau könnte entgegnen: ›Warum will er schon wieder mit mir schlafen? Ich habe doch neulich mit ihm geschlafen – das kann er sich doch wohl merken, oder?!‹ – und das, meine Herren, würden Sie doch auch nicht so toll finden, oder?!«

Wenn Sie eine Partnerin haben, die Sie fragt, ob Sie sie lieben, sollten bei Ihnen Alarmglocken schrillen, denn wenn sie schon nachfragen »muss«, dann fühlt sie sich nicht gut und sie braucht Ihre Zuwendung und Ihre Aufmerksamkeit. Natürlich könnte es sein, dass Sie eine Partnerin mit sehr wenig Selbstvertrauen und wenig Selbstwertgefühl angezogen haben – wenn Ihre Partnerin also täglich nachfragt, könnte es unter Umständen auch daran liegen, dass sie zu den Menschen gehört, die so bedürftig sind, dass ihr Bedürfnis an Bestätigung von Ihnen gar nicht erfüllt werden kann. Überlegen Sie sich, ob Sie eine solche Beziehung weiterführen möchten. Grundsätzlich jedoch lieben (und brauchen) Frauen genauso Bestätigung wie Sie – nur eben auf eine etwas andere Art.

Stellen Sie sich mal vor, Sie wären ein sehr reicher Mann. Ihr Reichtum allerdings besteht nicht aus Geld, sondern aus Wertschätzung, Bestätigung, Aufmerksamkeit. Sie haben so viel davon, dass es Ihnen leicht fällt, diese wertvollen Güter nicht nur einzutauschen und zu investieren, sondern auch mal großzügig zu verschenken. Stellen Sie sich vor, Sie seien ein sehr reicher und großzügiger Mann. Und weil Sie so großzügig sind, kostet es Sie nur ein Lächeln, einer Frau hin und wieder Bestätigung und Wertschätzung zu schenken. Einfach so – ohne dass sie darum bitten oder es sich verdienen muss. Und jetzt stellen Sie sich vor, wie diese Frau sich über eine Wertschätzung oder eine Bestätigung freut – wie sie lächelt, wie sie ein wenig verlegen wird – und wie sie Sie dabei ansieht.

 Frauen kommunizieren Ihre Gedanken – nicht nur das Ergebnis.

Frauen kommunizieren häufig ihre Gedanken und Überlegungen im Allgemeinen. Sie reden, um durch das Reden auf Ideen zu kommen und zu zeigen, wie es ihnen geht und worüber sie sich Gedanken machen. So ist für sie die Kommunikation über die Gedanken wichtig für ihre soziale Interaktion, für die Entscheidungsfindung und für ihre allgemeine Wahrnehmung. Das ist für sie ganz normal und wichtig. Während Männer eher das Ergebnis ihrer Gedanken kommunizieren, kommunizieren Frauen eher den Weg dorthin. So wirkt es manchmal, als ob Frauen nicht wüssten, was sie wollten – denn sie schwanken hin und her oder sagen das eine und im nächsten Moment machen sie etwas ganz anderes.

Stellen Sie sich vor, dass die Aussagen einer Frau immer so eine Art »Momentaufnahme« im Prozess sind – und sie lässt Sie an diesem Prozess teilhaben. Manchmal reden Frauen einfach, weil es schön ist, sich über etwas auszutauschen und die Beziehung zueinander zu vertiefen. Wenn eine Frau Ihnen erzählt, dass Sie gerade Stress im Job hat, dann will sie keine Lösungsvorschläge – sie will Sie an ihrem Gefühlsleben teilhaben lassen.

Sehen Sie daher nicht jede Aussage direkt als Handlungsaufforderung oder als feststehende Tatsache, sondern steigen Sie in den »Prozess« ein: Zeigen Sie Verständnis und geben Sie Feedback, ohne Ratschläge zu erteilen. Meist möchte eine Frau nur ihre Gedanken mit Ihnen teilen als Zeichen der Verbundenheit.

 Frauen brauchen Kommunikation im Konflikt.

Wenn eine Frau sich streitet, dann sucht sie das Gespräch und erfährt die Beziehung und den Konflikt durch die Interaktion im Gespräch. Ein Mann möchte sich eher mit dem Konflikt als solchem auseinandersetzen und für sich selbst eine Lösung finden, die er dann kommuniziert – deshalb kann ein Mann auch in einem Streit sehr lange schweigen: Er denkt über das Gesagte nach. Eine Frau muss quasi darüber sprechen, um darüber nachzudenken. Deshalb ist sie häufig sehr irritiert, wenn ein Mann schweigt, und fordert ein Statement von ihm, noch bevor er »zu Ende gedacht« hat. Das führt dann dazu, dass sie sich nach und nach »in Rage redet« und ihn irgendwann anschreit: »Jetzt sag doch auch endlich mal was!«

Wenn Sie dem entgegenwirken möchten, gewöhnen Sie sich an, einige Ihrer Gedanken zu kommunizieren, indem Sie sagen: »Ich muss erst mal in Ruhe über das nachdenken, was du gerade gesagt hast. Bitt gib mir einen Moment Zeit.« Dann wenden Sie einen kleinen Trick aus der Kommunikationspsychologie an. Sagen Sie zu ihr: »Du hast also gesagt, dass ...« oder »Wenn ich dich richtig verstehe, möchtest du mir sagen ...« Sie werden begeistert sein, wie schnell der Sturm sich legt, wenn Sie auf diese Weise mit Ihrer Partnerin sprechen. Wiederholen Sie einfach, was sie gesagt hat und was Sie verstanden haben. Sie werden merken, wie Ihre Partnerin nach und nach ruhiger und »umgänglicher« wird.

Der Grund dafür ist einfach: Eine Frau weiß eigentlich schon, dass es für einen Mann sehr schwer sein kann, sie zu verstehen. Aber sie wünscht sich, dass er es wenigstens probiert! Wenn Sie also die Aussagen ihrer Partnerin wiederholen und laut interpretieren bzw. nach einer Erklärung fragen (»Meinst du damit …?«), dann wird sie das Gefühl bekommen, dass Sie wirklich versuchen, sie zu verstehen. Das wird sie im Umkehrschluss direkt versöhnlich stimmen.

☞ Seien Sie ein König: Übernehmen Sie Verantwortung!

Wenn Sie wirklich von einer Frau bewundert werden möchten, dann übernehmen Sie Verantwortung: Seien Sie zuständig und zeigen Sie das. Nehmen Sie Ihrer Partnerin auch mal etwas aus der Hand und sagen Sie: »Dafür bin ich zuständig!«

So etwas funktioniert auch schon bei ganz kleinen Dingen. Wenn Ihre Partnerin zum Beispiel für Sie gekocht hat, dann sollten Sie zuständig sein für den Abwasch – und es ist ein völlig anderes Gefühl, wenn Sie sich zuständig zeigen, anstatt ihr »einen Gefallen« zu tun.

Verantwortung zu übernehmen ist vor allem in Konfliktsituationen (nicht nur mit Frauen) die absolute Geheimwaffe, um jeden Streit aufzulösen: Wenn die »Vorwürfe« ihrer Partnerin nicht wirklich vollkommen absurd sind oder auch nur wenigstens einen winzigen Funken Nachvollziehbarkeit enthalten, probieren Sie Folgendes:

Übernehmen Sie die volle Verantwortung! Sagen Sie nicht »Ja, aber …«, sondern sagen Sie: »Ja – aus deiner Sicht verstehe ich das.« Wenn Sie das tun, wird die Frau wahrscheinlich einsehen, dass Sie in Wahrheit gar nicht »an allem schuld« sind, und sie wird Ihnen ebenfalls entgegenkommen und einen Teil der Verantwortung übernehmen.

Sagen Sie so etwas zu ihr wie: »Du hast recht, ich hätte das nicht sagen / tun sollen. Ich wollte dich damit nicht verletzen« oder »Es tut mir leid, wenn ich dich damit verletzt habe«. Vielleicht haben Sie gemerkt, dass Sie sich nicht dafür zu entschuldigen brauchen, was Sie gesagt oder getan haben, sondern nur dafür, dass Sie Ihre Partnerin verletzt haben – das ist fast immer auch schon alles, was sie möchte: Dass Sie ruhig bleiben, wenn Sie es nicht kann, und ihr das Gefühl geben, dass Sie versuchen, sie zu verstehen, und dass sie Ihnen wichtig ist. Wenn Sie das schaffen, werden Sie ein König und sie wird Sie auch so behandeln.

 Tun Sie etwas für sie, ohne Sex zu wollen.

Wenn Sie sich mit Ihrer Partnerin ein dauerhaft erfülltes Sexleben wünschen, dann beherzigen Sie nicht nur die Sextipps im Kapitel »Schlüssel Nummer 5: Sex« ab Seite 161, sondern tun Sie auch immer wieder etwas für sie, ohne auf Sex zuzusteuern.

Warum das zu einem erfüllten Sexleben führen soll? Kennen Sie den?: Sagt die eine Frau zur anderen: »Mein Mann hat Blumen mitgebracht, da muss ich heute Abend wieder die Beine breit machen.« Sagt die andere: »Wieso? Habt ihr keine Vase?«

Wenn ein Mann mit einer Frau zusammenkommen möchte, gibt er sich im Allgemeinen sehr viel Mühe, ihr zu imponieren. Er kümmert sich um sie, ist aufmerksam und charmant und unternimmt eine Menge, um ihr Herz und ihr Höschen zu erobern. Ist ihm das gelungen, tendieren viele Männer dazu, diese Aufmerksamkeit deutlich zurückzufahren. Natürlich geht uns Frauen das ähnlich. Doch interessanterweise gibt sich ein Mann immer dann besonders Mühe, wenn er Lust auf Sex hat. Irgendwann fällt das auch der dümmsten Frau auf und jedes Mal, wenn Sie sich außergewöhnliche Mühe für sie geben, denkt sie (bewusst oder unbewusst), dass Sie das nicht »einfach so« um ihretwillen oder aus Liebe tun – sondern dass Sie etwas dafür »haben« wollen.

Probieren Sie aus, was passiert, wenn Sie Ihre Partnerin »enttäuschen«: Gehen Sie mit ihr aus, laden Sie sie ins Theater oder zum Tanzen ein und gehen Sie mit ihr essen. Tun Sie etwas, das sie wirklich gern mag. Massieren Sie ihr zum Beispiel die Füße und dann: Bringen Sie sie ins Bett, geben Sie ihr einen Kuss, decken Sie sie zu und sagen Sie: »Danke für diesen tollen Abend mit dir. Träum was Schönes!«

Wenn Ihre Partnerin merkt, dass Sie all das nicht getan haben, um sie in die richtige Stimmung für Sex mit Ihnen zu bringen, sondern weil Sie ihr etwas Gutes tun wollten, weil Sie sie lieben, wird sie genau das in Stimmung bringen: Bei nächster Gelegenheit wird sie sich revanchieren. Mit Sex. Sie werden es lieben!

 Frauen lieben Rituale – und Überraschungen!

Wie bei einem Flirt ist es die Mischung aus »Sicherheit« und »Aufregung«, die auch die Beziehung mit einer Frau frisch hält und die Frau glücklich macht. Pflegen Sie deshalb Rituale, aber überraschen Sie sie auch immer wieder mit Dingen, mit denen sie nicht rechnet.

Ein Ritual könnte zum Beispiel ein fester Abend in der Woche sein, an dem Sie etwas Bestimmtes miteinander tun – vielleicht haben Sie eine bestimmte Lieblingsfernsehserie, die Sie zusammen sehen, oder noch besser: Sie gewöhnen sich an, jede Woche an einem bestimmten Tag ins Kino zu gehen. Wollen Sie es besonders interessant gestalten, gehen Sie immer in Kino 1 – egal was gespielt wird – oder besuchen Sie die Sneak Preview, die manche Theater oder Kinos anbieten, wo ein neues Stück vor der eigentlichen Premiere gezeigt wird, wobei die Zuschauer aber vorher nicht erfahren, welches. Vielleicht haben Sie auch einen Tag in der Woche, an dem Sie ein neues Restaurant ausprobieren oder zum Tanzen gehen. Oder Sie pflegen liebevolle kleine Rituale, etwa Ihrer Partnerin vor dem Einschlafen noch eine Tasse Tee zu kochen, oder Sie führen einen »Massage-Abend« ein – einmal sind Sie dran und einmal Ihre Partnerin. Solche Rituale geben einer Partnerschaft eine liebevolle und vertraute Atmosphäre.

Für die Aufregung, die das »Kribbeln im Bauch« am Leben erhält, sorgen kleine Überraschungen:

- eine liebevolle oder »unanständige« SMS
- Blumen »ohne Grund«, einfach weil sie sich vielleicht darüber freuen würde, vielleicht schicken Sie die per Bote an den Arbeitsplatz mit der Nachricht: »Weil es keinen Anlass braucht, dir zu sagen, wie toll du bist ...«
- ein Post-it mit einer liebevollen Botschaft in ihren Arbeitsunterlagen
- ein spontaner Wochenend-Trip oder ein Ausflug
- ein selbst gekochtes Abendessen mit Kerzenlicht, wenn sie von der Arbeit nach Hause kommt
- Theaterkarten
- Oralsex, bis sie schreit – ohne Gegenleistung

Reden Sie *wirklich* miteinander!

Eine weitere gute Möglichkeit, eine Beziehung frisch und lebendig zu halten, sind »echte Gespräche«. Laut einer Untersuchung reden die meisten Paare nach einigen Jahren Ehe nur noch wenige Minuten am Tag miteinander. Es ist schade, wenn sich zwischen zwei Menschen, die sich einmal geliebt haben, so viel Alltagstrott einschleicht, dass sie irgendwann nur noch nebeneinanderher leben. Ein gutes Ritual ist daher, eine Stunde in der Woche für ein sogenanntes »Zwiegespräch« zu reservieren, wie der Arzt und Psychoanalytiker Michael Lukas Moeller es entwickelt hat: Ein Partner erzählt 30 Minuten lang, wie es ihm geht, was ihn beschäftigt, worüber er nachdenkt, wie es ihm in der Beziehung geht – und ganz gleich, was er sagt oder tut: Der andere darf nicht unterbrechen, nicht kommentieren und nicht werten. Dann wird getauscht und der andere darf dasselbe tun, ohne unterbrochen oder bewertet zu werden.

Diese Übung sorgt dafür, dass Bedürfnisse ausgesprochen werden, anstatt nur »mit dem Zaunpfahl zu winken«, und dass die beiden Partner sich immer besser und tiefer kennen und verstehen lernen. Ihre Beziehung gewinnt an Qualität und Tiefe und Ihre Partnerin ist glücklich und wird viel dafür tun, Ihnen die Partnerin zu sein, die Sie sich wünschen.

»Gefahr« Liebe?

Immer wieder begegnen mir Männer, die eine Verbindung mit einer Frau oder auch nur das Gefühl von Liebe scheuen wie der Teufel das Weihwasser. Auch die Mehrzahl der gängigen »Pick-up-Ratgeber« scheint auf dem Grundsatz aufgebaut zu sein, sich auf keinen Fall »einfangen« zu lassen. Mit anderen Worten: Vermeiden Sie auf jeden Fall zu lieben! Lassen Sie sich nicht ein! Gehen Sie der Liebe aus dem Weg!

Soll ich Ihnen ganz ehrlich mal was sagen? Das ist Schwachsinn!

Das »Fortune 500 Magazine« hat vor einigen Jahren einmal Topmanager der Top-Unternehmen nach den »Rezepten« für ihren Erfolg gefragt. Hier sind die drei Dinge, die am häufigsten genannt wurden:

- der Glaube an eine höhere Macht, der Glaube, dass es etwas gibt, das größer ist als wir selbst
- sich immer wieder Zeit für sich selbst zu nehmen – meist kleine Auszeiten mit sportlicher Betätigung
- eine liebevolle und funktionierende Beziehung

Das ist es, was die erfolgreichsten Menschen der Welt nach eigener Aussage erfolgreich sein und bleiben lässt. Die Liebe und Unterstützung vom Partner wurde von allen als wichtigster und kraftvollster Antrieb und Grund genannt.

Viele Menschen fragen sich, was Liebe überhaupt ist. Sie verwechseln Verliebtheit mit Liebe oder glauben, dass alle Menschen »Liebe« auf dieselbe Art und Weise spüren und empfinden können. Liebe jedoch ist mehr als ein Gefühl – wir können Liebe zwar in uns selbst spüren, aber wir können nicht damit »handeln«, man kann keine Liebe »geben«, man kann sich nur liebevoll verhalten oder liebevolle Absichten haben, wenn man etwas tut oder sagt.

Liebe ist eine Kraft, die vieles bewegt, und das immer nur zum Guten: Das Gegenteil von Liebe ist nicht »Hass« – denn Hass ist nur enttäuschte Liebe. Das Gegenteil von Liebe ist die Angst. Beobachten Sie sich genau, ob Sie Dinge wirklich aus Liebe tun oder sagen (Sie erkennen das daran, dass Ihnen eine Gegenleistung oder Reaktion nicht wichtig ist) oder ob Sie etwas aus Angst oder Bedürftigkeit tun, weil sie zum Beispiel unbedingt gemocht werden wollen oder etwas vermeiden möchten.

In einem sehr alten Text aus Hawaii las ich den Satz »Lieben heißt glücklich sein mit« – eine sehr gute Interpretation. Liebe bedeutet, sich gegenseitig anzuziehen, zusammen sein zu wollen, aber sich dabei auch genug Raum zu geben, man selbst zu bleiben. Wenn das gelingt, wird auch Ihre Beziehung gelingen. Diese Grundregel finden Sie nicht nur in klassischen Liebesbeziehungen, sondern auch in allen anderen: Ein guter Job ist ein Job, bei dem sich Chef und Mitarbeiter gegenseitig Wertschätzung schenken, wo der Mitarbeiter seinen Job gerne macht und vom Chef genug Freiheit bekommt, es auf »seine Art« zu machen. Gute Eltern geben ihren Kindern genug Freiheit. In allen Bereichen funktioniert Liebe so.

Liebe ist das, was die Welt zusammen- und am Laufen hält. Liebe ist das Beste, Höchste, Schönste, was Ihnen überhaupt passieren kann.

10. SCHRITT: WENN ES LIEBE IST

Allerdings wird Liebe sehr häufig verwechselt – und es sind diese Verwechslungen, die dazu führen, dass Menschen glauben, sie hätten allen Grund dazu, sich vor der Liebe zu fürchten.

Liebe wird sehr häufig (auch von Frauen) verwechselt mit Abhängigkeit, Co-Abhängigkeit, Bedürftigkeit, Besitzdenken, Kontrolle – all das jedoch ist *keine Liebe*.

Auch ich habe schon Beziehungen erlebt und geführt, die auf »keine Liebe« basierten, und ja: Das ist die Hölle. »Keine Liebe« ist der Grund, warum Menschen sich vor der Liebe fürchten und sie auf jeden Fall vermeiden möchten. »Keine Liebe«, die behauptet, Liebe zu sein, kann Sie krank machen und ganz und gar zerstören. »Keine Liebe« kann Sie dazu bringen, Frauen zu hassen. Hüten Sie sich davor, Beziehungen einzugehen, die auf »keine Liebe« basieren. »Keine Liebe« basiert vor allem auf Angst:

- Angst, die Kontrolle zu verlieren
- Angst, wieder verlassen zu werden
- Angst, nicht gut genug zu sein
- Angst, was passieren könnte, wenn Sie sich wirklich einlassen
- Angst, verletzt zu werden
- Angst, ausgenutzt zu werden
- Angst, Verantwortung übernehmen zu müssen
- Angst vor Veränderung – egal welcher Art

Viele dieser Ängste können Sie loslassen, wenn Sie dieses Buch verstehen und beherzigen: Führen Sie ein selbstbestimmtes, verantwortungsvolles, interessantes, eigenständiges Leben. Lernen Sie, sich selbst Wertschätzung zu geben – lernen Sie, dass Sie selbst vollkommen sind. Lernen Sie, Nachsicht mit anderen Menschen zu haben, die nicht in der Lage sind, sich selbst Wertschätzung zu geben.

Stellen Sie sich vor, wie Ihr Leben ist, wenn Sie dazu in der Lage sind. Sie werden frei sein und unverletzbar, wenn Sie es schaffen, die Angst loszulassen. Sie werden frei leben können, Sie sind unverletzbar und wirklich reich. Vor allem aber sind Sie unwiderstehlich und Sie selbst sind in der Lage, Liebe von »keine Liebe« zu unterscheiden und genau den Menschen zu finden, der wirklich zu Ihnen passt und mit dem Sie Liebe teilen und wachsen lassen können.

Wenn Sie all das bis hierher gemeistert haben und Sie haben die Frau gefunden, von der Sie glauben, Sie könnten den Rest Ihres Lebens zusammen verbringen:

Das kann vorkommen.

Herzlichen Glückwunsch.

Wenn Sie das Gefühl haben, »die Richtige« gefunden zu haben, dann zögern Sie nicht: Zögern ist der Hauptzerstörer dieser wunderbaren Energie, die entsteht, wenn zwei Menschen großartig zusammenpassen und sich unwiderstehlich zueinander hingezogen fühlen. Seien Sie mutig und folgen Sie Ihren Gefühlen – was haben Sie schon zu verlieren? Selbst wenn sich herausstellen sollte, dass Sie einen Fehler gemacht haben – es ist nur eine Erfahrung auf Ihrem Weg zum Ziel. Erinnern Sie sich daran, was Sie für sich als »Erfolg« definiert haben, und gehen Sie weiter. Das Leben ist als Abenteuer gedacht – und welcher Abenteurer würde schon zögern, wenn es darum geht, Neues zu entdecken und zu erleben!? Trauen Sie sich ab sofort, auch Fehler zu machen, und seien Sie bereit, daraus zu lernen.

Sie werden feststellen, dass das Zusammenleben mit einer Frau jeden Tag neue Herausforderungen mit sich bringt. Wenn Sie sich erst einmal für eine Beziehung entschieden haben, heißt das nicht, dass Sie »am Ziel angekommen« sind, sondern das ist erst der »Startschuss«.

Die Schlüssel zur Frau, die Regeln für das Erobern – all das gilt ein Leben lang und in jeder Phase einer Beziehung. Das Ange-

10. SCHRITT: WENN ES LIEBE IST

nehme an einer dauerhaften Beziehung jedoch ist, dass der Stress und Aufwand für die Suche, das Kennenlernen, das Abwägen der Chancen und all diese nervenaufreibenden Dinge komplett wegfallen. Viele Männer glauben, dass eine dauerhafte Partnerschaft mit einer Frau das Ende der Freiheit bedeutet; und viele Frauen glauben das umgekehrt übrigens auch. Vielmehr ist es jedoch so, dass eine Partnerschaft, die wirklich auf Liebe basiert, Ihnen unendlich viel mehr Freiheit schenken kann, als Sie es bisher aus Ihrem Leben kannten. Wenn eine Frau sich von einem Mann verstanden und geliebt fühlt, wenn sie respektiert wird, regelmäßig Aufmerksamkeit und guten Sex bekommt, dann ist sie bereit, für diesen Mann (fast) alles zu tun. Sie wird ihn unterstützen, wo immer sie kann, und ihm jeden Wunsch von den Augen ablesen.

Aber glauben Sie bitte nicht, dass die Frau deshalb aufhören wird, »Spielchen« mit Ihnen zu spielen, oder dass ihr Wunsch nach Bestätigung Ihrer Zuneigung deshalb irgendwann nachlässt. Akzeptieren Sie es einfach als Aufgabe, die zum Leben dazu gehört – eine Beziehung möchte gepflegt werden.

Wenn Sie das Gefühl haben, dass mit Ihrer Beziehung oder mit »Ihrer« Frau gerade irgendwas nicht stimmt, dann lesen Sie einfach dieses Buch noch mal – ich bin sicher, Sie finden einen guten Hinweis, wo Sie suchen müssen!

Ich wünsche Ihnen alles Liebe!

> **BONUSTRACK:**

Frauenstimmen

In meiner langjährigen Tätigkeit als Coach und Trainerin im Bereich Liebe, Flirt und Partnerschaft habe ich viele Frauen und Männer kennengelernt. Meine Erfahrungen und Erlebnisse habe ich in diesem Buch verarbeitet.

Ganz speziell für dieses Buch habe ich auch mit vielen Frauen geredet, ihnen Leseproben angeboten, um mich abzugleichen und Ihnen ein möglichst authentisches, unabhängiges Bild zu verschaffen von dem, wie Frauen denken und was sie wirklich wollen. Ganz besonders viele und starke Reaktionen bekam ich auf die Passage auf Seite 154, wo ich beispielhaft ein »perfektes Date« beschreibe – daran möchte ich Sie gern teilhaben lassen. Aus Rücksicht auf die Privatsphäre der Damen habe ich selbstverständlich die Namen geändert (genau wie die von allen Männern, die in diesem Buch vorkamen).

Silke, 32, Managerin, Single:

»Nina, ich würde mich wie eine Königin fühlen. Geachtet, begehrt und interessant. Und ich würde mich sehr, sehr wertvoll fühlen, wenn er all das so macht, wie du vorschlägst. Es wäre ein perfektes Date, mit einem tollen *Mann*. Er wirkt souverän, weltgewandt, eloquent. Selbst wenn wir uns nicht verlieben, würde ich mich immer gern daran erinnern und es noch meinen Enkeltöchtern und vor allem Enkelsöhnen erzählen, dass es so geht und nicht anders. Großartigst!!!

Vielen Dank für dein Vertrauen, dass du mich um meine Meinung fragst.«

Sandra, 29, allein erziehende Mutter, Single:

»Also zum Thema ›Abholen von zu Hause‹: Es kommt darauf an, wie gut ich ihn vorher kenne. Wenn er sowieso schon weiß, wo ich wohne, ist das okay. Wenn nicht, würde ich es vielleicht als etwas aufdringlich empfinden.

Wer weiß, was das für ein Typ ist ... und dann weiß er schon, wo ich wohne ... das kann auch nach hinten losgehen ... Wenn man sich sowieso schon länger oder eben besser kennt: gern abholen!

Das mit dem ›fünf Minuten später‹ ist auch clever. Vielleicht noch ein kleiner Extra-Tipp für die Männer: bloß keine rote Rose beim ersten Treffen mitbringen!! (Schnulz ... alles schon gehabt ... das macht Frauen eher misstrauisch)

Bei der Bestellung: Ja, es ist gut, wenn er bestellt. Vielleicht hier noch den Extra-Tipp: freundlich sein zu der Bedienung! Denn das lässt ja auch Rückschlüsse auf ihn und sein Verhalten gegenüber ›Servicekräften‹ zu. (Ich habe übrigens selbst jahrelang gekellnert und kann ein Lied davon singen ...)

Thema ›Drink danach‹: Könnte vielleicht ein bisschen zu viel sein – für ein erstes Date. Er könnte bei mir den Verdacht erwecken, dass er mich abfüllen will ... Einen kleinen Spaziergang fände ich hingegen schön. Vielleicht auch ›Schaufenster gucken‹ oder Ähnliches – da hat man auch gleich noch was zu quatschen ...

Insgesamt beschreibst du da ein sehr schönes Date, bei dem ich mich sehr wohlfühlen würde. :)«

Natascha, 32, selbstständige Unternehmerin, Single:

»Mh, ich hatte schon mal ein ... okay ... zwei perfekte Dates, aber das kann man hier nicht aufschreiben. Aber zwei wundervolle Männer, die die gute alte Schule beherrschten – obwohl beide noch recht jung waren. Deine Beschreibung passt.«

Anja, 35, Creative Director, Single:

»Ooohh Nina, das war grade ein GENUSS, es zu lesen!!! So ein Date ist herrlich, da wäre der Wohlfühlfaktor ganz groß! (Da würden sich ja selbst die unbequemsten High Heels wie Wattebäuschchen anfühlen :-)

Und selbst wenn man sich nicht verliebt, erinnert man sich gern an einen wunderbaren Abend! ... Es sei denn, die Chemie stimmt nicht und man weiß sich nichts zu erzählen und quatscht aus Verlegenheit nur Wirrwarr, um Schweigeminuten zu brechen (diese Erfahrung habe ich auch leider mal gemacht) – aber genau das findet man ja meistens erst bei Dates raus ;-)

Ich freue mich jetzt schon auf das Buch, werde es vermutlich verschlingen! ... und das Kapitel ›perfektes Date‹ ZUFÄLLIG immer aufgeschlagen liegen haben, damit so viele Kerle wie möglich mal kapieren, was wir mögen & man(n) machen sollte! ;-)«

Ina, 32, Fotografin, Single:

»Hohoo, Nina, nicht schlecht. Da müssen sich die Kerle aber noch so einiges abgucken :) Das klingt nach perfekt, fast schon zu perfekt. Nach meinem Geschmack darf es auch ruhig etwas unperfekter sein ... Es kommt halt immer darauf an, mit wem man ein Date hat. Wenn der Typ sowieso schon total scharf ist, dann darf er ruhig ab und zu mal nicht perfekt sein ;-)

Was ich immer toll finde, ist, wenn ein Mann einfach souverän ist, egal in welcher Lebenslage. Eben wenn er ein Mann ist und mich Frau sein lässt. Natürlich gehört bei einem Date auch so was dazu wie Manieren, Tür aufhalten, bestellen, Wein probieren und und und ... Die alte Schule finde ich immer gut. Im Großen und Ganzen ist es aber, glaube ich, (bei mir) immer so, dass es mir gefällt, wenn der Mann selbstbewusst und souverän handelt, in jeder Situation. Und wenn er mir das Gefühl gibt, alles im Griff zu haben, mich beschützt, mich einfach wie eine Frau behandelt. Viele Männer haben, glaube ich, im Zuge der Emanzipation einfach verlernt, was das heißt, und glauben, außer mit einem dicken Konto könnten sie die Frau mit nichts mehr beeindrucken. Das ist echt schade, denn es sind doch die Kleinigkeiten, die zählen. Nette Gesten, liebe Worte, Taten. Nicht alles auf einmal ... aber immer mal wieder. Kleine Überraschungen, bei denen man merkt, er hat sich Gedanken gemacht.

Also, wie auch immer, ich stehe auf Männer, auf Macher ... bitte nichts Weichgespültes, Zaghaftes, Vorsichtiges, Unentschlossenes, Zweifelndes ... da renn ich weg. Ganz schnell!!!«

Jana, 23, Volontärin, hat zurzeit eine Affäre:

»Ich glaube ja, dass man so ein ›Traumdate‹ nicht verallgemeinern kann. Jeder ist da anders: Die kleinen Neckereien im Hinblick auf Alkohol finde ich gut. Würde mir den Mann auch sympathisch machen. Dafür muss aber die Chemie stimmen. Er muss wissen, dass das auch ihr Humor ist. Ich muss allerdings sagen, dass ich es wirklich schlimm finden würde, wenn er alles macht: Tür aufhalten und so finde ich super, aber man darf so eine gewisse Grenze nicht überschreiten. Ich möchte mich nicht als Kind oder pflegebedürftige Frau fühlen müssen. Bestellen tu ich ganz gern selbst (vor allem wegen meinen ganzen Extrawünschen).

Auch die Idee mit der Bar nach dem Essen finde ich unter Umständen etwas ›too much‹. Ich mag es nicht so gern, wenn über meinen Kopf hinweg entschieden wird. Da würde ich es schöner finden, wenn er etwas vorbereitet hat, mich aber vorher fragt und mich nicht vor vollendete Tatsachen stellt.

Das Date an sich, so wie du es beschrieben hast, ist sonst aber traumhaft. Der Mann hätte sich in diesem Fall Gedanken gemacht und vermittelt das Gefühl, dass man ihm wichtig ist und er mehr Interesse an einem hat als nur an einer flotten Nummer.

Deine Verabschiedung finde ich sehr schön. Nicht zu aufdringlich. Und wenn sie dann doch einen richtigen Kuss will, nicht nur einen auf die Wange, braucht sie nur ihren Kopf zu drehen. Das sollte wohl jeder Mann verstehen.

Alles in allem kann man wohl sagen, dass sich der Mann schon Mühe geben muss. Zumindest planen und vorbereitet sein, aber auch nicht alles über meinen Kopf hinweg entscheiden. Ich bin ein eigener Mensch und möchte selbst darüber bestimmen, was ich mache.«

Brigitte, 37, kaufmännische Angestellte, verliebt:

»Das von dir beschriebene Date ist natürlich das Nonplusultra-Date =) Ich hatte schon zwei ähnliche dieser Art, wenngleich die Dates nicht ganz so perfekt waren.

Wenn ich mir so verschiedene Männer in die von dir verfasste Situation reindenke, dann würden, glaube ich, nur ein paar infrage kommen, die das Date auch wirklich glaubhaft über die Bühne bringen würden. Ein paar andere sind zu ›dröge‹ für einen solch schönen Rahmen und wenn ich mir vorstelle, dass die versuchen, den Abend so zu gestalten, dann fehlt es dem Verlauf wohl an Authentizität, die ich superwichtig finde.

Für mich ist es wichtig, dass das Gegenüber authentisch ist, und da kann der Mann ruhig einmal etwas weniger perfekt sein – wenn denn sonst alles stimmig ist ... Natürlich ist es doch ein tolles Gefühl, einfach zu wissen, dass sich der Mann Mühe gibt und man(n) mich als Frau auf Händen tragen würde. Was das Abholen zu Hause betrifft, so habe ich im Freundeskreis einige Mädels, die niemals beim ersten Date in ein ›fremdes‹ Auto steigen würden, weil sie dann etwas von ihrer Unabhängigkeit einbüßen und nicht selbst entscheiden können, wann sie gehen, und so auf den Typen angewiesen sind. Aber ansonsten: schöööön ...«

Maren, 28, Studentin, in einer Beziehung:

»Ja also, das klingt ziemlich perfekt :) So ein Mann weiß, was er will, trifft Vorbereitungen, macht sich Gedanken – ergo bemüht sich um sie. Das Ganze auf eine reife und erfahrene Weise, was damit den Wert der Frau noch erhöht – sehr schmeichelhaft also.

Ich persönlich würde wahrscheinlich dennoch in der misstrauischen Gedankenfalle landen, ob er das öfter macht und daher so erfahren und gewandt in diesen Dingen ist (ergo ich wiederum vielleicht gar nicht so besonders wäre, sondern eher eine von vielen). Hm, du siehst: schwierig, aber das ist ja eher eine Beziehungsfrage und nicht die eines perfekten Dates. Deine Version klingt definitiv nach einem gelungenen Abend – und bei so einem Mann kann man im Notfall ja auch geschmeidig ›danke, nein‹ sagen, wenn man meint, es zu müssen ... ;-)«

Diana, 26, Studentin, Single:

»Nina, die Szene klingt filmreif. Aufgrund meiner bisherigen Erfahrungen wäre ich bei so viel Fürsorge allerdings vielleicht ein wenig misstrauisch. Okay, ich habe auch die Männer immer irgendwie so kennengelernt, dass es kein richtiges erstes Date gab. Wobei ich zum Beispiel mal mit jemandem zusammen war, der für jede Kinoeinladung erwartet hat, dass ich beim nächsten Mal bezahle – ich war damals Schülerin und er immerhin schon mal in der Ausbildung. Oder in einer anderen Beziehung war ich diejenige, die ab Mitte des Monats bezahlen musste, da er kein Geld mehr hatte. Das fand ich alles etwas daneben. Ein Problem bei so einem perfekt geplanten Date könnte sein, dass da die Spontaneität fehlt – man könnte sich zur Winterzeit ja auch auf dem Weihnachtsmarkt treffen und dann gemeinsam überlegen, wo man zum Essen gehen könnte, oder man geht die Lieblingslokalitäten durch.

Wobei – ich hatte mal ein Date, wo ich tatsächlich abgeholt wurde, um ins Kino zu gehen, danach Cocktails trinken und ich wurde auch wieder nach Hause gebracht. Das war schon toll ...«

Rieke, 34, Bildredakteurin, Single:

»Nina, hört sich nach einem perfekten Date an! ;o) Aber ich würde die Sache mit der ›längeren‹ Fahrstrecke vielleicht anders machen. Wenn die Frau sich in der Stadt auskennt und dazu auch noch ein pragmatischer Kontrollfreak ist, würde sie vielleicht den Eindruck bekommen, er wisse nicht genau, wo es langgeht (Unsicherheit), oder eben merken, dass er absichtlich länger fährt. Mir würde das seltsam vorkommen. Sonst herrlich!«

GRUNDSÄTZLICHES AN DIE MÄNNERWELT

Für mein Buch habe ich auch einige Frauen gefragt: »Wenn es etwas gäbe, was ihr aus euren Erfahrungen heraus der Männerwelt unbedingt mitteilen wolltet, was wäre das?« Auch hier einige Antworten, die sehr aufschlussreich für Sie sein können:

Kirsten, 37, kaufmännische Angestellte, Single:

»Also als Erstes möchte ich den Männern mal sagen, dass Anmachsprüche wie ›deine Augen sind wie Sterne‹ usw. ein absolutes ›No-go‹ sind! Es gibt so viele schöne Komplimente, die – wenn sie ehrlich sind – viel besser ankommen.

Ich persönlich finde, dass sich bei einem netten Gespräch eine ganze Menge entwickeln kann. Männer müssen sich selbst nicht als Helden der Nation hinstellen, damit eine Frau sie interessant findet.

Außerdem wichtig: Auch in der heutigen Zeit freuen sich Frauen noch über Blumen :-)

Ein Mann muss gepflegt sein und gut duften, nicht umsonst sagt man ›ich kann dich nicht riechen‹ :-)

Und das ging mal gar nicht: Erstens eine unordentliche Wohnung, wo man sieht, was er so die ganze Woche gegessen hat, verschimmelte Kaffeetassen und Teller ... Himmel ja, das hab ich schon erlebt – gaaanz gruselig! Und zweitens: Er redete fortwährend über die Vorlieben mit seiner Ex.«

Birgit, 38, Marketingfachfrau, verliebt:

»Was für mich wichtig ist: dass auch starke Frauen gern angesprochen und erobert werden wollen, da wir ebenfalls unsere schwachen Seiten haben :-) Wie oft habe ich von Männern schon gehört, dass ich so ›tough‹ wirke und man(n) hat sich daher nicht getraut, mich anzusprechen, und beim näheren Kennenlernen merkt er dann, dass ich auch sehr sensibel und tiefgründig bin ...«

Sandra, 36, Journalistin:

»Worauf ich bei Männern so achte:
- Natürlich auf seine Schuhe, die sollten sauber und gepflegt sein, Gleiches gilt für Hände und Fingernägel.
- Beim ersten Mal bei ihm zu Hause geht mein erster Blick ins Bücherregal. Stehen da nur ›1000 clevere Steuertricks‹, ist der Mann nichts für mich.
- Gute Tischmanieren und Höflichkeit (Tür aufhalten, aus dem Mantel helfen) sind ein MUST! Ich will niemandem gegenübersitzen, der wie ein nasser Sack am Tisch hängt! Und ich will mich als umworbene und umsorgte FRAU fühlen!
- Wie geht er mit ›Dienstleistern‹ um, mit der Kassiererin im Supermarkt, der Postangestellten – wer sich da blöd verhält, ist auch sonst doof.
- Welche Musik hört er gern? Das lässt darauf schließen, ob er eher romantisch oder quirlig veranlagt ist.
- Kleine Macke von mir: Ich hasse es, wenn einer Mails oder SMS mit LG oder GLG unterschreibt. So viel Zeit, es auszuschreiben, muss einfach sein!

Überhaupt: Wer was von mir will, ruft an. Ich stehe nicht auf SMS-Brieffreundschaften, das ist was für Teenager! Natürlich achte ich auch auf Rechtschreibung. Sehr wichtig: immer wissen, wann man ›dass‹ und wann man ›das‹ schreibt :-) Ein guter Geruch ist wichtig, ich bin sehr olfaktorisch veranlagt (wie die meisten Frauen, glaube ich). Ein behaarter Rücken ist für mich ein No-go, bitte zum Waxing! Auch in der Intimzone sollte kein Urwald wuchern und lieber sehe ich enge Unterhosen mit Beinansatz (also eine Art Hotpans) statt schlabbernde Boxershorts.

Bei den ersten Dates zahlt er. Finanzielle Emanzipation kann später in einer Beziehung kommen … Nimmt er beim Spazierengehen (wenn man sich schon geküsst hat) meine Hand? Wenn nein, warum nicht? Steht er nicht zu mir? Telefoniert er in meiner Gegenwart mit seinen Freunden oder seiner Familie, nennt er dann meinen Namen? (›Ich bin gerade mit einer Freundin unterwegs‹ oder ›Ich bin gerade mit XYZ unterwegs‹). Tut er's, weiß ich, dass er schon von mir erzählt hat! (Schlimm: ›Ich bin gerade unterwegs‹, ohne mich überhaupt zu nennen, oder ›mit einer ›Bekannten‹ unterwegs …‹ huah …)«

Sandra, 27, Bookerin, Single:

»Für mich wichtig:
- Wenn ich ihn über ein Online-Portal kennengelernt habe – meldet er sich, nachdem wir uns öfter treffen, da ab oder bleibt er ›on hold‹?
- Wenn wir uns mailen – geht er auf das ein, was ich geschrieben habe? Sind seine Mails so lang oder sogar länger als meine oder antwortet er im Telegrammstil …«

Und nun, am Ende meines Buches, last but not least zitiere ich gern eine liebe Bekannte, die fast dreißig Jahre Erfahrung darin hat, Menschen »unter die Haube« und Männer »an die Frau« zu bringen:

Maria Klein, Partnervermittlerin:

»Fangt endlich mal wieder damit an, den Mann aus euch herauszuholen. Denn ... wenn Männer wieder männlich werden, können Frauen wieder weiblich werden.«

DIE AUTORIN

Nina Deißler ist die deutsche Antwort auf den »Date Doctor«. Mit ihrer Hamburger Agentur »Kontaktvoll« verhilft sie Menschen zu mehr Selbstvertrauen und Erfolg beim anderen Geschlecht, bietet Styling-Beratung und Seminare zur Persönlichkeitsentwicklung. Die Kommunikationstrainerin unterstützt als Flirt-Expertin diverse TV- und Radio-Produktionen, schreibt für Magazine und veröffentlicht Flirt-Ratgeber.

Nina Deißler
KLARTEXT FÜR MÄNNER
Was Frauen wirklich wollen – In 10 Schritten zum Erfolg
Der ultimative Ratgeber für das starke Geschlecht

ISBN 978-3-89602-583-8
© Schwarzkopf & Schwarzkopf Verlag GmbH, Berlin 2010
Vierte Auflage, März 2012

Lektorat: Nadine Landeck | Coverfoto: © Nico Klein-Allermann
Alle Rechte vorbehalten. Dieses Werk ist urheberrechtlich geschützt. Jede Verwendung, die über den Rahmen des Zitatrechtes bei korrekter und vollständiger Quellenangabe hinausgeht, ist honorarpflichtig und bedarf der schriftlichen Genehmigung des Verlages. Dieses Werk wurde vermittelt durch die Literarische Agentur Kossack GbR, Cäcilienstr. 14, 22301 Hamburg

KATALOG
Wir senden Ihnen gern kostenlos unseren Katalog.
Schwarzkopf & Schwarzkopf Verlag GmbH
Kastanienallee 32, 10435 Berlin
Telefon: 030 – 44 33 63 00
Fax: 030 – 44 33 63 044

INTERNET | E-MAIL
www.schwarzkopf-schwarzkopf.de
info@schwarzkopf-schwarzkopf.de